春风化雨阳光路

密云区助力脱贫攻坚和乡村振兴纪实

北京市密云区发展和改革委员会 主编

中国市场出版社
China Market Press Co. Ltd.

·北 京·

图书在版编目（CIP）数据

春风化雨阳光路：密云区助力脱贫攻坚和乡村振兴纪实
纪实／北京市密云区发展和改革委员会主编．－－北京：
中国市场出版社有限公司，2025.1
ISBN 978-7-5092-2498-4

Ⅰ．①春…　Ⅱ．①北…　Ⅲ．①扶贫－工作概况－密云
区　Ⅳ．① F127.13

中国国家版本馆 CIP 数据核字（2024）第 013182 号

春风化雨阳光路：密云区助力脱贫攻坚和乡村振兴纪实
CHUNFENG HUAYU YANGGUANG LU: MIYUN QU ZHULI TUOPIN GONGJIAN HE XIANGCUN ZHENXING JISHI

主　　编：北京市密云区发展和改革委员会
责任编辑：晋璧东（874911015@qq.com）
出版发行：中国市场出版社
社　　址：北京市西城区月坛北小街 2 号院 3 号楼（100837）
电　　话：（010）68036672/68020336
经　　销：新华书店
印　　刷：北京百杰印刷有限公司
规　　格：170mm×240mm　　　16 开本
印　　张：27　　　　　　　　字　　数：390 千字
版　　次：2025 年 1 月第 1 版　　印　　次：2025 年 1 月第 1 次印刷
书　　号：ISBN 978-7-5092-2498-4
定　　价：298.00 元

主编单位：北京市密云区发展和改革委员会

编 写 组

执 行 主 编：孙荣林

执行副主编：陈奉生　贾海江　曹启儒

编　　　辑：王也丹　王玉春　王来君　张生军

　　　　　　陈奉生　郑丛洲　胡文亮　赵守旺

　　　　　　郭冠荣　郭德昌　贾海江　曹启儒

　　　　　　曹国军　韩志正

序　言

贫困是困扰人类社会的一道历史难题，消除贫困是人类社会发展应承载的历史重任。千百年来为解除贫困，古今中外，无数的人曾为此进行不懈的努力和奋斗，至今还有很多国家为了摆脱贫困仍在上下求索。

我国从 1986 年公布贫困县开始，扶贫工作全面启动，从 2012 年精准扶贫到 2017 年打响脱贫攻坚战，于 2020 年完成了消除绝对贫困的艰巨任务，创造了彪炳史册的人间奇迹。

脱贫攻坚战的全面胜利，提前 10 年达成了联合国《2030 年可持续发展议程》减贫目标，对世界减贫贡献率超过 70%。这是中国共产党诞生 100 周年的最好献礼，是践行初心，不辱使命的伟大实践，也是体现我国社会主义制度优越性的最好见证。

在这场伟大的脱贫攻坚战中，密云区按照中央和北京市的有关要求，对口帮扶内蒙古库伦旗、巴林右旗，河北省滦平县、蔚县，对口支援青海省玉树市，对口协作湖北省竹溪县，共 4 省 6 县（市、旗）。这些地区资源禀赋不同，自然条件各异，贫困程度不一。密云区根据受援区地域特点和需求，尽最大努力予以援建帮扶，体现了"上下同心、精锐尽出、精准务实、开拓创新、攻坚克难、不负人民"的脱贫攻坚精神。各镇街、机关、企事业单位、社会团体和个人积极出钱出力、捐款捐物；派遣的挂职干部、教师、医务人员、科技工作者、企业家等攻坚克难奋战在扶贫第一线，展现了首都及密云人民的风采。尤其内蒙古、青海、湖北等地区，是汉、蒙、藏、回、土家族等多民族聚集区，脱贫攻坚举措让这里的各族人民体会到了社会主义大家庭的温暖，有力促进了民族大团结和深度融合。

在密云和受援地区的共同努力下，截至 2020 年末，6 个受援县（市、旗）已全部如期脱贫，脱贫攻坚取得全面胜利。从 2021 年开始，库伦旗、玉树市、竹溪县三地的协作转入乡村振兴阶段。

党的扶贫政策如春风化雨，阳光普照，滋润了华夏大地和千家万户。扶贫之路，各有千秋，方式各异，密云区和受援地区人民一起在脱贫之路上创造出了很多有特色的典型经验，被国际和国内有关组织和部门树立为样板案例，对 6 县（市、旗）脱贫攻坚的历史进程发挥了密云区应有的作用。

本书分内蒙古库伦旗、巴林右旗，河北蔚县、滦平县，青海玉树市，湖北竹溪县等 6 个部分，分别以文字和图片的形式，记述了脱贫及振兴路上发生的真实生动的故事。这里有扶贫工程的实施，有医护人员的守护，有园丁之花的绽放，有脚踩大地的羁旅……从不同角度展示了这一伟大历史进程中的不同侧影。

为了当代和未来，这段鲜活珍贵的历史需认真总结记录下来，传承给后人，需要让后人了解和铭记这段伟大的历史进程，记住那些倾心尽力、无私奉献的人们；同时也为了更好地存史资政，以脱贫攻坚精神做好我们今后的各项工作。这就是我们编辑出版《春风化雨阳光路》的初衷。

数年辛苦不寻常，砥砺前行写华章。脱贫攻坚精神源于历史、融入现实、指引未来，丰富和发展了中国共产党人的精神谱系，为全面推进乡村振兴提供了精神财富和实际经验。在今后的工作中，密云区仍将继续支持内蒙古库伦旗、青海玉树市、湖北竹溪县等县（市、旗）的乡村振兴工作。相信在共同富裕的康庄大道上，密云区与受援地区一定会奋力谱写出新时期农村现代化的崭新篇章。

2023 年 5 月

内蒙古库伦旗

库伦旗塔敏查干沙漠风光

利佳家庭农场

内蒙古巴林右旗

援建的巴林右旗巴彦琥硕镇中心卫生院

劳务协作——脱贫户培训

河北省蔚县

引进企业落户

开展农村致富带头人培训

河北省滦平县

援建的易地扶贫搬迁安纯沟门安置区

援建的金沟屯镇下营子中药材产业扶贫示范区

青海省玉树市

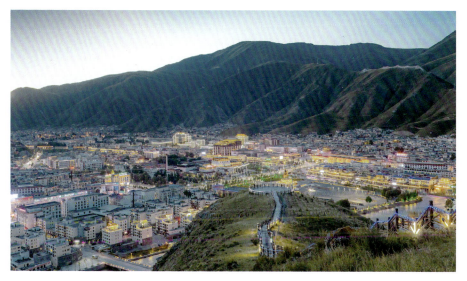

玉树市观景台

援建的游客集散中心

湖北省竹溪县

竹溪县沉浸式文旅街区"武陵不夜城"

援建的竹溪县密云小学

目　　录

京蒙东西部协作——内蒙古库伦旗

京蒙东西部协作——内蒙古巴林右旗

对口帮扶——河北省蔚县

对口帮扶——河北省滦平县

对口支援——青海省玉树市

南水北调对口协作——湖北省竹溪县

注：（1）封面图片为密云水库 ……………… 摄影：彭有永

　　（2）封底篆刻"脱贫攻坚话振兴" ………… 作者：钱宏华

概　述

脱贫攻坚　乡村振兴
密云的担当和奉献

2021年2月25日，是一个里程碑式的日子。这一天，全国脱贫攻坚总结表彰大会在首都北京隆重召开，大会庄严宣告：经过全党全国各族人民共同努力，在迎来中国共产党成立一百周年的重要时刻，我国脱贫攻坚战取得了全面胜利！

消除贫困，实现小康，是实现中华民族伟大复兴中国梦的重要内容。为中国人民谋幸福，为中华民族谋复兴，是中国共产党人的初心和使命。党的十八大以来，党中央把脱贫攻坚作为全面建成小康社会的底线任务和标志性指标，作出一系列重大部署。党的十九大后，党中央把打好精准脱贫攻坚战作为全面建成小康社会的三大攻坚战之一。脱贫攻坚力度之大、规模之广、影响之深前所未有。正如党的二十大报告中指出："党的十八大以来，我们党组织实施了人类历史上规模空前、力度最大、惠及人口最多的脱贫攻坚战，全面消除绝对贫困，如期全面建成小康社会。"

密云区的对口帮扶工作是从2018年开始的，承担着中央和北京市交给的4省份共计6个县（市、旗）的帮扶工作，地跨东、中、西，涵盖了我国不同类型的贫困地区。

密云区认真贯彻中央有关脱贫攻坚与对口帮扶相关会议要求，坚持精准扶贫，聚焦受援地区"两不愁三保障"的薄弱环节，坚持"输血"与"造血"、当前与长远、扶贫与扶志及扶智、对口支援与双向协作、政府引导和社会参与相结合，集中力量、集中资源，助力受援地区脱贫攻坚。密云区在对口帮扶工作中，在"真"和"实"下大功夫，既投入"真金白银"，又真心实意，更真抓实干，推动各项帮扶工作落到实处。

脱贫攻坚，可谓任重而道远，密云区委区政府勇担使命，建立了党政一把手负责的帮扶工作机制，与受援地区党政领导主动对接交流，携手编制了《脱贫攻坚三年行动计划》，擘画蓝图，吹响了脱贫攻坚战的集结号！

全区 61 个部门迅速动员，按照援受双方签订的"年度帮扶协议"和密云区委区政府建立的"一县一策一方案"特色帮扶机制，制定了资金项目、消费帮扶、劳务就业等近 10 项专项管理机制，明确任务分工，层层压实责任，形成了由书记、区长亲自抓、主管区长分工抓、其他党政领导协助抓、各成员单位主要领导具体抓、工作专班统筹抓、双方挂职干部一线抓的"5+1"工作模式和上下联动、前后互动的帮扶工作体系，为受援地区打赢脱贫攻坚战提供了坚强的组织领导保障和制度保障。

发展需要资金支持，脱贫需要项目支撑。三年中，市、区、镇三级累计投入财政援助资金 9801 万元，其中，投入区级财政援助资金 3860 万元，部门、镇级财政援助资金 1208 万元。共实施市、区两级财政援助项目 233 个，实现脱贫 8.1 万人，实现益贫 33.7 万人。密云区广泛动员，引导社会积极参与脱贫攻坚，组织开展对 44 个贫困乡镇、59 个贫困村、15 所医院、28 所学校的结对帮扶，积极动员 80 余家国有民营企业、25 家社会组织开展"万企帮万村"和爱心奉献行动，累计捐款 4043 万元、捐赠物资价值 9474 万元。为了"用活"帮扶资金，密云瞄准受援地区建档立卡贫困人口，80% 以上的财政援助资金向产业发展、劳务就业、公共服务、消费扶贫、人才培养等方面靶向发力。把钱用在"刀刃上"，增强"造血"功能。

人才是第一资源，精准帮扶需要"精准"人才，密云以"扶志"和"扶智"为抓手，发挥人才优势，传帮带培，重点通过传授知识和技能培训等方式帮助贫困群众。选派挂职党政干部 29 名，累计开展党政干部培训 2090 人次，选派 242 名优秀教师、医生和农业、电商等专业人才，累计开展医疗培训 3000 余人次、教学授课 1900 余人次。其中，在教育方面创新建立的"密蔚名师工作室""教育云平台""空中课堂"等模式，帮助受援地培养了一大批经验丰富、业务精湛的教师队伍。同时，着重在家政服务、服装加工、手工艺制作等方面联合开展职业技能培训，共举办培训班 24 期，培训贫困人口 9112 人；开展致富带头人培训 14 期 554 人次，实现创业成功 239 人，带动贫困人口 2791 人。

产业帮扶是贫困地区脱贫的关键。密云区立足受援地区资源禀赋，采取取长补短、因地制宜的方针，通过企业带动，以投资带贫为目标，引导 32 家企业相继与受援地区开展产业合作，累计投资额 9.9 亿元。中关村密云园携手各受援地区产业园区共建，引导入驻企业 7 个。同时建设扶贫车间 15 个，建设农业示范基地 5 个。密云区与受援地区创新推出消费扶贫方式，通过在密云建立消费扶贫密云分中心，累计销售受援地区特色产品 1000 余万元，市民办理"消费扶贫爱心卡"1.4 万张；引入受援地区扶贫产品进京销售 7.6 亿元，实现带贫 1.66 万人。坚持"扶产业"，就是"扶根本"。

在实施产业帮扶的基础上，密云区以实现"一人就业、全家脱贫"为目标，与受援地联合举办"春风行动"等专场招聘会 13 场，提供各类岗位 10225 个；通过设置防火员、护林员、保洁员等公益岗位，发放稳岗补贴；引导落地企业、援建扶贫车间提供工作岗位等多种方式，三年累计帮助贫困人口实现就业 16035 人。

"百年梦想始初心，脱贫攻坚战旗红。快马何须鞭奋策，康庄路上话振兴！"几年来，密云与受援地区携手奋进，攻坚克难，克服疫情影响，助力河北省滦平县、蔚县，内蒙古巴林右旗、库伦旗，青海省玉树市，湖北省竹溪县等 6 个受援地区全部如期退出了国家贫困县序列，累计实现减贫 17 万人，实现了脱贫攻坚工作的圆满收官。在全国脱贫攻坚总结表彰大会上，密云区共有1人获得"全国脱贫攻坚先进个人"称号，1家单位获得"全国脱贫攻坚先进集体"称号。

密云与受援地区的脱贫攻坚战，只是全国脱贫攻坚战的一个缩影。脱贫攻坚战的全面胜利，标志着我们党在团结带领人民创造美好生活、实现共同富裕的道路上迈出了坚实的一大步。同时，脱贫摘帽不是终点，而是新生活、新奋斗的起点。

"我们要切实做好巩固拓展脱贫攻坚成果同乡村振兴有效衔接各项工作，让脱贫基础更加稳固、成效更可持续。"这是党中央对我国全面推进乡村振兴战略发出的进军令。

密云区委区政府坚决贯彻落实习近平总书记的重要讲话精神，把党的二十大精神落到实处，紧扣巩固拓展脱贫攻坚成果和乡村振兴有效衔接，按照党中央、市委关于东西部协作和对口支援工作的新精神新部署，严格落实"三个保持""四个不摘"要求，继续与玉树市、库伦旗、竹溪县积极拓展协作领域，扎实推动乡村振兴。密云区深化对口支援工作中形成的项目体系和推进机制，更加注重产业共建发展，更加注重促进民族交往交流融合，更加注重人才培养，更加注重培育自我发展能力。通过深挖优势资源，发挥智慧力量，围绕项目建设、产业、消费、教育、医疗、就业等重点领域，开启全方位、多角度、系统化的协作工作，集中开展了"共建＋"模式系列活动。在2021年、2022年两年中，通过开展"共建＋互访"密云区与玉树市主要领导对接4次，与库伦旗主要领导对接3次。通过开展"共建＋培训"，密云区给玉树市选派干部和各类人才18名，开展各级各类培训300余人次；给库伦旗选派干部和各类人才60名，开展各类培训4500余人次。通过开展"共建＋结对"，密云区与玉树市建立镇（街、乡）结对关系18对、村村（社区）结对18对、村企结对8对、建立学校结对4对、医院结对1对，建立社会组织与村结对3对；与库伦旗建立乡镇结对8个、"示范村＋重点村"结对17个、学校结对4所、医院结对5家、企业和社会组织结对 10 家。通过开展"共建 + 交流"，密云区为玉树市投入各级财政项目资金 1483.92 万元，广泛动员社会力量捐资捐物 521.72 万元，实施各类建设项目 12 个；为库伦旗累计支持各级帮扶资金 11983.4 万元，社会各界力量捐款捐物 958.6 万元，实施市区两级协作项目 38 个。通过开展"共建 + 展销"，密云区对玉树市强化消费帮扶，深入推进"体验 +"消费帮扶模式，助力竹溪县、玉树市特色文化美食走进密云等；对库伦旗通过电商平台和直接采购对接、开展"消费帮扶满减活动"以及建设农产品生产基地，构建以密云体验馆为中心向周边辐射带动的连锁运营模式等，提升农牧产品附加值，促进一二三产融合发展，增加农牧民收入。

在推动乡村振兴工作中，密云区围绕"五大振兴"战略，将密云区绿色高质量发展成功经验，复制到玉树市和库伦旗及竹溪县，助力乡村融合发展，通过"产业鱼渔兼授"打造自主发展新引擎，"人才组团帮扶"探索智志双扶新思路，"文化赋能乡风"培育乡村发展新动能，"厚植生态底色"坚定绿色发展道路，"组织帮扶引领"夯实坚强战斗堡垒。

脱贫攻坚战的胜利，既是扶贫工作的终点，也是实施乡村振兴战略的起点。密云区委区政府高度重视帮扶地区的乡村振兴工作，2022 年 7 月 18 日，密云区委主要领导率党政代表团赴内蒙古自治区通辽市库伦旗就京蒙东西部协作工作进行对接时强调："做好京蒙东西部协作工作，是两地党委政府共同承担的责任和使命。密云区要对标首善标准，明确协作措施，以更加坚定的决心、更加扎实的作风、更加务实的举措，加大工作力度，与库伦旗并肩携手，实现乡村振兴，打造结对协作的典范。"

随着脱贫攻坚战的全面胜利和乡村振兴序幕的拉开，密云区委区政府根据新形势和新要求，开启乡村振兴的支援合作新征程。聚焦产业兴旺、生态宜居、乡风文明、治理有效、生活富裕的总要求，开启了新征程！密云踔厉奋发，勇毅前行，携手支援合作地区共同抒写高质量发展的崭新画卷！

京蒙东西部协作
——内蒙古库伦旗

中国安代艺术之乡　　中国荞麦文化之乡

中国蒙医药文化之乡　中国历史文化名镇

对口帮扶，固本强基，更加彰显了库伦旗地区特色。

深远浩瀚的库伦草原湿地

美丽的庭院——库伦

库伦，字面就令人感觉美轮美奂。在蒙语里，库伦是庭院的意思。库伦旗位于内蒙古自治区通辽市西南部，东邻科尔沁左翼后旗，南接辽宁省阜新蒙古族自治县和彰武县，西连奈曼旗，北临开鲁县。境域总面积4709平方千米。境内南部浅山连亘，中部丘陵起伏，北部沙丘绵绵。境内最高山峰为阿其玛山，海拔541.1米。最大河流是养畜牧河，全长110千米。塔敏查干沙漠在境域内面积达到280平方千米。

库伦旗常住人口15万人。是以蒙古族为主体，汉、回、满等11个民族共融的居住旗。其中，蒙古族人口11.4万人。全旗有5个镇、2个苏木、1个乡、1个街道、1个国有林场，共187个嘎查村和9个社区。

库伦旗的历史文化深厚，地域特色明显，清顺治三年（1646年）建旗，实行政教合一体制的喇嘛旗，长达285年。1931年政教分治，锡埒图库伦扎萨克达喇嘛旗改称库伦旗。

1946年4月至1949年9月先后属辽西省、辽吉省、辽北省哲里木盟。

1949年10月后隶属于内蒙古自治区哲里木盟。1969年7月至1979年7月随同哲里木盟划归吉林省。

1979年7月又重新划归内蒙古自治区。1999年1月哲里木盟撤盟设市，库伦旗隶属于通辽市管辖至今。

库伦文化是由蒙古族古老的萨满文化、藏传佛教文化、蒙古族科尔沁文化、蒙古族喀尔喀文化、蒙古族蒙古贞文化融合而成的具有蒙古族古老传统，兼具地域特色的传奇文化。

1. 小奈林稿辽代古墓遗址。库伦旗的历史悠久，早在春秋战国时期就有人类在库伦旗生活。目前发现的小奈林稿遗址总面积 5000 余平方米，主要为青铜时代的文化遗存。除了小奈林稿辽代古墓遗址，库伦旗有代表性的遗址还有哈达图和西城子夏家店上层文化遗址、乌不斯台鲜卑文化遗址、黑城子古城址、酒局子古城址、下扣河子古城址等。这些古遗址使库伦旗的旅游业具备了深厚的文化内涵，

小奈林稿辽代古墓遗址

增强了地域的神秘感和吸引力。

2. 三大寺。"库伦三大寺"始建于清顺治六年（1649 年），由兴源寺、福缘寺、象教寺组成，占地面积 11 万平方米，建筑面积 6400 平方米，是内蒙古地区保存最为完好的文物古建筑群之一，是当年政教合一的代表性建筑和行政中心，位于库伦旗首府所在地——库伦镇老城区中心位置，是建筑风格融蒙、藏、汉风格为一体的格鲁派召庙建筑群。1985 年被自治区人民政府公布为区级重点文物保护单位，2005 年 5 月自治区民族宗教事务管理局批准三大寺为宗教活动场所。2006 年库伦三大寺被国务院公布为第六批国家级重点文物保护单位，随后进行了修复和配套基础

三大寺正门

设施建设，2010年12月被评定为国家4A级旅游景区，被称为"小五台山"。

库伦旗的寺庙还有许多，如吉祥天女庙、山水神庙、察哈尔庙、关帝庙、清真寺等20多座，都各有特色和文化内涵。

库伦旗自然资源比较丰富，木本植物共有127种，野生草本植物270种，其中，药用植物约120种。野生动物中以狼、狐、獾、刺猬、鼠类、野兔居多；各种鸟类98种。

矿产资源有铁、钨、铜、石灰石、大理石、氟石等，是通辽地区非煤矿产资源最为丰富的地区，全旗共发现矿产资源62种，现已探明矿种27种，尤其是石灰石、铅锌、大理石等储量丰富，品位居高。其中，品位达56%以上的高品质碳酸钙储量超过30亿吨，属同类矿石中的精品。全旗待开发、可利用的资源估算储量硅石75万吨，高岭土、叶腊石10万立方米，石材700万立方米，铅锌金属74万吨，膨润土10万立方米。境内有128座大小塘坝水库，地表水资源储量2.5亿立方米。

库伦旗重点产业是农牧业。全旗可耕地面积168万亩，农业人口人均农业用地面积达到12.42亩，农作物以荞麦、玉米、谷类为主，总产量63.8万吨。全旗牧地面积77.2万亩，牲畜种类以牛、羊、猪、鸭为主，

库伦旗牧场

2021 年中重点养殖项目库伦牛存栏 36.8 万头，羊存栏 36 万只，猪存栏 7 万头，禽类存栏 63 万羽。

2021 年，全旗生产总值 55.6 亿元，公共财政收入 1.6 亿元，社会消费品零售总额 11.1 亿元，居民人均收入 20764 元，其中，农村牧区常住居民人均收入 14895 元，脱贫人口人均纯收入 16291 元。

良好的自然生态资源和特色文化成为库伦的金色"名片"：2014 年，旗政府所在地库伦镇被城乡和住房建设部、国家文物局评为第六批中国历史文化名镇；2015 年，又被评为"中国特色景观旅游名镇"。

库伦的安代舞，大约产生于明末清初的萨满教，距今已有 300 多年的历史，是一种集体歌舞，是以唱为主，辅以简单的舞蹈动作，浑厚质朴，粗犷豪放。2019 年，库伦旗凭借安代舞列入 2018—2020 年度"中国民间文化艺术之乡"名录。

2020 年库伦被内蒙古自治区党委、政府命名为"第五届自治区文明城市"。

京蒙协作，助力特色库伦旗

京蒙扶贫协作框架中，库伦旗是密云区对口帮扶地区。帮扶项目包括自然生态治理、农牧业发展、旅游资源开发利用、乡村基础设施建设、医疗、文化等多方面。密云区的这些帮扶资金、项目使库伦旗在诸多方面有了很大进步和改善，有雪中送炭，也有锦上添花。

库伦旗 1986 年被列为国家重点贫困旗。2002 年被确定为国家扶贫开发工作重点旗，2012 年再次被列入国家扶贫开发工作重点旗。2020 年 3 月退出国家级贫困旗序列，2021 年被确定为国家乡村振兴重点帮扶旗。

根据国家统一安排，北京市结对帮扶内蒙古自治区。密云县定点帮扶库伦。2018 年初至今，密云区累计选派党政干部 8 人、专业技术人才 65 人到库伦支援，同时开展人才培训 3000 余人次，吸纳就业 190 余人。促进库伦特色产品在京销售累计 1.1 亿元。市区两级财政累计投入资金 1.6 亿元，实施帮扶项目 61 个，其中密云区财政支持资金 1905 万元。依托这些帮扶资金，库伦旗的供排水、乡村道路、垃圾治理等基础设施得到完善，镇村人居环境、学校饮水条件得到改善，医疗设备也更加完善。种鸭生猪养殖场、锦绣海棠果园、农机合作社、田园综合体等项目相继落地投产，村集体经济进一步壮大。

2020 年助力库伦成功退出国家贫困旗序列。脱贫摘帽后，密云区持续发力，密切交流，深入开展产业合作、劳务协作、消费帮扶，使库伦脱贫攻坚成果得到进一步巩固，乡村振兴工作稳步推进。

锦绣海棠（安代红）　京蒙协作扶持项目之一。种植面积 9000 亩，目前已有 12000 亩结果采摘，出口到东南亚等多个国家，成为库伦旗的代表

性水果，是植被养护和经济价值兼顾的典范。

沙漠绿洲——敖伦国家森林公园　库伦旗地处燕山北部山地向科尔沁沙地过渡地段。燕山山脉自旗境西南部延入，在中部与广袤的科尔沁沙地相接。境内沙化漫岗 89.75 万亩，占总土地面积的 12.7%，其中，塔敏查干沙漠在库伦旗总面积达 280 平方千米。库伦旗唯一的国家级

敖伦国家森林公园

敖伦森林公园规划面积 110895 亩，森林面积 68902.5 亩，森林覆盖率 63.01%，是科尔沁草原的强大生态屏障。

养畜牧河　库伦旗代表性河流有四条：养畜牧河、铁牛河、新开河、查干河，河河有水。其中，养畜牧河是库伦人民的母亲河，境域内全长 110 千米，流域面积 825 平方千米。它似一条美丽的绸带，弯弯曲曲环绕在库伦旗中部，把山地草原和沙漠一分为二。养畜牧河以南，属山地干草原植被，植物群落以灌丛、蒿类、多年生禾草为主。养畜牧河以北，为沙地干草原植被，植物群落以黄蒿、灌木山杏、黄柳等为主。

山巅良田　库伦旗素有"九千九百九十九条沟"之称。现在的库伦镇原名就叫库伦沟。绿水青山就是金山银山，通过多年治理，京蒙协作助力，当年的荒山，变成现在的良田。

库伦旗地广人稀，具备发展农牧业的良好基础。全旗高标准农田面积达到 47 万亩，农作物播种面积 168 万亩，粮食年产量 12 亿斤。牲畜存栏总量 84 万头（只）。"库伦荞麦"被录入第三批国家名特优新农产品名录，新认证"两品一标"农产品 35 个。在京蒙协作对口帮扶下，库伦旗的这些产业得到了进一步发展。

库伦荞麦：库伦旗被誉为"中国荞麦之乡"。年均种植面积10万余亩，延伸产品有荞壳枕、荞麦茶、苦荞酒等。2022年，库伦荞麦被中国优质农产品开发服务协会评为区域公用品牌，价值20.1亿元。

2021年，在密云区新建库伦特色文化美食体验馆，将库伦产品和荞麦饮食文化引入北京市场。馆里的手把肉、烤全羊、奶茶、肉肠、拔丝奶豆腐等食

库伦荞麦田

品独具库伦特色，尤其是荞麦茶、荞麦饺子和库伦本域难分伯仲，是目前北京地区唯一一家库伦旗特色食品体验店。

库伦牛：密云区重点发展扶持项目。库伦牛是德国西门塔尔牛的改良品种，原产于瑞士阿尔卑斯山区，是乳、肉、役兼用的大型品种。特点是体格大、生长快、肌肉多、脂

西门塔尔牛

肪少，早期生长速度快，产肉性能高，瘦肉多。库伦旗目前有养殖产业园1处，人畜分离养牛示范小区45个，全旗存栏总量36.8万头。

库伦种鸭：库伦种鸭养殖是密云区重点扶持项目，也是库伦旗养殖业重点项目。目前，建设种鸭养殖基地9处，鸭舍110栋，养殖规模达50万羽。仅和康源集团2021年就销售种蛋2362.8万枚，年销售收入3995.06万元。

银沙湾沙漠越野景区　银沙湾景区是塔敏查干沙漠的一部分。塔敏查干，蒙语是魔鬼或地狱的意思。塔敏查干沙漠自奈曼旗东部伸入到库伦旗，

曲折蛇行，进入科尔沁左翼后旗境内，号称"八百里瀚海"。旗境内东西长约60千米，南北宽约5千米，总面积280平方千米。在这浩瀚的沙海中，植被稀少。除其腹地生长的黄柳条、沙蒿、骆驼蓬等少许沙地植被外，一概是金光灿灿的明沙，有的沙丘高达70～80米，连绵起伏，广袤无际，是国家标准4A级景区。曾成功举办2017年全国越野车王争霸赛、内蒙古第六届自驾车旅游那达慕；2021年，先后举办了中国·库伦银沙湾首届"嘉旺地产杯"越野场地赛、库伦·银沙湾疯狂陪娃节、"冬至库伦，梦飞冬奥"库伦旗冰雪乐园等活动，接待游客达到20.2万人次。

独具特色的蒙医药　库伦旗有国家第一家蒙药厂，现在已经成为集科研、生产、经营为一体的现代化蒙医药企业。国家蒙医药研究所就坐落在旗境内。京蒙协作框架中，密云区药材公司对口销售该厂蒙药。

2022年7月18日至19日，密云区委书记余卫国率密云区党政代表团赴库伦旗对接乡村振兴工作。他表示密云区将深入贯彻落实党中央和北京市委决策部署，聚焦巩固拓展脱贫攻坚成果，持续推进乡村全面振兴这一主线；对标首善标准，明确协作措施，以更加坚定的决心，更加扎实的作风，更加务实的举措，加大工作力度，全面深化两地协作，为高质量做好京蒙东

密云区委书记余卫国赴库伦旗开展东西
协作乡村振兴工作对接

西部协作工作贡献力量，为两地人民的友谊奏响新的乐章。

库伦模式 密云打造

——库伦旗三项成果获全球减贫最佳案例

2018 年由中国国际扶贫中心、中国互联网新闻中心、世界银行、亚洲开发银行、联合国粮农组织、国际农发基金、世界粮食计划署等 7 家权威机构联合发起，推出"全球减贫优秀案例征集活动"，推广各国减贫成功实践和经验，助力发展中国家可持续发展和减贫事业。

截至 2022 年底，已成功举办了三届。每届从全球几千个案例中选取 100 个最佳案例，具有权威性和推广价值。库伦旗选送的京蒙帮扶项目"双创"双带社会扶贫模式、三产融合荞麦产业发展模式、蒙医药健康扶贫模式三个案例先后被评为最佳案例。这些成绩凝结了密云区帮扶干部的心血与汗水，向两地人民交出了一份令人满意的密云答卷。

"双创"双带社会扶贫模式

由库伦旗政府倡导，两任密云区挂职库伦旗副旗长张维海同志和孙庆谷同志主抓成立了库伦旗企业家创新创业服务联盟（以下简称"双创"联盟）组织，是内蒙古自治区首家以域内小微民营企业为主体的社会组织，构建横向由企业、合作社、个体户紧密联系，纵向由政府、经济组织、科研院所参与，涵盖经济社会全要素的"服务平台"。构建企业成长与农牧民增收紧密联结、互促共赢的利益"共同体"，成为带动农牧民脱贫致富的"新力量"。

"双创"联盟成立后，先后有包括密云企业在内的 34 家企业通过"厂房＋居家式""企业＋合作社""传统工艺＋合作社＋居家式""订单农业"等方式与库伦旗 1930 户贫困农牧户建立了利益联结共同体，受益贫困农牧民 5408 人。至 2020 年，促进农牧民累计增收 1.12 亿元，助力全旗村集体经济增收 935

"双创"双带模式获得全球减贫优秀案例

万元以上。2020 年获得第二届全球减贫最佳减贫案例。

"厂房＋居家式"劳动密集型扶贫车间：密云区北京渔阳服装有限公司（北庄）、北京诚信制衣有限公司（太师屯）分别与库伦旗白音花镇坤地、阿其玛两个嘎查村签订了精准扶贫协议书，援建生产线 4 条，吸纳 200 人就业，其中有建档立卡贫困户 30 人，实现家门口就业。人均年增收 2 万元，"一个人就业，全家脱贫"效果明显。

"企业＋合作社"养殖业扶贫车间：密云挂职干部联系引导"密云百年栗园"与库伦镇、扣河子镇、白音花镇和先进苏木等合作，以养殖合作社为依托，发放北京油鸡鸡雏 76000 只。公司对 2 公斤及以上的成品鸡按照每斤 20 元进行回收，贫困户户均可增收 500 ～ 1500 元。目前，全旗养殖合作社已近 80 家，带动农牧户 2695 户，其中贫困户 752 户。

"传统工艺＋合作社＋居家式"手工业扶贫车间：引进密云区北京云艺手工艺品专业合作社"玲珑枕"项目。农牧民居家制作玲珑枕、手工编珠、毛编等手工艺品，带动全旗 48 个村 1000 名妇女参与，既实现了照顾家庭和增收两不误，又丰富了文化生活。

"订单农业"种植业扶贫车间：联盟企业通过流转聘用和返租倒包的

形式，从嘎查村农户手中获得土地使用权和经营管理权，5 家企业流转土地 16200 亩，惠及贫困群众 750 户 2025 人，人均年增收 2000 元。

库伦镇固日班白嘎查村的马振宇家，一家三口人，妻子患有严重脑血栓后遗症，生活不能自理，欠下几万元的外债。2018 年联盟企业与马振宇签订豇豆种植订单和油鸡庭院养殖项目，年收入 3.1 万元，摘掉了贫困户的帽子，走上了致富奔小康的希望之路。

"双创"联盟还通过吸纳村集体资产、资金入股及无偿捐赠等方式壮大集体经济。2019 年全旗 187 个行政村集体经济收入均达到 5 万元以上。

可持续发展的"'双创'双带"社会扶贫模式，依靠"小力量"实现多路径靶向贫困群体促进增收，打下乡村产业兴旺基础。

三产融合荞麦产业发展模式

库伦旗有"中国荞麦文化之乡"的美誉。但之前品牌形象、品牌影响力和产业规模质量不高。通过密云挂职副旗长张维海、孙庆谷、白淑英等持续发力，终于使"库伦荞麦"成为国际品牌，探索形成了依托传统特色产业促进农村牧区脱贫致富，衔接乡村振兴的有效模式。2020 年"库伦荞麦"原产地商标认证的区域公用品牌价值达 11.9 亿元（2022 年品牌价值 20.1 亿元），通过荞麦全产业链融合发展带动农村牧区脱贫致富的社会效益日益放大，入选全球最佳案例。

稳定种植面积、改良品种，保障产业链源头：利用各项强农惠农政策，使全旗荞麦常年播种面积稳定在 20 万亩，总产量达到 3 万吨。推广有机肥替代化肥，提高播种、收获、脱粒的机械化水平。强化新技术应用与服务，确保农牧民愿种会种收益好。

提高企业精深加工能力，开发荞麦高附加值产品：发展壮大规模化精深加工企业。在传统荞麦米、荞麦面、荞麦挂面等产品基础上，相继开发推出了荞麦酒、荞麦茶、荞麦蜂蜜、荞麦壳枕芯等 100 多种产品。大力推动荞麦产业相关的餐饮、文化、旅游产业的融合发展。

强化品牌影响，提升产品市场优势：参加 2022 年中国国际服务贸易交易会，以"库伦荞麦 健康常在"为主题，正式发布了"库伦荞麦"区域公用品牌，开启了区域品牌高质量发展新篇章。2022 年，库伦旗获批打造市级现代农牧业荞麦产业园，持续推动荞麦产业高质量发展。

2018 年获得农业农村部颁发的
"农产品地理标志登记证书"

　　许多贫困户通过荞麦产业脱贫致富。宋显武是六家子镇达林稿村贫困户，2015 年夫妻俩给女儿做耳蜗花掉家中全部积蓄外，还欠下 20 多万元债务。2016 年镇里通过密云产业扶贫项目给他买了 30 只羊饲养繁殖，当年收入 6 万元。2019 年农民合作社把他家 10 亩地纳入发展荞麦种植，又发展荞麦养蜂、荞麦茎叶饲养黑猪，家庭纯收入增加了 2.1 万元。三年还清了债务，还翻修了房子。

　　截至 2019 年底，荞麦产业吸引旗外人口 45 万人次，综合收入 5.3 亿元，荞麦餐旅经营户达 1000 余家，稳定就业 5000 余人，惠及贫困户 2950 户。共增收 5900 万元，户均增收 2 万元。

蒙医药健康扶贫模式

2022年11月11日，库伦蒙医药健康扶贫模式再次成功入选第三届"全球减贫案例征集活动"获奖名单。

库伦旗充分利用"中国蒙医药文化之乡"和"中国蒙医药文化保护传承基地"的独特优势，大力推进蒙中医药产业健康发展。制定了《蒙中医药发展行动计划》，启动实施了以京蒙协作和密云帮扶资金为主的1亿元的蒙中医药"名企、名院、名医、名药、名业"等"五名工程"，重点推动库伦蒙药有限公司上市，蒙中药材种植基地、基层卫生院蒙中药制剂室和蒙中医药养生保健体验馆建设，以及蒙中药研发等。

蒙医医院及研究所　蒙医药具有"生、猛、简、廉、绿色"等特点，在治疗常见病、多发病和一些疑难病症方面具有显著疗效。近5年，库伦旗蒙医医院共深入28个嘎查村社区开展免费义诊176次，出诊医护人员2700余人次，共接诊患者近21147人次，为患者提供蒙药、蒙药保健茶等，让利群众230万余元。

积极开展旗蒙医医院及蒙医研究所与内蒙古民族大学蒙医药学院、库伦旗蒙药有限公司的科研合作，启动实施了棘豆止咳散疗效及质量标准研究。库伦蒙药厂已成为全国少数民族医药产品定点生产

库伦蒙药厂

经营的现代化企业，可生产8个系列102个品种的蒙药，拥有14个独家产品，蒙药品种居全国同类厂家之首，产品销售遍及国内30多个大中城市。

强化蒙中药材种植基地建设　按照生态高效、道地优质的原则，积极

引导企业、合作组织、种植大户、一般农户发展蒙中药材种植，全力打造以甘草、黄芪、月见草为主的蒙中药材种植基地，既带动药材产业发展，也提高了种植者经济效益。

推动知名蒙中医药品牌产业化发展 库伦黄芪，因过硬品质而著名，与北口芪、绵黄芪齐名。目前库伦蒙药厂已注册制剂实用商标 13 个。发挥库伦旗蒙医医院龙头单位的引领示范作用，为基层患者提供优质服务且又价格低廉的医疗服务，不断提高临床疗效。

蒙中成药

库伦籍农民田某，2018 年患结肠癌，术后出现体重下降、贫血、气短、手术部位愈合不佳的情况，时常疼痛，身体极度虚弱。在接受蒙医互动疗法治疗 22 个疗程之后，田某现在健步如飞，不仅能够照顾自己，还能帮助子女照看牛舍，已完全走出了困境。家庭收入从 7235 元增加到 3.6 万元，生活得到了实实在在的改变。

"虽千万里，吾往矣"，密云的帮扶团队，在这片饱经沧桑的土地上，如草原风沙中的野草与贫困抗争，和当地人民共同谱写出新时代库伦人的精神。他们和库伦人坚信，全面建成小康社会的美好愿景就在眼前！

牛、鸭养殖促脱贫

旗域总面积 4709 平方千米，人口 15 万，真正的地广人稀。库伦旗原本就是农牧业各占半壁江山，养殖业在库伦旗具有悠久的历史，从事养殖业的人口占有很大比例。扶植当地养殖业发展是脱贫工程的重要项目之一。

京蒙齐心"牛"起来

京蒙协作牛产业园区　按照"国有企业＋养殖企业＋集体经济"的经营模式，将黄牛规模化养殖产业作为加快推进乡村振兴主导产业之一，是京蒙协作对口帮扶的重点项目，总投资 15 亿元、总占地面积 2 万亩、养殖总规模 15 万头的京蒙协作库伦旗牛产业园，在库伦镇瓦房牧场村顺利建成。产业园集肉牛育肥、良种繁育、综合利用、牧草种植、饲料加工、牲畜交易、肉牛屠宰，以及风力发电、光伏发电和畜牧养殖为一体，一园带十业百村千户万人共同发展，使牛产业真正成为推动库伦旗脱贫攻坚和乡村振兴的主导产业、支柱产业。

产业园区扶贫资金投入 1.19 亿元，其中，京蒙资金 0.09 亿元，新建改造养殖厂房 10 栋、3 万平方米及青储窖池等配套设施；新建棚舍 17 栋共 98770 平方米、草料库 1 栋 3123.59 平方米、青贮窖 3 座 6000 平方米、晾粪场 1 座 6081.83 平方米、沉淀池 1 座。

牛产业园已实现扶贫资金收益 712.44 万元，用于扶持无劳动能力、弱劳动能力脱贫户和监测户增收，增加嘎查村脱贫村集体经济收入。

通过京蒙扶持资金帮扶，库伦旗已有养殖能力1.3万头肉牛养殖产业园1处，人畜分离养牛示范小区45个，全旗8个苏木乡镇基础母牛存栏全部超万头，超千头嘎查村126个、超百头养殖场（户）110个、户均饲养基础母牛15头以上示范户8500户，全旗肉牛存栏量达到36.8万头。

库伦旗肉牛养殖产业园

保证"牛粮" 有了牛，还得有充足的"牛粮"。密云区太师屯镇与库伦旗额勒顺镇两地政府通过共同努力，促成北京昕三峰饲料厂与内蒙古大漠缘农业科技发展有限公司达成合作。北京昕三峰饲料厂投资300万元，提供两条现代化生产线设备并负责生产技术，大漠缘农业科技发展有限公司负责厂房建设，双方共同组建京蒙缘饲料有限公司，项目总投资1000万元。新建企业以当地农户主产粮食（玉米）为主要原料，进行饲料生产加工，既保证了充足的"牛粮"，又使当地的建档立卡贫困户常年受益。

安代牛肉 库伦牛是德国西门塔尔牛的改良品种，特点是体格大、生长快、肌肉多、脂肪少，早期生长速度快，产肉性能高，瘦肉多。牛肉深加工增加附加值成为必需，库伦旗草原安代肉制品有限责任公司应运而生。公司占地面积35亩，建设面积8700平方米，注册资金200万元，资产总额3800万元，其中固定资产2830万元，拥有一条年产200吨风干牛肉干生产线和年产50吨牛肉酱生产线，以当地优质牛肉为主

库伦旗草原安代牛肉

要原料,生产风干牛肉干、牛肉酱等系列产品。年产值2500万元,利税946万元。目前,公司已被国家相关部门评为全国行业十佳,"草原安代"商标被评为内蒙古自治区著名商标。

两地共唱"鸭"轴戏

养殖规模 2019年,京蒙协作资金投入470万元,协助库伦旗建设鸭舍50栋,总占地面积474亩,饲养樱桃谷品种种鸭22万羽。种鸭的饲养周期为17个半月,种鸭蛋1.6元/枚,每只种鸭产蛋收入即可达到400元。17个月后,种鸭自然淘汰并作肉用出售。整个饲养周期内,扣除饲料、防疫、人工等养殖成本,每只种鸭净收益70元,每栋鸭舍净收益30万元左右。种鸭养殖,使全旗2019年底贫困人口降至69户196人,贫困发生率降至0.14%。

2020年,京蒙帮扶资金再次投入2905万元,继续实施种鸭养殖二期项目建设,共建设鸭舍40栋,规模达到90栋,种鸭总量达到50万羽。

为了获得更高的收益,2021年,京蒙资金第三次投入2400万元,建设种鸭养殖基地2个,高标准鸭舍20栋。投入扶贫资金1000万元,建设种鸭饲料厂,使库伦旗形成种鸭养殖、鸭苗孵化、饲料加工、养殖服务、食品加工一条龙完整产业链,每年可向社会提供商品代鸭苗9000万只,产值2.7亿元,增收贫困农牧民达1200人。养殖副产品如鸭粪等可过腹还田,鸭粪可深加工成复合肥等,实现叠加效益。

京蒙协作重点扶持项目——内蒙古和康源生物育种有限公司,总投资2.2亿元,其中扶贫资金投入9500万元,现已投入运营7个种鸭养殖基地(场),120栋鸭舍,饲养量达45万羽。2021年销售种蛋2362.8万枚,年销售收入3995.06万元。30栋高标准鸭舍于2022年底投产运行,饲养量达到60万羽,形成区域集聚规模优势。

养殖效益 库伦旗种鸭规模化养殖项目，在促进群众增收和壮大村集体经济方面，都取得了非常好的效果。村集体按照投资金额的 6% 提取综合年收益金，全部用于壮大村集体经济和扶持贫困户。群众收入主要是租赁土地收益，土地租金每亩平均 500 元，每户年均增收 1400 元；群众收入还有一部分是务工收入，以库伦镇东皂嘎查种鸭场为例，现有员工 90 人，其中贫困户 22 人，人均年收入 4.6 万元，员工享受免费吃、穿、住，有季度劳保、生日礼物、妇女节礼物、中秋春节礼品等福利待遇，实现了一人就业、全家脱贫

内蒙古和康源生物育种有限公司
蓄禽饲料建设项目鸟瞰图

的目的。建档立卡贫困户郭某一家三口人在种鸭场务工，年收入 14.4 万元，因为离家近，家里的 30 多亩地也没耽误，一年就过上了好日子。

包棚自主饲养也是增加群众收入的一部分，农牧户（除务工外）还可以通过自建棚舍或者租用厂区棚舍，进行合作，由企业提供饲料、防疫药品和技术指导，进行自养。不论市场行情如何，企业按照上不封顶、下有最低保护价统一回收销售，最大限度地保证农牧户利益。通过实践，自养一棚种鸭，成活 4000 只，扣除养殖成本，保底收购价为每只 40 元，每棚可实现最低纯收入 16 万元，如市场行情好，每棚纯收入可达到 28 万～30 万元，效益非常可观。

京蒙协作脱贫攻坚项目的实施，将种鸭养殖产业作为库伦旗农村牧区脱贫致富的主导产业之一，与广大贫困农牧民形成紧密的利益联结，种鸭养殖产业成为黄牛养殖业外，带动农牧民脱贫致富的"新力量"。

苦荞甜"密"有"麦"点

荞麦在我国有着非常悠久的栽培历史，2000多年前典籍中就有记载。荞麦生长周期短，耐干旱贫瘠土壤和耐寒冷气候。荞麦又称净肠草、三角麦等，有"甜荞""苦荞"之分，普通荞麦一般是指甜荞。苦荞比普通荞麦粒儿小，因含较多的芦丁而显得略有苦味，又称鞑靼荞麦。库伦旗种植荞麦已有1000多年的历史，常年播种面积一度超过30万亩，年产量达1亿斤以上。近年来，稳定在10万亩以上，年产量达3500万斤以上，已成为库伦旗一张亮丽的"名片"。

瞄准特色产业品牌

荞麦种植在库伦旗是传统产业，但真正作为特色产品发展起步于2021年。北京市科学技术研究院副研究员、挂职库伦旗农业农村局副局长的胡光辉，会同密云区援蒙干部团队及库伦旗农技干部进行30余次基层调研，结合专业部门和有关研究人员考证结果，认为库伦荞麦位于世界荞麦黄金种植带，年均日照时数3000小时，有效积温在3200℃左右，且疏松肥沃的沙壤，凉爽干燥的气候，十分有利于荞麦的生长，尤其是荞麦营养物质累积数值比例适宜人体必需的8种氨基酸。密云区援蒙干部团队与库伦旗委、旗政府将推广"库伦荞麦"作为主题品牌产品发展目标，并列入"十四五"乡村特色产业发展规划，提出"库伦荞麦，健康常在"的理念，依托国家兴农助农政策，获批实施。

密云区援蒙干部团队依托北京优势资源，引进了中国品牌农业战略推

进中心专家团队，打造"库伦荞麦"区域农业公用品牌。经过半年多的努力，完成了品牌文化和形象设计、品牌管理运营体系构建、品牌创建长远规划和实施方案、全旗的品牌创建工作培训，以形成相关成果并申报国家知识产权保护19项。

选用培育良种，从山西、陕西、内蒙古选定26个品种试种，将抗倒伏、适合机播机收的"通荞4号"确定为主推品种，并引进适应性强、芦丁含量高、结实率高的"通苦2号"黑苦荞品种，作为全旗推广种植主打品种。

打造特色农业品牌

密云区援蒙干部团队与库伦旗委、旗政府把"荞麦产业"列为农牧产业发展首位，推广这80天就能收获的"果实"。

2021年，扣河子镇西下沟村农业合作社社长韩凤轩参加了旗召开的荞麦种植推广动员会后，号召村民种荞麦，全村发展到800多亩。韩凤轩收获了上茬燕麦后，下茬种了10亩荞麦，当年7月10日下种，9月2日就喜获丰收，每亩产量达到300多斤。韩凤轩号召成立了荞麦产业协会，他负责联系荞麦的收购、加工与销售。西下沟村也带动了扣河子全镇的荞麦产业发展。2022年全镇发展到1100多亩，获得了好收成，最好的地块亩产400多斤。

库伦旗的气候适合黑苦荞麦种植，但苦荞麦的"食客"受众率低，于是便引种了"通荞4号"甜荞麦，按"甜80%、苦20%"比例搭配进行加工，成了"食客"的"香饽饽"，迎合了保健食品"黑"的元素需要。随之"苦荞"也就华丽转身变为了"黑苦荞"，让其本身的价值增值了两倍多。2021年他自家挣了15万多元，合作社社员收入接近200万元。

库伦旗荞麦产品既尊重传统，又不断创新。"口感特别油软"的面粉，并不是普通加工机械磨出来的面，而是经专用"机械石磨"研磨出来的，机械石磨"一分钟才转六圈",且低温研磨,保持了荞麦的原有味道,如同原始石碾轧出来的面味。利用"机械石磨"加工荞麦面的有库伦镇南元宝山村的弘达盛茂公司、库伦镇西山村包布和的丰顺有机杂粮专业合作社"老包石磨荞麦面"加工厂,包布和不仅种有大面积荞麦基地,还在全旗第一个买回了石磨机械加工设备。他的设备从进粗料口到出细面口共7道工序,一道工序就是一套设备,经7道工序研磨出来的面粉光滑而细腻。包布和不仅销售面粉,还深加工出"荞麦原味挂面""荞麦米"等系列产品,注册了"包果实"商标,线上线下销售一直看好。

库伦旗还延长了荞麦产业链条。"黑苦荞茶"就是其中一种新产品研发。河北籍郭雅鑫来库伦原本是种植菌类产品,接触到荞麦之后,就一头扎进了荞麦产业中。她根据现在人们"生活节奏快"和"保健意识强"的实际,研发了"纸杯+茶粒"一体的"苦荞茶",有着携带方便卫生、茶道芳香保健的特点,成了线上线下的畅销品。在密云扶贫团队的引介下,郭雅鑫掌握了密云"非遗"产品"玲珑枕"的制作技术,将脱了籽仁的"麦壳"作为填充物装入"玲珑枕"布囊内,缝合成猫或狗宠物造型的"玲珑枕",成了电商的畅销品,一件就能卖几百元,实现了荞麦的"二次价值"。自2020年5月开始至2021年的12月,仅荞麦枕头就销售196万元。郭雅鑫企业除安排当地人就业外,收购荞麦都是"高于市场价每市斤1元",其产业带动了当地种植荞麦的人逐年增多。

近年来,库伦旗不断加大荞麦新品种、新技术的引进推广力度,积极组织电商、合作社、加工企业与农户开展订单种植。通过土地流转、合作社种植、公司化经营和农户散种等多种形式,逐步提高了荞麦种植面积。库伦旗库伦镇丰顺有机杂粮农民专业合作社,采用"合作社+基地+农户"的经营模式,实现种植、深加工、销售为一体的全产业链经营。

密云区援蒙干部团队还把库伦特色荞麦文化引介到了北京密云城区,在密云果园街道地区建起库伦旗消费帮扶产品供应基地和特色农产品示范销售超市，产品之一的"荞麦挂面"，经常出现断货。通过与北京各单位工会沟通宣传、朋友圈宣传带货、企业展销和网上营销等方式，已促成11家单位完成采购，有效提升了产品销售量和收益。

至2022年，密云区援蒙干部团队在库伦旗落实荞麦产业项目7个，项目资金达3000万元，打造标准化深加工厂房、实施荞麦产业国家地理标志保护、库伦旗荞麦产业品牌创建等。全旗现有规模和生产能力较大的荞麦企业6家，合作社1家。另有60多家家庭加工厂和种植合作社，主要进行米、面、挂面和皮壳枕的加工。

走向世界的地理标志品牌

2022年9月5日，以"全球服务，互惠共享"为口号，"服务合作促发展，绿色创新迎未来"为主题的2022年中国国际服务贸易交易会在北京举行。"库伦荞麦"在世界地理标志品牌展区首次亮相，品种丰富的荞麦健康产品吸引了国内外众多嘉宾和客商前来品鉴洽谈。

有5家企业19种荞麦产品在核心展区展示，得到了中国网、中国食品报网、中国农村网、农民日报、中国日报等媒体的跟踪报道。

世界贸易网点联盟世界地理标志品牌展区

近年来，库伦旗通过品牌打造、品种改良、基地建设、龙头培育等有力举措，加快壮大荞麦产业全链发展，打造中国荞麦功能食品创新基地。2022年库伦旗获批"市级现代农牧业荞麦产业园"，库伦荞麦区域公用品牌价值已达到20.1亿元。

京蒙协作润"绿洲"

内蒙古自治区有一家誉满全国的"食品有限公司",近年来,先后获得"自治区级扶贫龙头企业""第一批自治区级农牧业产业化示范联合体""全国妇联巾帼脱贫示范基地"等荣誉,这就是坐落在库伦旗食品工业园的内蒙古绿洲食品有限公司。公司不断发展壮大的过程,不仅有当地库伦旗委、旗政府给予支持,还得到了京蒙协作密云挂职团队在资金上的援助和挂职干部的智力帮扶。

内蒙古绿洲食品有限公司成立于 2014 年 5 月,是一家集果蔬育苗、蔬菜种植、技术咨询、脱水加工、储存保鲜、菌种繁育、农残检测、有机肥、食用菌生产及种植等产、供、销一体化的综合型农产品加工龙头企业。2019年,为了帮助公司绿色产品走出库伦、推进北京、推向全国,密云挂职库伦旗委常委、政府副旗长孙庆谷,以北京世博园展销会为契机,开展"特色产品展销库伦旗主题日"活动,全面展示东西部扶贫协作成果,并通过招商引资,推进消费扶贫,产生了积极效果。

2019 年,挂职团队为绿洲食品有限公司申请京蒙帮扶资金 1000 万元,开展万亩蔬菜基地及冷链物流配套建设项目,建设了总建筑面积 7000 平方米的冷库及配套设施,填补了库伦旗冷链物流的空白,可消化库伦本地农民5000 亩蔬菜种植产量,并且延伸了蔬菜产品产业链,提高了农产品附加值,直接实现农民人均增收。冷库于 2020 年 8 月正式投入运营,社会效益明显。通过冷冻库、保鲜库、冷藏物流车辆运行,至年底仅 4 个月为北京 59 家、大连 16 家超市和沈阳、通辽、南昌、上海等国内农贸市场提供胡萝卜、甘蓝、南瓜、地瓜、海棠果等新鲜果蔬 2 万吨,有效疏通了销售难的瓶颈制约,还为当地牛羊肉、鲜蛋、鱼虾类代储存提供了便利条件。冷库保鲜项目建设的运行，还促进了农牧民的土地流转，建档立卡户可灵活地与公司进行选择产品对接种植，帮助公司实现"三优先一高于"目标，即土地流转优先、就近用工优先、产业订单优先，工资收益同等条件下比一般户高10%，进一步密切了公司与贫困户之间的利益联结，大大提高了建档立卡户的造血功能和可持续发展能力。仅2019年，就有86户建档立卡户通过土地流转，实现户均增收4000元。公司帮助35户建档立卡户发展蔬菜种植300亩，年增收40万元；依托6种产业扶贫模式累计带动全旗4个苏木镇61个嘎查村1260多户共同增收，其中有530多户实现脱贫。

2020年，密云挂职团队运用京蒙协作优惠政策，扶持绿洲公司利用原料种植再生产，带动旗内11个合作社、2个家庭农场、6个种植大户，他们通过产业化联合体、合作经营、订单回购等形式，发展种植基地8600亩，种植"绿色食品"。

2021年以来，京蒙挂职团队发挥桥梁纽带作用，积极帮助绿洲与北京密云企业进行合作对接。挂职旗委常委、副旗长白淑英，在一次企业项目对接中，与区发展改革委干部，共同促成了绿洲公司与密云的北京极星农业深度合作，北京极星农业按照绿洲的技术要求，建起了10个菌棒培植钢架大棚，助力了库伦旗可持续循环农业的发展。

密云挂职库伦旗乡村振兴局副局长的卢子寅，从消费扶贫活动宣传入手，按照"政府引导、市场运营"的原则，实施京蒙"商超"对接，促进消费帮扶，重点放在密云区域内的线上线下展销，搭建起"一中心多专区"的库伦旗产品展销体系，建成了消费扶贫密云分中心并投入运营，同时在城区设置"密云－库伦特色农产品示范基地"和"密云区消费帮扶产品供应基地"，通过商超设立的库伦旗特色产品专区专柜销售，基地不断开展"消费扶贫满减活动"和"扶贫日"等活动，积极宣传推介库伦旗特色产品，将草原安代牛肉、荞麦系列品牌产品推上百姓餐桌，2021年累计在京销售9408万元。

该项成果最为突出的是北京密鑫农业发展有限公司的"密云檀州农业"，除了83家连锁超市为绿洲公司搭建线上销售杂粮、果蔬平台外，还投资40多万元，在密云区巨各庄镇建起600平方米的菌菇种植大棚，与绿洲达成供销合作协议，檀州农业常年由绿洲引进菌棒进行鲜菇培植，平均每天销售鲜蘑500多公斤。同时，远在库伦旗的绿洲公司也尽全力保障货源供应，2021年元旦前夕，绿洲公司总经理王丽霞夫妇自驾车千余里，将价值6万元的小米和牛肉酱特产送到密云配送基地，虽已临近午夜，但确保了超市正常供应。挂职库伦旗农业农村局副局长、北京市科学技术研究院干部胡光辉，业余时间经常帮助绿洲公司运作线下产品销售、利用互联网与国内多地"832扶贫平台"对接各项申报手续，有时加班加点到大半夜。

在京蒙挂职干部团队全力支持帮扶下，绿洲食品有限公司与密云檀州农业、北京极星农业达成合作，并在不断向"上规模、上水平发展"。2022年还建成了百亩高标准日光温室，使"基地＋商贸"合作

密云"檀州农业"与内蒙古绿洲食品有限公司
合作签约仪式

长远化，也蕴含着京蒙协作的友谊之花更加绚丽多彩。

密云情暖孤家子

2022 年 9 月的一天，央视记者在内蒙古库伦旗一块荞麦收割现场拦住了一台迎面开来的大型联合收割机，啧啧赞道：真是个巨无霸！接着朝司机问道："师傅，我可以上来吗？"得到司机的许可，记者亲身体验了一番这台高达四米的收割机收获荞麦的过程。记者并非图新鲜，而是想详细了解机械工作的自动化过程。她想了解，这台大型收割机是如何落户在塞北贫困旗，又是如何使库伦旗先进苏木（乡）孤家子嘎查（村）走进社会化生产的。

具体说来，孤家子嘎查（村）走进社会化生产的过程，得从孤家子村的周边环境和一个人说起。

孤家子村是库伦旗先进苏木（乡）下辖的行政村，与周边相邻的村有库力图村、查干台村、奈林稿勒、东敖海白兴、西通什、龙王庙东等 12 个嘎查（村），有农牧业自然资源 10000 多亩。这就为孤家子发展机械化作业能够有"用武之地"提供了前提条件，这也是他们能够接受新生事物的思想动力。

孤家子村党支部书记赵海旺就是一位富有远见的人。他是土生土长的孤家子人，历经十年寒窗，终于走出了偏远闭塞的小村庄，成为了一名大学生。大学毕业后，他对家乡有着独特深厚的情感，一心想要发展好家乡，于是，2018 年他毅然从繁华都市转身，返回村里担任了村党支部书记。有人以不理解的目光观望着他，而他的目光却集中在了乡亲们的身上：一个仅 600 多人口的小村子，一多半的年轻人都外出务工，每年的春耕、秋收是让留守在家里的老人最犯愁的事。他试图通过自己的努力改变这一切，让父老乡亲走上富裕路。

如何让乡亲们走上富裕之路，他无时无刻不在思索。2021年国家在推进扶贫攻坚的基础上，进入乡村振兴战略发展阶段。如何抓住这一机遇？这一天终于来到"负有思想准备"的赵海旺面前。2021年，库伦旗大力推进农牧业生产社会化服务项目开始启动，这让赵海旺看到了机遇，也抓住了机遇。党支部会议决定，一定要利用这一有利契机，向苏木、旗提出申办"孤家子嘎查农机合作社"，引领农民开展农田全程机械化作业、农机配件及维修、农机信息等服务项目，得到旗委和旗政府的支持批准，特别是得到了京蒙帮扶密云挂职干部的大力支持，在此挂职的白淑英副旗长积极与密云区政府取得了联系，为孤家子村协调了200万元资金，投入到孤家子农机合作社发展社会化服务之中。合作社利用这笔资金购进了8台大

中型农业机械，并配套了秸秆打捆、土地旋耕及深松等机械19台，建起车库330平方米。为提升辖区农牧业生产组织化程度，2022年9月，先进苏木又向上争取到合作社提升项目，投资217万元购进玉米收割机5

密云帮扶资金为孤家子村购置的大型农业机械

台、青贮割草机3台和打捆机、铲车等机械，新建生产资料库400平方米。形成了覆盖耕、种、防、收等环节的全程机械化体系。

生产资料就绪，如何将散沙一般的农牧民组织起来，融入到社会化生产之中，这一新的问题摆在了党支部面前。党支部结合本村实际，发挥党组织优势及合作社的抱团发展优势，按照"党组织领办合作社＋能人带动＋农

机户入股＋农户入社"的运营模式，以及明晰股权和收益分配方式。村党支部的这一筹划得到了上级领导的认可，稳步加以实施推进。

2021年初冬的一场暴雪让农户的秸秆都埋在了大田里，不仅为春耕备耕增加了很大的难度，而且大雪过后牲畜饲料价格普遍上涨。可村民们自家的秸秆还在地里被厚厚的积雪覆盖，这让村民们非常着急。当他们得知村上领办的农机合作社进购了多台大型农机，并且能给村民们打草了，心里的大石头终于落下了。这一经营模式也得到了村民的赞同和支持。

2022年4月1日开始，在孤家子村的农田里，经过培训的农机手们驾驶着合作社里一台台崭新的农机车穿梭作业，打捆、翻耕、旋地，帮助农户备战春耕。村民韩吉学是村里开农机的一把好手，他不问工资多少，便主动请缨担任农机手，他对党支部领办合作社的前景信心满满，干劲十足。

2022年是孤家子村农机合作社开办后的第一个春天。这对于党支部来说，能否发挥好现代机械化的效能是"大考"。经过周密的生产安排，利用机械备耕效率高、进度快，全村备耕比以往任何一年都搞得好。

为适应现代农业发展需要，合作社结合"密云模式＋经验"不断探索创新出三种服务方式。一是采取"菜单式"托管和全程托管，享受社会化服务补贴，切实减少家庭农业生产支出成本。通过"菜单式"托管服务，根据农户意愿，在耕、种、防、收等任一环节，为农户提供社会化服务，满足群众需求。通过积极推广"全程化"托管服务，有效减少了农户农业生产投入，提高粮食产量。这"一降一增"，使村民得到了很大的实惠，其中仅春季备耕一项就为村民节省15万元，合作社实现净收益20万元。二是鼓励农机户"带机入股"，按股金多少分红。三是合作社社员以土地的使用权或土地使用服务权作为出资方式加入合作社，拓宽村集体和农户增收渠道，持续带动村集体增收、农民致富。

孤家子合作社社会化生产在当地产生了积极影响，吸纳了周边12个村屯230多户入社，5户农机户"带机入股"。合作社通过与农户签订土地托管协议，辐射带动周边 1 万亩耕地在耕种、植保、收割、青贮等方面提供个性化服务，实施全程农机化耕作。同时，合作社还吸纳 10 余名农户进社务工，实现居家就业，每人每年可增加收入 2 万元以上。

孤家子村采取"党支部＋合作社＋社员＋农户"推进现代化生产的模式，社员和农户以现金、土地、农机等方式入股分红、获得收益，在库伦旗已成为一面旗帜。在旗帜的背后，孤家子村无论是干部还是村民，都感念着"京蒙

孤家子嘎查秸秆打捆机在田间作业

帮扶密云工作团队"的好！为感谢密云工作团队，他们到城里专门制作了多块大型标语牌匾展板，分别书写"京蒙缘"与"密云情"，悬置在村委会大院围栏上，以表达他们的感激之情。

至今，在孤家子村委会围置院落的围栏上，还固定着多幅写有"京蒙缘""密云情"的标语展示板，这红色、醒目的大字，不仅仅悬挂在孤家子村委会的院落，而且深深地印在了孤家子村人的心里。

"花明小驻"蟹"当家"

"柳暗花明又一村""小驻阑干就夕阳",这是南宋诗人陆游的诗句,择其"花明"和"小驻"二词四字便组合成了"花明小驻"。这不是"字"的简单组合,而是库伦旗"利佳"家庭农场休闲民宿项目的名称。

库伦旗"利佳"家庭农场于2017年4月份成立,是一家以水稻种植、河蟹养殖为主的农产品生产基地。基地总面积630亩,其中,水稻种植480亩,套养河蟹75亩。2020年成功注册了"茫汗鼠小农"品牌,建立了以卖蟹田大米和稻花香大米为主的农产品基地,农场经营者是茫汗苏木(乡)苏日图嘎查(村)的翟乐乐和丈夫斯日古楞。

2021年京蒙合作提升行动步伐,实施脱贫地区特色种养业,培育"一村一景""一村一韵"的美丽休闲乡村计划。密云区援蒙挂职干部卢子寅就是这一行动的践行者。一天他来到"利佳"家庭农场考察,翟乐乐指着路旁一片空地,向他谈了自己想搞休闲农场的想法,但不知从哪里入手。此时,卢子寅被眼前成熟的稻谷和稻田里游动着的小蟹所吸引:黄澄澄、沉甸甸的稻穗随风摇曳,展现出"千重稻菽尽飘香"的田园美景,最为诱人的是,游动在稻田里的小蟹,时而露出水面、时而潜入水里,嬉戏着、翻腾着,随着阳光泛出亮晶晶的金星,好不让人感到欣喜。

眼前的这一情景,使卢子寅联想到北京搞乡村"田园游""花卉游"的成功做法,想到"稻田养蟹"也可吸引城里游客来此观光游览。受此启发,他建议夫妻俩在稻田养蟹的基础上,以"水稻＋养蟹"为载体搞"蟹田观光"民宿接待项目,来提升农场的综合收益。

根据卢子寅的建议,翟乐乐夫妻俩一合计便很快给卢子寅以明确答复。

卢子寅向同来挂职的旗委常委、副旗长白淑英作了详细汇报，并得到了领导的同意和支持，将此列为"农耕＋文旅"示范项目计划。

项目立项后，卢子寅多次到实地勘查，提出指导建议，帮助农场搞设计、预算。白淑英向密云区农业农村局申请援助资金10万元，作为启动资金送到翟乐乐夫妻俩手里，使夫妻俩深受鼓舞。但是由于没有经验，夫妻俩攥着钱却感到很茫然，不知从哪里下手。当白淑英和卢子寅了解到他们的情况后，白淑英亲自通过电话联系，在密云区溪翁庄镇和穆家峪镇的协调下，安排翟乐乐进京到金叵罗村李一方女士的农场，参观学习"飞鸟与鸣虫"旅游观光和穆家峪镇阁老峪的"日光山谷"亲子游项目。一周时间的访问求教、观察学习和实际体验，使翟乐乐思路洞开，信心十足。

翟乐乐回到农场后，积极按照规划设计购置所需材料动工开建，采用木桩和铁丝防护网，设置安装了高1.2米的稻田养殖区宽800米、长2000米的蟹田加固围栏，以防蟹外爬流失，还制作了大门和2块巨型广告宣传牌、栅栏等设施。农场又自筹资金平整出3300平方米场地，建起"蘑菇屋"等宿营设施，同时可接待100名观光游客食宿。卢子寅还根据陆游诗句中"花明"和"小驻"二词，为休闲景区

"花明小驻"露宿营区

取名为"花明小驻"，暗含"柳暗花明，小驻停歇"的美意。

进入8月下旬，塞北秋风乍起，稻田里的小蟹开始迎来许多城里的休闲观光者。大自然的稻田及其稻田里的小蟹，竟成了孩子们心中的撒欢天

堂。尤其是到了中秋和国庆假期，正是"蟹脚肥"的最佳时节，游客们慕名来到"花明小驻"，白天在稻田里尽情地玩耍、采风、捉蟹，晚上三五好友坐在稻田边小花园，在充分享受"下田捕蟹"乐趣后，品尝带有稻香味的"河蟹"，呈现出"稻花香里说丰年"的富饶场景。

农场依托休闲旅游，接待游客一个半月，不算随即销售稻米款项，仅休闲游一项就获收入5万多元。尽管数量不多，但翟乐乐夫妻俩想到了明天，也看到了美好的未来……

密云援蒙挂职团队还帮助他们与密云区潼玉华硕农产品产销专业合作社、北京友农商贸有限公司建立物资进京渠道，把优质大米产品推向北京市场和百姓餐桌。2021年已完成3550斤"蟹田稻大米"进京销售。2022年10月，在卢子寅协调下，"利佳"农场与密云龙凤酒厂达成长期合作协议，委托酒厂

"利佳"家庭农场的"稻田蟹"

利用碎稻米加工米酒，使农场剩余的碎米也派上了用场，双方实现了共赢。

这一模式打造成了水稻种植、水产养殖、乡村旅游有机结合的多元复合生态系统，并且取得了经济效益、社会效益、生态效益多丰收。"花明小驻"，已被旗政府列为库伦旗"农耕＋文旅"的示范项目。

京蒙协作铺就"锦绣"路

库伦旗历史上素有"九千九百九十九条沟"之说，山沟、沙沟、泥沙湾随处可见。环境的恶劣，使当地人的生产生活艰难困苦。1997年被国家列为贫困地区，后实施"京蒙协作"帮扶工作。2017年第四批密云帮扶挂职团队进驻库伦旗后，与旗委、旗政府携手实施"海棠果万亩果园建设项目"。如今海棠果从无到有，并凸显巨大经济效益，被命名为"锦绣海棠"。

"小庭院"起步

库伦旗尽管沟壑纵横，但泥沙土壤条件优越，专家测定很适宜海棠果生长。为此，打造海棠果发展工程，是"京蒙协作"扶贫攻坚的重要举措之一。

2017年"京蒙协作"密云挂职干部团队进驻库伦旗。在一次旗委常委会上，挂职旗委常委、副旗长的张维海与会研究"海棠果"发展项目。会后，围绕这一议题他动起了脑筋。他认为，这是今后几年库伦林业和农牧民增收的"重头戏"，结合大学所学专业，发展"海棠果"恰好对路，自己应助阵唱好这出"戏"。为打开工作局面，张维海和其他干部一起除开会动员、办技术培训班外，大多时间就是靠"跑"，跑苏木（乡镇）、进嘎查（村）讲海棠发展前景、讲栽培技术，深入到农牧户指导栽植、间作。在水泉苏木（乡）搞"庭院经济产业"示范园试点，帮助组建起"海棠果"服务志愿队，专门负责管理技术的指导与普及。在贫困户包曙光家里，张维海看到房前屋后栽植的7亩海棠树下空空，土壤生硬，他建议在树行间

套种黄豆，豆根菌有固地增氮功效，结果 7 亩间作的黄豆打了 2000 多斤。张维海还发现有的间作蔬菜，不利于果树生长。根据张维海的建议，全旗及时规范统一了果园间作的科学做法。

水泉乡"小庭院"经济产业试点取得了积极成果。通过宣传引导、技术指导和典型带动等措施，全乡 22 个嘎查（村）建立了 90 个"海棠果"示范园。其中，稻田村共 275 户村民，种植 70 亩以上的有十几户，种植 30 ～ 50 亩的有 20 多户，家家户户均在 10 亩以上，全村锦绣海棠果树栽植面积达 1800 亩。

水泉乡的海棠"小庭院"做出"大文章"。经过多年发展，至 2022 年，"海棠果"栽植发展到 6163 亩，遍布 22 个嘎查（村）1984 户 2266 块果园，已到盛果期的 2000 多亩，盛果期单株产量可达 50 斤以上，每亩 2500 ～ 3000 斤，亩效益可达 10000 元以上。锦绣海棠"绿"了庭院、富了口袋、"红"了生活，被农牧民们亲切地称为"振兴果、幸福果"。

"大果园"拓展

通过水泉乡试点发现"庭院经济"很难规范科学管理，并且发展规模小、速度慢。张维海建议工作重点应着眼"园林"化，通过土地流转等形式来拓展海棠栽植规模。旗委根据他的建议，2019 年以国有先进苏木林场发展 140 亩为试点，要求全旗在做好农牧民庭院经济的同时，通过"合作社＋基地＋农

果农在管理海棠果树

户""公司＋农户"等经营管理模式向规模化发展。

在总结先进苏木林场规模发展"大果园"试点经验的基础上，库伦旗依据"生态建设产业化、产业发展生态化"的发展思路，全力调整林种和树种结构，大力发展以海棠为特色经济林果业，取得积极进展。先进苏木代西花嘎查的李艳红，在政府的动员下，2018年以来，利用自家30亩地建起果园，栽植了2000多棵海棠果树，2021年开始坐果，当年就卖了5000多斤。

至2022年，全旗8个苏木（乡镇）建设了71个初具规模的果园，面积达7万多亩，栽植海棠树27万余株，其中7700多亩进入挂果期。当年培植的海棠已达6年树龄，亩产"海棠果"达1000公斤，逢盛果年每亩收入可达万元。

"强基础" 树品牌

2021年，"京蒙协作"挂职干部团队，积极推进乡村振兴工作，为库伦旗积极争取到了巩固拓展脱贫攻坚成果和乡村振兴任务衔接资金2000万元，继续用于发展"海棠果"生态产业。2022年库伦旗锦绣海棠万亩果园建设项目向纵深发展。为扩大"海棠果""万亩"工程影响力和感召力，组织人员通过多种宣传形式，让富民政策"花开基层"，并邀请通辽市林业科学研究院科技专家长期跟踪指导栽植、剪枝、防虫等技术，通过技术培训普及到基层。水泉乡韩凤林是第一批参加学习海果树栽种技术的人，他在掌握技术后组织成立了技术志愿服务队，带领队员们深入全乡各村，将果树种植管理技术传授给农牧民。志愿服务队通过传授果树种植管理技术，来带动果农提高果树管理水平、提升果品质量、助力果农增收。

为强化基础设施建设，全面推进"海棠果"产业稳步发展。2021年"京蒙协作"团队争取到"海棠果"冷鲜储存、交易建设项目，在水泉乡格尔林嘎查建设冷链物流及"海棠果"交易市场，总投资 300 万元，建成 600 平方米"海棠果"保鲜冷库和 10000 平方米的交易市场，形成"海棠果"的冷藏保鲜、分拣、包装、交易、加工"一条龙"产业链。

强基础、树品牌，扩大社会效益，提升经济效益，被列为 2022 年"京蒙协作"工作重点，以推广"庭院经济式＋集体经济式＋园林化旅游观光采摘式"为项目主体，海棠经济林面积实现 9 万亩。为着力打造库伦独具特色的"海棠果"品牌，旗政府结合

形似"鸡心"的锦绣"海棠果"（安代红苹果）

库伦独有的传统"安代舞"元素，赋予文化内涵，再易其名。将原"锦绣海棠"改称为"安代红苹果"，使塞北"苹果一族"又添一名新成员。

2022 年金秋十月，是库伦"海棠果"的"丰收季"。旗域内"海棠果"怡溢飘香、品质上乘、果形秀美、口感酸甜，深受各地客商们的青睐，果品不断地销往北京、上海、广东各地和马来西亚、新加坡等国家。而那些喜摘丰收果实的农牧民们，提起这"锦绣海棠"时，都说是"京蒙协作"为他们铺就了一条"锦绣"致富路。

斩断穷根的教育帮扶

密云和库伦渊源颇深，早在 1997 年东西部扶贫协作正式启动时，密云县与库伦旗就结为友好县旗关系。密云从援建库伦三中教学楼开始了长达 25 年的对口帮扶之路。2021 年脱贫攻坚向乡村振兴过渡。密云继续助力库伦旗社会发展，以提高库伦教育水平

20 世纪末密云援建的库伦三中教学楼

为抓手，为共同富裕、全面小康提供持续的智力支持和人才保障。

攻坚这三年

2018 年进入扶贫攻坚阶段，库伦旗红旗小学与密云三小、库伦旗第三中学与密云三中、库伦二中与密云二中、库伦民族职专与密云职校、库伦旗蒙古族小学与密云三小、额勒顺学校与密云太师庄中学建立结对关系，密云区教委选派 30 余名中小学教师到库伦中小学、幼儿园组团开展教育帮扶。

库伦旗选派 60 余人次到密云各学校跟班学习。线上线下开展信息技术、课堂教学、新课标解读等各类培训 6000 余人次。通过让库伦教师加入密云"名师工作室"带动当地教师队伍建设，实现资源共享，为库伦旗培养

一批师德高尚、业务精湛的教师。同时培训库伦旗校长（园长）、副校长、教学（德育）主任、教研员等教育教学管理干部1200人次。提高了教育管理和教研水平。

先后邀请库伦旗12名教师和59名贫困生到密云相关学校交流研学。密云区职业学校教师赴库伦旗为民族职业中等专业学校、为213名学生开展旅游管理、就业指导、职场礼仪等多场职业培训。三年间密云各界纷纷解囊相助，近20家企业、6家社会机构、17家村级合作社积极参与踊跃捐赠，捐赠现金658.5万元、图书3000册、文体用具4000件、桌椅2200套、电脑500台、人工草皮7500平方米。

三年间，密云支教教师克服困难，发扬密云人不怕吃苦的精神，为库伦的教育发展作出了贡献。密云第四幼儿园教师吴樊参照密云四园《幼儿园保教手册》编写出库伦旗第一本《蒙幼保教手册》，提升了库伦的幼教管理水平。太师屯中学赵伟老师的物理课、周美玲老师的语文课在太师庄中学、北京教育学院专家、库伦旗额勒顺中学、河北蔚县代王城中学等四地实现云评课、云教研、云讲座和云交流，极大提高了教研效果。

曾经在河北蔚县、青海玉树、库伦一中三地支教的密云计算机教师赵力果，对库伦一中50多台电脑和30个班级的智慧屏进行了基础维护。无偿安装价值14000元的极域电子教室豪华版和视频编辑软件。2021年11月6日，库伦遭遇百年不遇的大雪，赵老师被困学校，经过半个多小时的挖雪刨门，终于见到图门校长从家里拿来的已经不再热气腾腾的早餐，但赵老师的心骤然热腾起来，眼角开始湿润。

赵力果大雪刨门开挖通道

职业教育更适合

库伦旗每年的初中毕业生有 2000 人，由于高考路径不通畅，每年大概有 1/3 以上的学生只能上职业高中，选择技能培训而提前步入社会。他们将成为将来库伦旗脱贫致富、乡村振兴发展的领路人和基层管理者，以"技能"教育为主的职业教育在消除贫困和发家致富方面有着不可替代的作用。"培养一名技工、致富一个家庭""家有万贯不如一技在手"，职业学校要有琅琅的读书声，也要有隆隆的机器声，还要有叮叮当当的敲打声，这是职业教育的应有之义。

但由于库伦整体教育水平相对落后，教育投入严重不足，2021 年全旗拖欠教育专项款总额已超过 3 亿元。有的学校甚至连水电费、办公用纸都买不起！库伦民族职专的情况更艰难，汽修专业学生没见过发动机，数控专业没有机床，计算机专业电脑打不开，甚至想办厨师专业却没钱买炒锅，学校没搞过开学典礼、没开过运动会、没有自己的实训车间、没搞过校企联谊会，教师待遇低，因而没有积极性。

密云区职业学校，是国家级示范校，综合实力进入全国职校百强之列，在北京市排名前 10 位。有 6 个国家级和省市级重点专业和 5000 万元的校内实习实训设备。与亦庄开发区、中关村科技园等北京市属、国企等上百家企业单位建立长期合作关系，实施校企合作订单培养，毕业生供不应求。

库伦民族职专教师网上观摩密云职校专业课教学

多年来密云职业学校在密云区扶贫攻坚中发挥着重要作用，全国6个帮扶地区都有密云职业学校的身影。通过职业学校的合作单位已经有500多名贫困地区的孩子在北京就业，迅速摆脱家庭困境。

2022年7月，密云区按京蒙协作的总体要求，开展组团式帮扶。密云职业学校副校长孙海生出任库伦民族职专校长，汽修专业高级教师刘长清、德育高级教师肖晓玲、体育高级教师王瑞富分别担任教研组组长，开始为期三年的实质帮扶。从课程体系、理实一体教学方法、实习实训、学生就业指导等全方位跟进。先进的课程理念正在发挥作用，目标是将库伦民族职专建成一所真正的出成绩的职业学校。

组团式帮扶再上路

在密云支教团队的努力下，库伦普通教育及职业教育蓬勃发展，学生接受专业系统的教育，帮助他们融入主流社会，从而实现自我价值。库伦教育的落后洼地渐渐被填平。2023年，又有100多名库伦旗的孩子到密云、北京就业，50多名普教学生到密云跟班游学，300多名库伦旗教师到密云跟班进校研修。

潮平岸阔风正劲，扬帆起航正逢时。现在库伦旗以京蒙帮扶为契机，进一步激发办学活力，提高教师专业素质，推进学校建设、管理和发展进入崭新阶段，为全旗教育事业的跨越式发展努力奋进。

密云二中库伦分校

京蒙协作工作开展以来，库伦旗第二中学与北京市密云区第二中学建立了对口帮扶关系，实现了真经传送、真情交流、真心帮扶、真实指导。2020年9月，库伦二中挂牌"北京市密云区第二中学库伦旗分校"，两校纵深推进教师交流、教育科研、课程教学、德育等方面合作，打造京蒙教育协作的快捷通道，逐步提升库伦二中的办学质量和教育教学管理水平，构建起"互动连接、互利共赢"的良好格局。

两校概况

北京密云二中始建于1944年，是一所北京市传统的优质高中名校。1978年被确立为北京市首批重点中学，2004年被确立为"北京市普通高中示范校"。密云二中以先进文化为引领，遵循"厚德博学、善思笃行"的校训，以"现代化、高质量、有特色"为办学目标，坚持"育人为先""立人为本"的教育理念，实现优质教育是密云二中人永远不懈的奋斗目标。

密云二中是国家级篮球和田径项目传统校，学生篮球队、田径队成绩优异，在国内外享有盛誉。现已成为北京市素质教育的典型，教育改革的窗口，名师成长的沃土，培养优秀学生的摇篮，发挥辐射作用的基地。

密云二中与北京大都市教育发展同频共振，成为一所名副其实的"京东名校"，学校有教职工236人，在校生1600人。每年本科升学率都稳定在99%以上，其中升入全国重点大学的占70%以上。

库伦旗第二中学始建于1984年，是全旗唯一一所汉授普通高中。现有教职工 146 人，在校生 1400 人。规模体量和密云二中差不多。但由于各种原因，库伦二中从来没录取过中考 500 分以上的学生，所以库伦二中在 2021 年以前从来没考上过一类本科学生。2021 年，库伦旗籍中小学生在旗外就读的有 2582 人。本不富裕的家长花钱租房、买房到通辽、赤峰陪读，陪孩子在外地上学。人才缺失、教育相对落后已成为制约库伦旗发展的"贫穷洼地"，教育缺位致使代际遗传长期贫困。

密云二中优秀团队到库伦二中指导帮扶

"敬教劝学，建国之大本；兴贤育才，为政之先务。"2020 年库伦旗党委政府下决心要从根本上改变教育现状。经与密云区委区政府和密云区教委反复协商，共同决定将密云二中引入到库伦旗。

实质合作

2020 年 10 月，库伦二中与密云二中成功对接，挂牌"北京市密云区第二中学库伦旗分校"。对口帮扶三年来，密云二中共派出 5 批 60 余名优秀教师前往库伦二中，就课堂教学改革、教科研建设、选课走班实施等方面进行交流指导，库伦二中先后选派 40 余名干部教师到密云二中跟岗学习，有力促进了库伦二中教育教学质量的提升。

在密云二中教师的指导下，库伦二中围绕《如何让课堂上学生的学习有效发生》《如何提高业务领导的教学领导力》两个课题展开了研究，助推学校、教师、学生的可持续发展。

2022 年 7 月，库伦借助中组部、教育部教育组团帮扶政策和三年行动计划，双方协商密云二中副校长程伟挂职库伦二中党支部副书记，密云二中教务处主任李密龙挂职库伦二中教务主任，生物教研组组长侯妹仿、地理教研组组长刘岩也挂职相应教研组组长，开展实质合作帮扶，4位挂职人员还亲自兼任相

李密龙指导库伦二中教师集体备课

关课程，他们的加入使库伦二中的管理、教学、教研工作迈上新台阶。

取得成效

在密云二中的帮扶下，2021年库伦二中高考实现一本上线零的突破，一本上线5人，本科上线率为39.15%。2021年12月，成功跻身于内蒙古市级优质高中的行列。2022年库伦二中高考再创新高，一本上线11人，本科上线率达到52.7%，比上年提高了20%，实现了跨越式发展。

教育教学质量的提升，直接推动2022年库伦二中的高一招生工作，中考录取最高分591分，招收500分以上学生10人。高一新生胡珈畅原本可以到通辽市就读高中，当她得知密云二中选派优秀管理人员和专任教师"组团式"帮扶库伦旗第二中学后，毅然决然选择库伦旗第二中学开启了自己的高中学业。"不出旗就能让孩子接受优质教育，真是省心省事还省钱，多亏了这些密云老师来支教！"胡珈畅的家长竖起了大拇指。

2022年9月，库伦二中三名高一新生胡珈畅、杨佳晔、金赫垚带着库伦人民的期望，怀抱名校梦想赴总校密云二中开始游学之旅。三个孩子在密云二中的学习和生活非常顺利和愉快，全程得到了密云二中领导和老师

的无私关爱和帮助，学习成绩很稳定，各方面表现也很优秀。相信三年后他们会如愿走进大学名校的殿堂。一个孩子的成绩已经进入密云二中前三十名，按内蒙古招生政策，清北不是梦想。

怀揣"清北梦"的库伦三名学生游学密云二中

"富民之道，教民为要，通过我们的努力，库伦二中实现清北梦依稀可见，库伦教育的晨曦正炫彩东方。这是我们肩负的政治责任，也是我们两地二中人对党和人民上交的一份扶贫攻坚、乡村振兴的密云答卷！"密云二中校长霍劲松满怀希望地说。

保健康·奔小康

库伦，全国水土流失重点防治区。不毛的土山、漫天的黄沙和山坡上跚蹒的放羊人，是人们最深的记忆。风沙吹了一年又一年，脆弱的自然生态挡不住稍稍的风雪，微薄的收入扛不起并不昂贵的医疗费。宣传片说库伦一半是深远，一半是浩瀚。但往日很多的库伦人读不出美，读出的是讨饭的心酸……

身心健康是最基本的民生，没有全民健康，就没有全面小康，医疗扶贫是防止贫困群众因病致贫返贫的民心工程，在脱贫攻坚中发挥着重要的作用。2018年，密云区与库伦旗开展对口帮扶。在卫生健康、医疗技术、优质护理、人才培养、学科建设和医院管理等方面给予了全方位的支持和帮助。2021年，为巩固拓展脱贫攻坚成果与乡村振兴有效衔接，密云卫生人再次踏出坚实步伐，持续对库伦旗开展医疗帮扶，致力于库伦城乡医一体建设，续写着健康帮扶的崭新篇章。

真金白银补短板

库伦旗的医疗卫生部门历史欠账太多，再加之库伦地区是地方病如碘缺乏病、地方性氟砷中毒、鼠疫、大骨节病和克山病等多发区、重灾区，基本上分布在贫困、偏远农牧区。因病致贫、因病返贫现象十分突出。医疗扶贫的压力更大。

两地结对以来，密云区在本身财力紧张的情况下，积极争取北京市资金支持，区级财政也提高到每年500万元。自2018年北京市、区两级财政累计到账京蒙资金 2.5 亿元。密云区带着白花花的真金白银来扶贫，带着真情实意来扶贫。

5 年间用于卫生健康方面的资金有：2018 年贫困人口健康体检及报销医药费类项目 200 万元，为全旗贫困人口 6043 人免费体检；2019 年为 16 个贫困村镇卫生院添置设备款 350 万元，受益贫困人口 2567 人；2020 年为农村牧区安全饮水提升工程款 800 万元，新建集中供水点 38 处设备 969 套；2021 年为中小学生安全饮水、基层卫生院医疗设备提升、残疾人设备等投入 1140 万元，解决 18 所中小学、幼儿园万名学生安全饮水问题，为各苏木（乡镇）卫生院购置电解质分析仪、血流变仪、血细胞分析仪、彩超机等设备；2022 年嘎查（村）污水处理设备、生活垃圾无害化处理 920 万元。

北京来的好医生

2018 年 6 月，从密云区中医院和库伦旗中医院结成帮扶单位起，先后有密云妇幼医院与库伦妇幼医院；密云鼓楼、果园社区医院以及太师屯卫生服务中心与库伦社区卫生服务中心结对帮扶。还促成北京友谊医院与库伦人民医院、北京西苑中医与库伦蒙医医院、怀柔中医院与库伦中医院结成对口帮扶关系。密云所属各医院共派医生、护士 45 人次到库伦

密云中医院赵林英、王哲、简梦圆、陶礼荣接受锦旗

旗中医院开展帮扶工作，积极为广大农牧民健康服务。2021 年，密云中医院选派 7 名专家，指导该院二级医院评审工作，以通辽市第一名的好成绩

通过二甲医院复检。密云中医院被评为北京市扶贫攻坚先进集体。

密云区妇幼保健院、鼓楼社区卫生服务中心、果园社区卫生服务中心、太师屯镇社区卫生服务中心的医务人员也积极参加当地新冠疫苗接种和医疗救治工作；进行了业务知识培训，提升了当地医务人员的技能水平。

家住扣河子镇罗家杖子村的患者李桂兰患有严重的腿疼病，不能走路，本来想去沈阳，当听说旗里有北京的专家时，就挂了密云陶礼荣大夫的专家号，治了一个礼拜，就能走道儿了。她激动地说："感谢北京的专家大老远来家里为我们看病，更要感谢国家扶贫的好政策。"

28 岁的库伦小伙儿赵永昌，下肢一级残疾，密云残联为其赠送假肢并组织就业培训，成功获得了电话客服的工作岗位，20 多天挣了 6000 元，小赵激动地说："我人生中第一笔钱，是密云帮我赚的，谢谢您们，谢谢！"

群众有"医"靠

2019 年 8 月，库伦旗被列入内蒙古自治区 11 个全国医共体改革紧密型县域医疗卫生共同体建设试点县之一。2022 年成立了库伦旗医共体理事会，依托京蒙对口帮扶及东西部协作项目，提高旗直三家公立医院的综合服务能力。

自 2021 年东西部结对帮扶转入乡村振兴以来，北京市密云区中医医院、妇幼保健院、社区服务中心

库伦旗首例经尿道前列腺剜除术

等密云区内医院，联合北京友谊医院、西苑医院、怀柔区中医院与库伦旗

属医院构建"医共体"组团帮扶，有效助力库伦医疗服务水平提升。比如，实现首例全身麻醉双腔气管插管术、首例经尿道前列腺剜除术、首例单操作孔胸腔镜下食管囊肿切除术、首例急性心肌梗死急诊介入手术和冠状动脉造影检查、冠状动脉介入治疗等业务，填补了库伦旗地区的历史空白。承担实施自治区蒙医药标准化研究，获得蒙药棘豆止咳散发明专利一项，为旗医疗领域唯一的发明专利。培养自治区基层名蒙医 2 名、市级名蒙医 2 名、旗级名蒙医 6 名、国医大师经验传承人 3 名、研究生 6 名。

"密云布雨，京彩库炫"，不以山海为远，心连千里共好。目前，库伦依托北京各级医院"组团式"帮扶、紧密型医共体共同发力，健康帮扶工作扎实推进，撑起了群众健康"保护伞"，让老百姓在家门口就有"医"靠。

一个团队，暖了一座城

2021年11月6日至9日，内蒙古通辽突降大雪，最大积雪深度出现在库伦旗。本次大雪是1959年旗气象局建站以来最大的一场，已经突破有数据记录以来的历史极值。平均深度68厘米，部分区域超过170厘米。风速达到21米／秒，风力达到了历史最高纪录的11级，打破了我国历史以来最强暴风雪的纪录。位于库伦旗工业园区的内蒙古绿洲食品有限公司的降雪已达170厘米，积雪压垮了40座磨菇养殖大棚。乡下有的居民被大雪封户，门都打不开。

面对罕见强降雪，密云援派挂职干部和专业技术人员心系群众，与当地干部群众一道积极投入到抗灾抢险中。7日上午始，雪持续下了一天，道路很快被积雪堵塞。挂职旗乡村振兴局的副局长卢子寅第一个报名参加了除雪队伍，到库伦旗蒙医院西门至中心街路段扫雪畅通道路。由于降雪持续加大，刚清扫的路面很快又被积雪覆盖，从上午到傍晚，除雪队分时段反复多次清扫，确保了人民群众出行安全。9日，大雪减弱，各单位纷纷组织开展除雪救灾工作。挂职旗教体局的副局长张波带队到老城区原教育局大楼进行铲冰除雪，帮助10余商（住）户清理门前及人行道积雪，保障通行顺畅。对旗教体局所包联的东皂户沁社区有"五保户"、生活困难户被积雪围困无法出行的问题，与相关领导一同带队驰援救助。利用一上午时间，从1米多深的积雪中为5户困难群众开辟出了"生命通道"，保障了居民顺利进出，并帮助居民抢挖被积雪掩埋的汽车等重要物资。

在除雪救灾这一特殊战场上，不仅挂职干部们表现出大无畏奉献精神，而且挂职库伦四中的彭兴海、库伦一中的赵力果、库伦二中的王凤国和许

爱民等老师，以及在旗妇幼保健院挂职的丁金平等医务人员，也充分发扬敢于担当、以身作则的精神，带头参与到扫雪除冰救灾中。

库伦旗扫雪除冰救灾现场一角

密云援派挂职干部团队党小组开展"送温暖献爱心"活动。挂职旗委常委、副旗长白淑英组织召开党小组会议，号召大家"捐款抗灾，传递大爱"，得到挂职干部和专业技术人员的积极响应，4名挂职干部、5名挂职医生、5名挂职教师捐款2100余元，用于困难群众的慰问。党小组送温暖献爱心的举动，受到了京蒙协作通辽临时党支部的通报表扬。

为克服强降雪受灾影响，促进库伦旗灾后恢复建设，密云援派挂职干部团队充分发挥桥梁纽带作用，及时向密云区委、区政府汇报此次强降雪给库伦旗造成损失，争取到密云区财政、区总工会、北京密云市政、中关村密云园等部门和企业的援助资金150万元，密云区环保局捐赠越野车1辆。挂职干部还多方牵线搭桥，帮助库伦旗农户消纳滞销的土特产产品。

大雪无情，人有情。库伦旗强降雪，密云援派挂职干部以实际行动谱写出"一个团队，暖了一座城"的美丽赞歌。

党组织引领基层治理

京蒙帮扶工作以来，库伦旗委组织部积极与密云区委组织部对接，围绕解决基层党组织政治功能弱化致使党组织在推进基层治理、服务基层群众方面组织力缺失等问题，全面深入学习密云区党建管理先进做法，并在借鉴密云区党建全程记实系统成功经验的基础上，创新党建网格化智慧管理，基层治理走出了新路子。

密云经验传库伦

20世纪60年代初，浙江省绍兴市诸暨县枫桥镇干部群众创造了发动和依靠群众，坚持矛盾不上交，就地解决，实现捕人少、治安好的"枫桥经验"，为此1963年毛泽东同志曾亲笔批示"要各地仿效，经过试点，推广去做"，"枫桥经验"由此成为全国政法战线典型。2022年，"枫桥经验"被写入党的二十大报告，引领中国式现代化建设继续前行。

从2009年开始，密云学习枫桥经验陆续推出网格化管理系统、党建全程记实系统和便民服务系统，建立起县镇村三级服务管理平台，解决了"服务群众最后一公里"，其经验

由密云指导建设的库伦旗村级（嘎查）
党建网格化智慧中心平台

在全国推广，被人民日报等党报党刊介绍推广。

近几年，密云区围绕乡村振兴和文明城市建设，党建引领能力和社会治理水平再上新台阶。这些经验和做法对库伦具有很大的吸引力。2020年库伦旗委组织部一行人员到密云区学习网格化、全程纪实、便民服务好经验、好做法。于当年8月在六家子镇试点推行了网格党建智慧管理平台，并于2021年6月在旗乡村三级196个党群服务中心全面推广使用。同时结合实际改进了库伦旗基层党建系统平台，引领提高了全旗党的建设和基层农牧区社会治理水平。

部门围着窗口转 窗口围着群众转

密云党建三大系统是一个完整的体系，全程记实做到村级决策全程同步公开，网格系统全域无治安死角，便民服务系统就近惠及全体人民。库伦旗引入这套系统，不仅复制了密云区的经验，还突出了"抓党建、抓治理、抓服务"工作理念，通过"电脑PC端＋微信小程序"两个端口相互支撑，实现旗乡村三级资源共享、各项工作跨平台部署运行。

实现党务管理规范化 平台建立了党建引领功能模块，形成集数据采集、流程管理、信息研判、预警分析、指挥督办等功能为一体的综合管理功能区，对基层党组织落实各项制度进行全程记实和信息预警。可运用大数据分析，直观展示基层党组织、党员基本情况。库伦旗平

库伦旗村级（嘎查）党群服务中心

台建成以来，农村牧区 187 个基层党组织，组织生活完成率达到 99%，破解了基层党建工作规范化程度不高的瓶颈难题。

实现网格治理精细化　基层网格员和干部群众通过手机小程序进行咨询、投诉、建议、求助或事件上报，逐渐构建起全流程网格化、数字化、智能化工作模式，让"小事不出'格'，大事不出'网'"。平台还设置了民意直通车，对网格事件第一时间上报、第一时间办理，有效破解了传统治理模式信息传递不及时、社会治理效率偏低等问题，找准了党建引领基层治理有效路径。

实现服务群众智慧化　依托智慧服务模块，将镇村两级党群服务中心13 类 108 项公共服务事项和 96 项行政审批事项全部纳入平台管理，平台运行以来累计开展各类服务 11242 件次，通过便民服务事项"网上办""掌上办"，让数据多跑腿、群众少跑路，真正实现群众低

村级平台成为党组织联系群众的连心桥

成本办事，有效打通"联系服务群众最后一公里"。

以软实力引领硬发展

三级联动平台的建设使用，以软实力引领硬建设，以平台为依托引领硬建设，创新发展模式，促进库伦旗乡村振兴。

"党建＋基地＋土地流转＋集体经济＋农户"模式，在一产供应链上探索增收路　目前全旗有 5 家企业与贫困户签订了订单协议，共流转土地

16200 亩，惠及群众 750 户 2025 人，人均年增收 2000 元。在整个签约和生产各个环节，都能见到党组织的身影，党组织、党员发挥作用，党建引领合作社，将党建挺在前面，取得了良好效果。

"**党建 + 帮扶车间 + 集体经济 + 劳动务工 + 农户**"**模式，在二产就业带动上探索增收路** 引入域外劳动密集型企业生产线、传统工艺制造企业。比如密云桑织典服装有限公司生产线、科尔沁荞壳枕扶贫车间，吸纳 140 人到车间务工或居家务工，每人年增收 2 万元。每个村还可以每年收益 12 万元，用于壮大嘎查（村）集体经济。

"**党建 + 特色产业 + 合作社 + 集体经济 + 消费帮扶**"**模式，在三产销售链上探索增收路** 在旗党组织引领下全力打造"库伦荞麦"区域农业公用品牌，形成的 19 项成果申报国家知识产权保护。目前，旗内绿研农业、古龙塔、弘达盛茂、蕴绿合作社、神田原生态食品、丰顺有机食品等龙头企业或合作社大做荞麦文章，形成产业链条，打通了销售渠道。

库伦旗在党建引领下，党的建设和社会治理水平不断提升，良好的投资环境，吸引投资者接踵而来，为今后一个时期实现乡村产业兴旺和乡村振兴奠定了基础。

岂曰无衣 与子同袍

"岂曰无衣，与子同袍"出自诗经《秦风·无衣》，意为"谁说我们没有衣穿，我们是在同穿一件战袍"。描写了秦国军民战前同仇敌忾、相互鼓励的场景。自 2017 年以来，密云区选派三批 10 名干部挂职库伦旗副旗长和各局副局长，派遣 93 名教师、医护人员奔赴库伦。密云区的帮扶团队与战友偕行、与农牧民同忾，用真心帮扶，用汗水换来群众的幸福。聚力脱贫攻坚、乡村振兴这一政治任务，镌刻出一幅幅决战贫困、决胜小康的时代画卷。

北京"赛哄"张维海

"赛哄"是蒙语"好人"的意思。张维海同志挂职期间，把"挂职"干成"任职"，把"他乡"当作"故乡"，把自己当作当地人，把当地人当作亲人，用双脚丈量了库伦旗每一个苏木、嘎查，牛棚、羊圈、田间地头都留下了他的身影，经常坐在老百姓的土炕上出主意、想办法。广大牧民亲切称他是北京来的"张赛哄"（好人）、"图希格"（依靠），在库伦旗传为佳话。

2017 年任职密云区科委副主任的张维海，到库伦旗挂职副旗长。不久，林果专业毕业的他就主动请缨参与并不是自己主管的"锦绣海棠果"项目建设。他主动争取京蒙资金支持，在水泉乡试点，陆续建立了 90 个海棠示范园。之后在全旗其他乡镇（苏木）建设 71 个果园，面积 7 万多亩、27 万余株。现在库伦旗的锦绣海棠果（已改名安代红）已扬名全国。至今库伦百姓都说是张维海助铺了"锦绣"致富路。

张维海在库伦旗挂职不到两年的时间里，存贮有库伦当地干部群众电话（微信）号码有 480 多人，多是库伦果园的农牧民和小微企业的小老板以及普通贫困员工。2018 年，由他提议成立的库伦旗企业家创新创业服务联盟（"双创联盟"），有 130 多个小微企业加盟，惠及贫困农牧民 5000 多人，大家相互支持，抱团取暖，成为精准扶贫的国际典范。

结合库伦实际，张维海还提出"强化旅游资源与文化元素深度融合"的建议，构建起北部沙漠农业与蒙古族民俗体验区、中部水库生态度假区、南部浅山历史文化与乡村休闲区等三个功能区，推出休闲康养、生态乡村精品游等旅游规划，在他挂职期满离开不久后也得到落实。

2018 年，张维海被内蒙古通辽市委、市政府评为"脱贫攻坚优秀总队干部和挂职干部"。

扶贫先进孙庆谷

孙庆谷，原密云区大城子镇副镇长，2019 年 4 月接力张维海挂职库伦旗副旗长。任职期间正是脱贫攻坚的关键时期、决战阶段。在扶贫干部共同努力下于 2020 年 3 月 4 日，库伦旗正式退出贫困旗县序列，结束了 34 年国家级贫困旗县的历史。

到任后，他调研遍访 8 个苏木（乡镇）、近百个嘎查（村）、200 余户农牧民。先后包联 3 个苏木（镇）、17 个村，直接联系 2 户未脱贫建档立卡贫困户，进村入户直观体会到农牧区群众的酸甜苦辣，养成到田间地头、乡村院落，感知群众安危冷暖，培养对农牧民的感情。

2019 年他推动两地党政领导开展对接 7 次，两地共有 40 名党政干部和 116 名专业技术人才开展交流。2020 年密云区选派党政干部 3 人、专业技术人员 26 人到库伦旗交流，库伦旗选派 38 名专业技术人员到密云区跟岗培训及交流学习。同时北京友谊医院免费接收库伦旗医院 49 人次进修学习。2018—2020 年，共开展结对共建活动 75 次，累计为库伦旗捐款捐物 2405.92 万元。

继张维海创建"双创联盟"后，孙庆谷继续巩固完善各项机制，累计投入 1400 万元搭建"厂房＋居家式"、"传统工艺＋合作社＋居家式"、"订单式"和"培育壮大集体经济"等扶贫模式，"双创双带"社会扶贫模式入选了国际减贫优秀案例。

协调密云区教委、卫计委与库伦旗学校、医院结对共建，库伦二中挂牌成为密云二中分校，两地每年互派教师进行交流；协调密云区中医院对库伦旗中医院从新院建设设计、财务规范到院感防控、指导成立中医科等新科室，使库伦旗中医院各方面都有了提升。

在产业帮扶方面，2019 年引进山东和康源生物的"水鸭旱养"项目，养殖规模达到 40 万羽。引进"北京百年栗园"公司与水泉乡、扣河子村实施"万只油鸡村"养殖项目，其中为 148 户贫困户提供"北京油鸡"雏鸡 3.68 万只。投入 1251 万元，为 5 个苏木（乡镇）购进基础母牛，其中为 518 户建档立卡贫困户发放 1800 头。扶持绿洲食品有限公司实施京蒙农超对接促消费扶贫冷链物流项目，每年为通辽农贸市场、库伦旗 11 家超市、北京 59 家超市、大连 16 家超市等提供新鲜果蔬 16680 吨。

挂职两年，他欣慰地看到北京和密云的资金、技术、人才给库伦老百姓日常生活带去的变化，为库伦农牧产业发展壮大带去的实实在在效果，在库伦旗脱贫攻坚中发挥了独特作用。2021 年 3 月，孙庆谷荣获"北京市扶贫协作先进个人"。

不让须眉白淑英

东北出生的蒙古族干部白淑英，有着北方人的豪爽和率真朴实的性格，2021 年 4 月，她主动申请加入到北京市第六批援蒙挂职团队，回到距老家不远的库伦旗挂职副旗长。两年间，白淑英带领密云区挂职团队攻坚克难，彰显了"巾帼不让须眉"的风采。

两年来，白淑英与密云区援派挂职团队一道攻坚克难，坚持"项目为王，招商为要"的发展理念，抓品牌建设，打造库伦荞麦、蒙医药为主体的品牌认证工作。同时以蔬菜种植为基础的"农产品示范基地"、养殖育肥为基础的"库伦牛产业园区"也被列为省市级基地建设序列。

她与密云区发展改革委积极运作，在密云城区建起"库伦特色文化美食体验馆"，将库伦产品和荞麦饮食文化引入北京市场，从选址租房到装修风格再到菜系、展厅布局、开业庆典文艺演出等都亲自协调指导。2021年12月中旬开张，半月时间营业额就突破百万元。2022年5月，内蒙古著名歌手腾格尔慕名到访体验馆，影响力进一步提升。

库伦旗特色文化美食密云体验馆

来到库伦旗后，她积极促成库伦旗绿洲食品有限公司与北京极星农业（密云）签订长期合作协议，依托绿洲食品公司形成了"密云－库伦特色农产品示范基地"和"密云区消费帮扶产品供应基地"，将食用菌棒引入到首都市场、农超，依托京蒙协作前期打造的万亩蔬菜基地和配套7000平方米的冷库，成功打造出了蔬菜产销新模式。

在白淑英及团队的积极运作下，以医共体建设为依托，积极联系北京友谊医院、西苑医院帮扶库伦蒙医院，在特色门诊、蒙西医学科建设、蒙药药剂流水线、乡镇蒙医馆建设等方面开展了卓有成效的工作。

主动请缨的卢子寅

卢子寅，在来库伦挂职前，任职于密云区支援合作办，连续三年参与全区脱贫攻坚统筹工作，曾获得北京市扶贫协作先进个人。2021年5月，寻着"张赛哄"的足迹来到库伦旗，蓄力乡村振兴。

小卢挂职库伦旗乡村振兴局副局长，是扶贫振兴的中枢部门。既要巩固脱贫攻坚成果，又要实现乡村振兴发展；既要研究国家乡村振兴方向，又要结合库伦旗现状找资源、寻路子；既要完成考核任务，又要寻找乡村振兴中的亮点，树标杆、立示范。他变换着不同的角色，有时统筹推动全旗京蒙协作工作；有时变身为当地农特产品经纪人，牛肉干、蟹田稻、苦荞茶、荞麦面等库伦特色产品被他带到了首都市场；有时又化身为两地企业"相亲"介绍人，多次带着企业去密云区取经学习，交流经验，牵手结对。

做报表、做总结，开展会议、对接、座谈、调研、参观、讲解、防疫等工作，京蒙38个援建项目1.1亿元援建资金、110余项任务指标要跟进度、抓落实，每个项目每个月要制作报表、写分析报告，一年多写的文字、填的表格远远超过高考前复习资料；一年多说的话比三年的话还多，一年多走的路差不多有半个长征路，坐车的次数超过了前半生的总和。在招大引强，积极吸引外地大公司、大企业入驻库伦旗，增加全旗综合实力的同时，他的头脑深处还不忘寻找本地的创业者。

他帮助翟乐乐和丈夫斯日古楞夫妻俩创业。为他们争取资金，带领他们到密云取经，帮他们的公司作规划，连"花明小驻"的名字都是卢子寅给起的。他还帮助孤家子嘎查第一书记赵海旺，用密云扶贫资金200万元购买 8 台大中型农业机械，成立孤家子村农机合作社。2022 年，卢子寅又发掘了库伦镇的金牛合作社、额勒顺的石磨荞麦面加工这两个由本地人主导的产业项目。一大批库伦本地人正走在乡村振兴大道上。

这些创业案例已成为库伦旗乡村振兴的一种模式，都是本地人自己觉醒、自己创业。他们是在库伦这块土地上自己长出来的仙果，土生土长，经风抗雪，适应环境，这代表一种意义，一种精神——乡村振兴归根到底还是本地人的振兴，这代表着乡村振兴的方向。

卢子寅申请密云区扶持资金，持续资助 4 名在京高职院校就读的库伦籍困难大学生，持续跟踪即将毕业的库伦籍大学生有没有可能回乡创业。而且，他给这个举措起了一个很响亮的名字：脊梁计划。

2022 年 4 月 8 日，由于长期超负荷工作，小卢突发胸口阵痛，出现呼吸困难症状，昏倒在工作岗位上，被紧急送往通辽市医院治疗。事后小卢笑笑说，哎，干工作哪有不付出的。

支援库伦的团队坚信——咬定目标、踔力攻坚，全面建成小康社会的美好愿景就在眼前！到那时，过尽千帆，归来时仍是少年！

京蒙东西部协作
——内蒙古巴林右旗

中国格斯尔文化之乡　中国民间文化艺术之乡
中国好来宝艺术之乡　中国巴林石之都

巴林套马

契丹祖庭巴林右

巴林右旗位于内蒙古自治区赤峰市北部，全旗总面积10256平方千米，总人口18.64万人，蒙古族人口9万人，占人口总数的48.3%。

巴林右旗历史悠久、文化璀璨，8000年前就有人类繁衍生息。境内有新石器时代和青铜器文化遗存。宋辽时期大部为契丹皇都上京临潢府之地。红山文化、契丹文化、满蒙文化在这里交织共融；捺钵文化、农耕文化、渔猎文化在这里共同孕育出灿烂的草原文明。这里非物质文化遗产种类多、层次高、影响大，先后被命名为"中国格斯尔文化之乡""全国民间艺术之乡""中国好来宝之乡"。当地特产巴林石色泽斑斓，纹理奇特，质地温润，钟灵毓秀，与寿山石、青天石、昌化石并称为"中国四大印石"，有"中国巴林石之都"的美誉。

中华文明起源地

距今5800年前后，黄河、长江中下游以及西辽河等区域出现了文明起源迹象。西辽河文明与黄河文明、长江文明一道，成为中华文明的三大源头。巴林右旗所在的西拉木伦河流域，考古学称之为红山文化，其文化以石兽玉龙为标志。巴林右旗那日斯台、查日斯台、洪格力图等遗址出土近千件红山文化玉器，8000年前巴林所属西辽河地区出现人类文明第一道曙光，成为中华文明的起源地、世界旱作农业起源地，"中华第一龙""远古第一村""中华第一女神"都出现在这一地区，巴林右旗成为草原文明的核心区域，在中国北方草原游牧文化中占据重要地位。

巴林右旗境内的西拉木伦河，蒙古语意为"黄色的河"，为与中原大河"黄河"相区别，称之为"潢水"，建于巴林左旗的契丹上京也称"临潢府"，被史学界誉为"祖母

巴林右旗那日斯台遗址出土的玉猪龙（8000年前）

河"。此地战略地位重要——西行经大兴安岭南麓与七老图山口可到达蒙古高原；下行入科尔沁大草原北折到达松嫩平原；穿过燕山孔道经古北口平冈古道到达中原腹地——草原丝路和东北亚丝路的重要组成部分。

燕山是400毫米等降水线，历史上的农牧分界线、军事分界线和人文分界线在此叠加。万里长城蜿蜒在燕山之上，到达赤峰以南右北平（宁城县）一线。山南大平原多为汉民族的农耕文化，山后科尔沁大草原多为少数民族的游牧文化。这条线在将游牧与农耕分隔两边的同时，也静静地见证华夏文明的赓续不断。在西拉木伦河流域先后有山戎人、匈奴人、东胡人、柔然人、敕勒人、乌桓人、鲜卑人、突厥人、契丹人、奚族人、女真人、蒙古人、满人等在此繁衍生息，创造了灿烂的草原文化。农耕文化、游牧文化在这里交流、碰撞，给这里的先民带来了生机与活力。

契丹上京皇城下

《辽史·地理志》记载："有神人乘白马，自马盂山浮土河（老哈河）而东，有天女驾青牛车，由平地松林泛潢河（西拉木伦河）而下，至木叶山，二水合流，相遇为配偶，生八子，其后族属渐盛，分为八部，每行军及春秋时祭，必用白马青牛，示不忘本云。"这是契丹族美丽的爱情故事。

发源于巴林草原的契丹民族，是中国古代北方草原的强悍民族，从公元 4 世纪始兴至 13 世纪初西辽灭亡为止，共存在近千年。契丹民族所建立的辽王朝，自公

契丹五京分布图

元 907 年建国到公元 1125 年灭亡，是契丹社会经济文化大放异彩的时期。辽国疆域辽阔，与北宋共存，占有中国半壁河山，燕云十六州的密云也曾是其领土所属。所辖五京六府 156 州 209 县，统治中国北方 200 余年。

辽朝兴盛时期，南与北宋接壤，西与西夏接连，东至高丽，东北越过黑龙江外兴安岭直至海上，包括现在我国边界迤北的大片地域。辽朝打破了秦汉以来，以长城为界农牧分离的局面，统合了南北中国，并受儒家思想影响，大量吸收汉人及汉族文化，第一次以"中国"自居。相继建立了五京，城市经济的繁荣，使燕京（今北京）为后来的金、元、明、清的定都北京奠定了基础，拉开了今北京八百年建都史的序幕。契丹族巩固了中国的北方，促进了北方各民族的交往与融合，沟通了东西方的联系。葱岭以西的波斯、大食，高丽及大海之东的日本，无不遣使通好。当时中亚地区"无闻中国有北宋，只知契丹即中国"。现在的俄罗斯、希腊、伊朗、土耳其等称中国的发音仍为"契丹"。

终辽一世，统治中心始终在巴林地区，巴林右旗境内辽代遗存丰富，出土文物甚多，有始建于公元 1049 年的辽释迦佛舍利塔。赛罕乌拉辽代称"大黑山"是"国人魂魄"归宿之地，是契丹皇朝首祭之神山。赛罕乌拉林草茂盛，野兽众多，是皇家狩猎和"捺钵"之地。这里有庆陵、怀陵等葬有辽太宗、穆宗、圣宗、兴宗、道宗等辽代 5 位皇帝、9 位皇后、50 多

个皇叔、驸马和大将的墓葬。史书记载，（庆州）"塔庙廛楼，略似燕中（今北京）"，庆州在辽国上京诸州中尤为富庶，"辽国宝物多聚藏于此"。

巴林右旗庆州千年白塔

由于北方草原文明与中原农耕文明的生存竞争，在不断斗争中创造了充满生机活力的中华民族灿烂的历史文化。世界上大多数文明因缺少竞争而衰落。但中华文明却在不断的危机中得以赓续不断，至今屹立于世界东方。这就是来自巴林草原的契丹族给我们带来的深刻思考。

璀璨明珠艺术之乡

巴林右旗文化底蕴厚重，是契丹族的发祥地，之后成为蒙古族的重要活动地，明代成为朵颜三卫，清代后成为巴林蒙古王爷驻所。红山、满蒙、格斯尔（蒙古起源史诗）、好来宝（蒙古数来宝）等文化交织共融，自然风光与人文景观交相辉映。巴林右旗是蒙古格斯尔文化的主要发祥地之一，至今保留着全国唯一的一处格斯尔庙。2009年蒙古族"格斯尔"被列入联合国教科文组织"人类非物质文化遗产代表作"名录。

巴林右旗文化传承

巴林右旗草原民歌、蒙古长调、草原舞蹈、好来宝、格斯尔等说唱表演艺术魅力超群、独领风骚。在蒙古族民间流传着"三个巴林人中必有一个民歌手"的俗语，巴林草原自古便是歌唱艺术人才成长的摇篮。巴林右旗的乌兰牧骑表演艺术精湛，多次在全国演出中获奖，编创的舞蹈《巴林蒙古女性》在第五届中国民族民间舞蹈大赛上荣获全国舞蹈界最高奖项——荷花奖。

巴林石是中国四大印石之一，其石质细腻，温润柔和，软硬适中，最适于篆刻印章或雕刻精细工艺品。巴林右旗石文化内涵丰富，承载着红山文化、青铜文化、契丹文化和蒙元文化的深厚底蕴。

巴林石雕刻精品

如今，灿烂悠久的历史文化焕发着新的生机与活力，以绚丽精美谱写人类文明发展的新篇章。

千里平冈十年情

从古北口至辽上京临潢府的驿路，古代称"平冈古道"。平冈城在今赤峰宁城县境内，为汉右北平郡治所，古道 1000 多华里，是联系华北、东北、蒙古高原三大地理单元的交通主干道。汉武帝时飞将军李广任右北平太守，留下"李广射石"的著名古迹。宋辽时期，苏颂、欧阳修、包拯等宋朝使臣经此路到达巴林草原临潢府。3000 年间这条古道成为多民族融合的文化走廊。

2011 年，密云县与巴林右旗开始了跨越燕山的千里牵手，续写着密云与巴林右旗的千年情愫。10 年间，密云区累计投入帮扶资金 19844.46 万元，落实京蒙扶贫协作项目 73 个。巴林右旗财政收入从帮扶前不足 1 亿元至 2021 年增加到 6.7 亿元；贫困农牧民年纯收入从 2590 元增加到 14892 元，年均增长 41.9%，位居赤峰市第一。2019 年 4 月提前摘掉"国家级贫困县"的帽子，2020 年代表内蒙古和北京迎接国考大检，以第一名的成绩为京蒙协作添上浓墨重彩的一笔。

巴林春来早

1996 年京蒙两地建立了对口帮扶关系。2011 年 5 月 19 日，巴林右旗与密云县正式签订协议，缔结为友好县旗关系，对口帮扶关系正式确立。至 2017 年，密云先后派出胡章泉、陈永利、许春、王启华等先后挂职巴林右旗。2011—2017 年，共实施京蒙对口帮扶项目 15 个，其中，京蒙帮扶资金 4410 万元，早于在其他贫困地区开始真金白银产业帮扶。

改善农牧民基本生活条件　按"两不愁，三保障"的要求，重点解决贫困农牧民生活困境：2011 年，大板镇阿日班格日嘎查哈鲁小组搬迁（28 户 105 人，京蒙资金 400 万元）；2013 年，幸福之路苏木阿力木图嘎查整体搬迁（69 户 392 人，京蒙资金 400 万元）；2014 年，巴彦塔拉苏木他本板嘎查白音查干小组搬迁（58 户 217 人，京蒙资金 400 万元）；2014 年，赛罕乌拉自然保护区基础建设（京蒙资金 120 万元）；2015 年，大板镇友爱村移民搬迁土地治理项目（京蒙密云资金 720 万元）；2017 年，京蒙资金 200 万元建立健康云平台远程会诊系统；2017 年，京蒙资金 150 万元新建 1200 平方米巴彦琥硕镇苏木卫生院综合楼一栋。

2013 年京蒙资金援建的幸福之路苏木阿力木吐嘎查异地搬迁新村

产业帮扶　2010 年德日苏嘎查 4500 亩节水灌溉项目（360 万元）；2013 年红卫果园示范园项目（730 万元）；2015 年套马杆酒厂升级改造项目（120 万元）；2017 年慧丰农业建设项目（150 万元）；2017 年巴林红制罐车间建设（365 万元）；2017 年全旗农牧业产业化、牛羊良种改造项目（919 万元）；湖羊繁育项目（160 万元）等。促成巴林羊肉等特色产品进京，在北京西贝、海底捞餐饮等公司销售羊肉 2244.96 吨，获得收益 1.22 亿元。

引导北京雪莲、九月九广告集团、百年栗园、北京创世仓禀生态农业公司、恩威（北京）资产管理公司、华颂种业（北京）、恩泽科技等7家北京企业落户巴林右旗，协议投资金额112.9亿元。

2013年密云资金援建的巴林右旗
第一个日光大棚

广泛开展对口结对帮扶　密云区教委对全旗汉授教师进行了全员培训，密云区卫生局组织10批专家赴巴林右旗对320名医生进行培训。密云区团委、区农委、民政局、体育局、红十字会等部门与巴林右旗对接帮扶，动员密云社会各界捐款捐物1300万元。十里堡镇、东邵渠镇与巴林右旗巴彦塔拉苏木、索博日嘎镇等成为友好乡镇。

人勤春来早，在全国其他贫困地区全力"攻坚"的第一年2018年，巴林右旗在密云的帮扶下，贫困发生率已由2011年的12.56%降至0.98%，贫困嘎查村由66个减至6个。

干出来的全国先进

2018年脱贫攻坚进入决战决胜阶段。密云区选派高兴旺、李磊、高虎、高勇等挂职巴林右旗。三年间两地合力攻坚，取得了显著成效。2020年12月以第一名的优异成绩通过考核，成为全国先进。密云区扶贫干部李磊成为全国脱贫攻坚先进个人。

以龙头企业为支撑，夯实脱贫攻坚产业基础　2018—2020年，投入京蒙对口援助资金9308.12万元。集中资金办大事，重点解决"有产品无商品，有牧场无市场"问题。着力培育"巴林牛肉""巴林羊肉""巴林大米"

等品牌。2020年投入京蒙资金2310万元打造赛罕乌拉牧业畜类冷链生产线。投入1219万元于全旗牛羊优质品种改良工程和圈舍改造。种植方面，投入京蒙资金1500万元扶持赤峰远古生态农业大米杂粮深加工项目。投入巴林红（400万元）、华颂种业（400万元）等龙头企业，打造了甜玉米、马铃薯、甜菜、向日葵、杂粮杂豆等特色种植富民产业，全旗经济作物种植面积达到80万亩。

远古生态农业有限公司厂区（年加工大米杂粮10万吨，产值上亿元）

　　同时投入电商销售、特色产品推介、品牌营销等专项京蒙资金420万元。累计在京销售巴林右旗相关产品4.9亿元。引导北京禾彧天成贸易有限公司（养殖）；北京首农股份有限公司（樱桃种植）；内蒙古金尔丰科技公司（有机肥）等招商引资项目，协议金额1.7亿元。

　　以扶贫车间为依托，着力解决民生问题　　市区两级京蒙资金投入550万元，先后建起短平快扶贫车间10个，比如投资大板镇农机合作社、古口古勒台奶食品加工厂、众惠新型农牧业联合社等，解决无法离乡离土贫困户脱贫增收问题。通过扶贫车间和公益性岗位等措施，帮助863名贫困人口实现就近就业。

　　同时在"十二五"时期开始的整体搬迁、卫生监测、疾病筛查、卫生院建设的基础上（已投2000万元），继续投入健康扶贫资金5631万元（京

蒙资金 1000 万元），使 22650 人次贫困人口住院治疗报销 95% 以上。投入 5.05 亿元实施了"标准化学校建设"等教育重点项目，办学条件明显改善。完成农村牧区危旧土房改造 11375 户，其中，贫困户 2397 户，贫困户住房安全得到全面保障。

以结对帮扶为补充，形成攻坚合力　巴林右旗与密云区深入开展结对帮扶，密云区镇街、村居、企业与巴林右旗共结对 59 个，其中，镇街结对 11 个、村村结对 24 个、部门结对 6 个、村企结对 8 个、社会组织与村结对 4 个、校校结对 4 个、医院结对 2 个。派驻教师、医生、畜牧兽医、防疫等专业技术人员 54 人，各方捐资捐物累计 1655 万元，是脱贫攻坚阶段密云对外帮扶结对最多的地区。

脱贫攻坚巴林经验

在密云区帮扶下，2019 年 4 月巴林右旗提前退出国家贫困县序列，实现脱贫人口 5941 户 13359 人，绝对贫困问题得到根本解决。密云与巴林右旗 10 年对口支援过程中，创造和积累了很多扶贫经验，至今仍有很多借鉴意义。

科技助力脱贫攻坚　巴林右旗扶贫攻坚起点高，一开始就引入高科技、大数据、智慧网络助力攻坚取得良好效果。2017 年，使用密云扶贫资金支持建立起赤峰市第一个精准扶贫大数据中心平台。实现了工作动态化、资源共享化、制度常态化、档案微机化、信息透明化和干部管理实时化，为脱贫攻坚提供了精确数据保障。之后陆续建起巴林右旗健康云平台、智慧教育平台、电商平台、智慧农业、数字化城市管理平台等。大部分由密云专家设计创设，现代化、数字化、精细化、科学化的社会治理和精准扶贫工作一开始就走在了自治区前列。

创新产业帮扶模式　以京蒙资金重金邀请龙头企业落地，然后以企业带动种植、养殖产业，共同打造巴林知名品牌。依托宏发牧业公司打造"肉羊富民"产业，依托巴林红公司打造"甜玉米富民"产业，依托北大荒绿草牧业公司打造"草业富民"产业，依托华颂种业公司打造"马铃薯富民"产业，依托元粟米业打造"巴林大米"产业等。

创新整合"高效养殖扶贫""户企联合育种""流转托管经营""金融贷款扶贫"等扶贫模式。例如"金融贷款扶贫"一项，累计发放金融贷款 16.5 亿元，覆盖农牧户 3.3 万户，带动贫困户 8603 户。

享受京蒙资金资助的蒙古族牧民

储草积分促生态治理　为减少因过度放牧和自然灾害对草原的影响，巴林右旗推行全域禁牧、退牧还草、圈养牲畜和储草积分奖励政策，根据农牧户当年收储的饲草数量，将玉米青贮和黄贮、农作物秸秆、天然牧草、饲用灌木等收贮情况均纳入积分范围，以户为单位进行积分，根据贫困农牧户年度储草数量进行积分奖励，每分最低奖励 2 元。实现"有草必收、收草必储"的良好局面。自 2018 年以来，实现年储草 40 万吨以上，可供 56 万个羊单位一年饲草，累计发放储草积分奖励资金 1791.3 万元。

十年扶贫路，千里江山情。密云与巴林右旗建立了深厚的友谊，造就了如今肥田沃土、岁稔年丰的青山绿水。

国优名品巴林羊

巴林右旗现有巴林石、巴林羊肉、巴林牛肉、巴林大米、昭乌达肉羊等 5 个中国地理标志认证产品。同时巴林羊肉、巴林大米、巴林小米、巴林奶豆腐、巴林炒米、巴林甜玉米、巴林葵花、巴林香瓜等 8 个产品被评为国家级名特优新农畜产品。另有套马杆酒厂、山丹食品厂两家中华"老字号"企业，还有无公害农产品 21 个，绿色、有机食品 21 个。草原穗牌有机杂粮在第十三届中国国际有机食品博览会（2019 年）上获得金奖。这些国字号品牌的申办和认证工作，大都是在密云与巴林右旗结对帮扶、对口支援的 10 年间完成的，凝结了五批密云帮扶团队的心血智慧和京蒙资金的强力支撑。其中，"巴林羊肉"品牌认证历程最具代表性。

杂交优势产好羊

1958 年周总理访问东德，他们赠送周总理 50 只美利奴羊。回国后周总理批示在内蒙古赤峰市（原昭乌达盟）克什克腾旗建立"昭乌达盟好鲁库种羊场"，以德国美利奴羊为父本，澳洲美利奴羊以及包括本地蒙古羊为母本，历经几十年的杂交改良，育成肉用特征明显、遗传性能稳定的肉毛兼用型新品种。2012 年命名为"昭乌达肉羊"，成为中国第一个具有独立知识产权的草原型肉羊新品种，不久取得中国地理标志认证。地域保护范围为赤峰北部 6 旗县，巴林右旗被授权使用这一赤峰市通用品牌，巴林右旗昭乌达羊肉畅销国内。

2016 年，巴林右旗党委、政府在充分调研论证，尤其是在密云挂职干部许春同志的专业支持下，提出了肉羊品种改良和舍饲育肥结合的养殖模式，创造出属于巴林右旗的肉羊品牌。经过考察调研，最终确定肉羊养殖方面以澳洲白绵羊和杜泊羊为父本，以小尾寒羊、湖羊等为母本进行杂交，推广肉羊"23456"，即杂交改良后实现2年3胎、4季出栏、50只基础母羊为一组、每只母羊年纯收入600元的肉羊养殖扶贫政策。

2017年，旗里投入京蒙扶贫资金1160万元，购入澳洲白种公羊500只，澳洲白羊胚胎2003枚，组建农牧业技术服务公司15家、肉羊良种集中配种点27个，培育肉羊繁育养殖示范户460户，开展优质肉羊繁育工作。2018年又投入京蒙资金1000万元，对同期发情、人工授精的母羊，每只补贴30元，全年共完成肉羊杂交改良37.7万只。经过几年肉羊品种改良取得良好效果。

成果一：母羊繁殖率超过预期　全旗实施同期发情、常温人工授精的基础母羊，总体受胎率能达到65%以上，受孕基础母羊产羔率达到145%左右，基础母羊平均繁殖率为94%，超过了蒙古羊基础母羊自然发情85%的繁殖率。宝日勿苏镇福山家，29只母羊受孕21只，已有11只母羊产下16只羔

王志磊家改良羊五胞胎

羊；巴彦琥硕镇王志磊家，受孕51只基础母羊，产羔81只，其中，30只产双羔，2只产3羔，1只产5羔，而且全部成活。

成果二：养羊效益大幅提升　巴彦他拉苏木古力古台嘎查养殖户范景林家8月份产的34只杂交羔羊，在45天断乳后被牧兴合作社以每只羔羊600元的价格全部回收。范景林以前养本地羊，3月份产羔10月份出售，

一只羊最多长到60斤,最多卖到500元。可这杂交羊羔45天就能长到40多斤,每只卖到600元。

成果三:杂交品种得到广泛认可 基础母羊两年三产,养殖户看到舍饲多胎型的小尾寒羊或湖羊比养殖放牧单胎型的蒙古羊效益更高,主动引进小尾寒羊和湖羊进行舍饲养殖。"种养结合、舍饲养殖"生态型畜牧业生产模式已经形成。

2016年"巴林羊肉"获得国家级地理标志认证,成为巴林右旗历史上第一个具有独立知识产权的农畜产品;2019年又获得国家级名特优新知名品牌。2021年,巴林右旗规划肉羊总规模提高到500万只,基础母羊达到200万只,年平均产羔300万只,肉羊年出栏300万只。

科学舍养出好肉

通过品种改良的巴林羊有着抗逆性和适应性强、生长发育快的特点,羊肉营养丰富,其中,蛋白质含量为22.04±2.00克/100克、钙含量为5.23±1.5毫克/100克,肉质细嫩、鲜美可口、不膻不腻。这是和全旗推广舍饲均衡喂养、科学管理分不开的。

"吃草靠放牧,精料喂玉米"的养羊传统观念根深蒂固。但巴林草原是典型的干旱半干旱草原地区,年平均降水量350毫米,十年九旱,草场沙化退化严重,全旗草原理论载畜量为100万只羊单位,实际草原载畜量近300万只羊单位,草畜矛盾十分突出。为保护生态,于是大力推广舍饲。舍饲后按配比投放饲料,粗饲料以苜蓿草、羊草、全株青贮玉米为主,精饲料添加玉米、豆粕、葵花饼等,营养更全面。

同时,在京蒙资金的支持下,适时推出"牧草积分奖励制度",促进了储草业的发展。全旗年种植青贮玉米达30万亩,高密度锦鸡儿灌木100多万亩,苜蓿种植20万亩,经测算能饲养500万只羊单位。经实际测算以往草地养殖的蒙古羊8月龄出栏体重80斤，变为目前杂交羔羊舍饲5月龄出栏体重100斤，投入产出比更高。

为创出地方特色品牌，右旗制定了严格的羊肉生产标准，即毛重100斤以上、生长期不超过6个月的澳洲白绵羊和杜泊羊杂交羊可以使用"巴林羊肉"地理标志。建立完善农牧业产品质量安全标准和检测监督体系，全面推进标准化生产，提高农牧业产品生产加工环节的科技含量、附加值和市场竞争力。2016年，引进内蒙古宏发牧业公司，京蒙资金和自治区资金投资2.2亿元建设年屠宰加工100万只肉羊自动生产线2条、10000吨冷藏库1座。

宏发牧业年屠宰100万只巴林肉羊的先进生产线

公司以巴林肉羊为依托，与海底捞、西贝等大型餐饮企业建立了合作关系，羊肉产品供不应求，其生产的高档羊肉"法排"在高端市场非常受欢迎。

为进一步增加巴林羊肉、牛肉等肉类、畜产品屠宰加工能力和冷链物流仓储能力，2020年又投入京蒙资金2310万元打造赛罕乌拉牧业畜类冷链3条生产线设备，新建生猪、肉羊屠宰车间，市场前景可观。

智慧互联造名牌

现在巴林右旗全舍饲养的巴林肉羊，在大板镇阿日班格日嘎查、查干沐沦苏木毛敦敦达嘎查、龙腾农牧业公司等陆续建造10多个智能化、标

准化、机械化巴林羊养殖基地。引入智能饮水设备、智能饲喂设备、高清监控系统、智能耳标自动称重系统、消杀喷淋设备、饲料粉碎搅拌一体机、牧业专用铲车等，牧民依靠这样的"智慧牧场"迎来了一场生产经营方式的深刻变革。

同时，巴林右旗还依托赤峰市牛羊产业大数据平台，推动全旗"互联网＋"，打造巴林羊肉全产业链数字化平台，通过采集、上传系谱档案、繁育管理、生产性能和疫病防控等数据，形成完整真实档案，实现肉羊养殖信息的全程追溯。客户食用"巴林羊肉"时，通过二维

巴彦塔拉智慧牧场

码就可全程追踪巴林肉羊一生的成长轨迹，营养含量、产地标识、病害防治等一目了然，让客户吃上放心肉，让越来越多的农牧民尝到数字化、智能化的甜头。

2021年"巴林羊肉"在京蒙资金的支持下又搭上京东物流大数据平台，通过平台推送可快速端上全国各地消费者的餐桌。如今"巴林羊肉"品牌已传遍大江南北，成为内蒙古畜牧名品享誉全国。

发羊财的上石村

上石村位于巴林右旗查干诺尔镇北部 10 千米处，因村前山中出产制作碾子、磨盘的石头而得名。村民自古多以石匠为业，随着电器取代石碾石磨，石匠收入也基本不复存在。全村 6 个自然村落 8 个村民组，280 户 679 人，原有建档立卡贫困户 101 户 226 人。加之耕地不足、草场贫瘠、水资源欠缺，村民们祖祖辈辈辛勤劳作，却改变不了靠天吃饭的窘境，曾是远近闻名的穷村和后进村。2017 年人均纯收入只有 3800 元。

京蒙帮扶以来，上石村成为京蒙资金重点帮扶点。通过资金注入、政策倾斜、党建引领和公司支撑，大力发展湖羊舍饲圈养的绿色养殖，"家家养湖羊、户户是牧主"，共同打造"湖羊部落"，破解了发展难题。人均收入增长到 2020 年的 25000 元。

"借母还羔"因羊而富

湖羊，原产甘肃，其特点是可舍饲、多胎、繁殖快、经济效益高，两年三产且一产多羔，羔羊两三个月就能出栏，每只羔羊 800 元左右。2017 年 3 月，查干诺尔镇村民杨景堂注册成立赤峰市龙腾农牧业发展有限公司，从甘肃引进 500 只湖羊，开始了创业之路。2018 年巴林右旗利用京蒙资金以龙腾公司为依托，倾力打造湖羊纯种繁育基地，推出以湖羊为主的"23456"短平快肉羊养殖模式。同年，"扶贫政策羊"落户龙腾公司，即由京蒙资金买单，龙腾公司无偿送给每个贫困户 8 只基础母羊饲养，并提供技术支持。三年为期，三年交 3 只羊羔给公司，三年后

母羊归养殖户，并将其余所产羊羔每斤高于市场价1元回收，每只羔羊多卖50余元。全旗投入良种改造、送基础母羊、胚胎及人工授精等京蒙资金3000多万元。

村民张玉林，75岁，全家5口人。老伴70岁，患有糖尿病、高血压等慢性病。儿子患小儿麻痹症，儿媳为聋哑人，孙子现就读于包头铁路职业学院。全家人均收入不足千元，异常困难，是典型的低保及常困户。2017年被确定为建档立卡户，2018年密云干部李磊等按扶贫政策给予8只湖羊母羊进行产业帮扶，由上石村龙腾农牧业发展公司提供技术支持，负责湖羊繁育过程中的保障工作，提供兽医、种公羊等相关服务。通过辛勤努力，几年来，张玉林家湖羊养殖规模迅速壮大，2020存栏量已经达到100余只，市场价值20余万元，家庭收入大幅度提高，2022年人均收入达10000元以上，家庭面貌发生了很大变化，被评为2020年第三届赤峰市"文明家庭"。

2018年底，上石村八组在京蒙资金的帮扶下实施了整体搬迁，为实现贫困户"搬得出、稳得住、能致富"的目标，为每户发放8只基础母羊，2020年每户基础母羊数量平均达到了50只，全组通过湖羊养殖人均年收入明显提高，有了自己的湖羊产业，生活安居乐业。

2019年京蒙资金支持的上石新村

壮大集体经济因羊而名

为进一步打造全镇乃至全旗的纯种湖羊繁育基地，村"两委"班子制定了《上石村改革试验项目羊落实方案》，进一步扩大纯种湖羊养殖规模。探索形成了"党建＋龙头企业＋合作社＋农牧户"湖羊养殖的新模式，申请赤峰市国家扶贫

赤峰市京蒙重点帮扶试验区项目

改革试验区湖羊种源基地建设项目在上石村落地。

龙腾农牧业发展公司 2017 年在上石村征地 100 亩，利用京蒙帮扶资金建设的 3317 平方米标准棚圈、1000 立方米青储窖，从事湖羊繁育、养殖、育肥等业务。村集体将上级支持的 40 万元扶持资金投入到龙腾公司，公司每年给村集体 3 万元股金分红。村里将这些钱再反哺村民。对于家中有 25 只纯种湖羊基础母羊的养殖户，给予 5 只基础母羊和 1 只种公羊的鼓励支持。

上石村筹措资金购买了 360 只优质基础湖羊母畜，将这些母畜以每户 18 只的方式分配到养殖积极性高的村民家里，每个养殖户每年定期向村里交回 5200 元红利款，三年一个周期。这样的养殖模式起到了滚动发展、以点带面的效果，既壮大了村集体收入，又带动了群众增收致富，也增大了湖羊养殖的体量，实现了村集体经济发展和养殖户增收的双赢。2020 年，上石村湖羊特色养殖农牧户已达 241 户，占全村 85% 以上，人均纯收入 2.5 万元，集体经济更是从 0 达到 10 万元。

"皇家风味足肥羊，绮阁留人漫较量"。查干诺尔镇上石村的湖羊养殖兴了产业，富了百姓，成为京蒙帮扶的典型。

在京蒙资金、龙腾公司和村支部的带动下，上石村陆续成立了专业合作社 6 个、家庭农牧场 11 个。规模化、标准化、品牌化和市场化的羊养殖基地建设，让上石村声名在外，有了"湖羊种羊繁育基地"的美誉，新修建的通村公路往来客商不断，周边许多养殖农牧户慕名来到上石村"取经"。现已带动周边农牧户 1200 户，年人均增收 2 万余元。2021 年入选第一批自治区级"一村一品"示范村镇。上石村的整体面貌有了天翻地覆的变化，群众生活明显好转。

上石村湖羊养殖基地

乡村振兴因羊而美

因湖羊养殖具有"适舍饲、耐粗饲"的特点，所以养殖户不必上山去放牧，使得山上的生态逐步恢复，村庄的道路也因此变得干净、整洁。同时，过去弃之不用的作物秸秆，如今也纷纷加工成饲料，形成了"为养而种、为牧而农"的良性循环。老百姓富裕了之后，上石村在工作上更加注重基层治理，不断完善"村规民约"，创建"十好、十不好"规则，充分发挥"四会"功能，积极评选先进典型，示范带动广大群众逐步养成文明乡风、良好家风、淳朴民风，实现了"村庄美、村民富、邻里和"的幸福愿景。下一步，上石村还将围绕湖羊产业发展作"深加工"，探索农家乐、养殖休闲体验、生态涵养等深层次产业模式，助力在产业发展上"越走越快、越走越稳、越走越好"。

香浓奶茶密巴情

蒙古人喜奶，亲朋好友来访，先是热腾腾的奶茶敬上，黄澄澄的油炸糕点端上，然后在浓郁的奶香中坐下来，慢慢细聊。一日三餐更是不能少了奶茶，没有奶茶的日子就不是蒙古人的日子了，蒙古人源远流长的奶文化造就了巨大的奶制品市场。巴林右旗牛奶年产量6万余吨，年加工奶食品1万余吨，年产值约3亿元。"巴林右旗奶豆腐"被收录进全国名特优新农产品名录。奶制品加工已成为巴林右旗的重要产业。

密云援建扶贫车间

巴彦塔拉苏木古日古勒台嘎查奶食品加工厂的扶贫车间位于古日古勒台嘎查，由密云开发区管委会援建，成立于2019年12月。扶贫车间占地面积为8亩，2019年共投入京蒙扶贫资金49.5万元，密云开发区投入帮扶资金20万元。改造了原旧村部房屋300余平方米，新建了奶制品发酵车间、制作车间、炼油车间和其他附属产品加工车间以及购置了奶食品加工设备，加工厂牛奶收购及加工量每日4000余斤。奶食品加工厂扶贫车间以带动脱贫户增加收入为宗旨，采取"嘎查集体经济＋扶贫车间＋脱贫户"的经营带动模式，不但能够壮大嘎查集体经济，而且能提高建档立卡脱贫人口收入。

奶食品加工产业带动脱贫户奶牛养殖产业。把脱贫户联结在产业链上，对脱贫户进行奶牛养殖技术培训，并且按照奶食品加工车间质量标准，每公斤高于市场价格0.1元的价格订单收购，可使脱贫户年户均增收3000

元以上。扶贫车间用工招工注重向建档立卡脱贫户倾斜，积极引导脱贫户劳动力到扶贫车间就地就近就业，增加工资性收入。

打造格斯尔奶食之乡

古日古勒台嘎查所在的巴彦塔拉苏木，被誉为"内蒙古格斯尔奶食之乡"。"格斯尔"奶食品牌是巴彦塔拉苏木在密云援建的奶食品厂取得良好的经济和社会效益的基础上打造的独有奶食品牌。

2019 年 12 月密云援建工厂开业，每年盈利可达 50 万元。奶食品的品质在消费者口中得到认可，这也是"格斯尔"品牌的灵魂。工厂所需的牛奶都来自牧民用真材实料的草料喂养的牛身上取得，牛奶的品质就得到了保证。除了原奶品质外，制作工艺也很重要。除了将奶食

格斯尔奶食文化广场上的标识

品的传统制作工艺在当今延续之外，还经常参考内蒙古其他旗县的先进工艺进行融合，以保证奶食的口感和品质，不断推进本地区奶制品业振兴发展。

在扶贫车间带动下，促进了巴彦塔拉苏木（镇）奶业的发展，全旗基本形成了以巴彦塔拉苏木为中心的奶牛产业带，形成了独具特色的奶牛产业发展模式。

毕业于内蒙古农业大学的宝力尔，是古日古勒台嘎查牧民。家乡奶业发展也吸引宝力尔回到家乡从事奶牛养殖，并成立了巴林右旗故乡牧业专业合作社，在宝木图奶牛产业园区开始了他发扬民族传统奶食品、振兴奶业的梦想之旅。2020 年，合作社投入资金 80 多万元建设了占地面积 2000

平方米、建筑面积500平方米的奶制品加工厂，实现了生产区和加工区分离。合作社日产鲜奶2000斤。故乡牧业专业合作社经过不断发展，现已成长为具有奶食品作坊、直营店，生产加工销售一条龙的奶业专业合作社。

至2021年，全苏木存栏奶牛1587头，形成一园区（奶牛产业园区）、两基地的产业发展格局。全苏木共有奶食品加工销售户113户，鲜牛奶销售户13户，奶食品种达到30多个，鲜牛奶年产量达到1300万斤以上，民族奶制品销售额达到5000万元以上，为打造内蒙古格斯尔奶食文化之乡奠定了坚实的基础。

回乡大学生宝力尔的奶牛养殖合作社

让"格斯尔"奶制品走向全国

如今，巴彦塔拉生产的奶豆腐、奶皮子、黄油、奶糖等已注册"格斯尔"奶制品商标，奶业振兴驶入"快车道"。产品销往赤峰市、锡林郭勒盟、包头市、北京市等地，都是订单式销售，供不应求。

"吃水不忘挖井人，这都是密云帮扶的结果。没有密云帮扶的第一桶金，就没有我们的今天。"奶食品加工厂厂长朝鲁门感激地说。

2021年，更大规模的巴彦塔拉苏木宝木图奶食品加工厂建成投产。日加工鲜奶5吨，并引进了高科技工艺，解决了奶制品保质期短、无法卖到更远地方的弊端，为产品标准化生产、市场化营销打造更好的基础，加快了奶牛产业发展，提升了奶业发展水平。如今，格斯尔奶食已飘香全国。

京蒙协作"巴林米"

内蒙古自治区巴林右旗大板镇和西拉木伦苏木土壤气候优越，日照时间长，造就了塞北大米的特有品质，成就了一个品牌——巴林大米。2016年农业部正式批准对"巴林大米"实施农产品地理标志登记保护，后又被农业农村部公布为第三批全国"名特优新"农产品。这些成果的取得，源自"京蒙协作"努力的结果。

探索产业发展模式

大板镇位于巴林右旗西南部、西拉木伦苏木位于东南部，两地有效积温高、昼夜温差大、光照充足的独特气候条件，加上大型水利枢纽——达林台灌溉渠覆盖全境，地上地下水资源丰富，土壤肥沃，使得当地生产的大米、小米颗粒大小均匀、颗颗饱满、色泽光亮，营养价值高，其产品独特性和营养品质指标均都高于参照值。

基于得天独厚的自然条件，"京蒙协作"密云挂职干部团队与巴林右旗政府，依托区域内得天独厚的自然资源优势和悠久的水稻种植历史，构建以有机水稻种植为驱动的水稻产业化发展方向，激发群众内生动力，探索实现产业融合的脱贫、振兴"稻"路。以"机械化＋绿色防控"作为大力推进优质稻发展的重要抓手，通过全面推广标准化、机械化生产，积极探索土地入股等多种形式的股份制合作带动模式。

产业发展模式采取"合作社＋基地＋农户"机制，引导新立村、前进村、红星村等7个嘎查（村）成立了水稻协会，覆盖了1700多户4300余人，入会土地 12000 亩。在水稻种植协会的引领下，带动周边地区有机富硒大米种植 5 万户，种植面积达到 20 万亩，有效提高大板镇优质杂粮和特色水稻种植面积的经济效益，打造成功了绿色高效农业品牌，使"巴林大米"品牌逐渐被市场认可。红星村退伍军人王雷牵头成立专业合作社，投入 700 余亩土地，其中 450 亩稻田投放蟹苗，进行稻蟹种养模式，"稻蟹共生"模式下产出的河蟹非常走俏市场。稻田养蟹，不喷洒任何农药和化肥，河蟹粪便肥沃土地，确保稻米有着绿色生态的效果。产品通过线上线下等各种渠道销售到全国各地，客户好评如潮。

经国家地理标志认证的巴林右旗稻谷

西拉木伦苏木农业专业合作社种植水稻、谷子 3500 亩，耕地都是施用生物菌肥，选用优质品种，采取稻蟹共生的种植模式，生产出来的有机米色泽光亮、口感甜糯、米味醇香，并配套大中小型农机具 58 台（套）、冷藏库 800 平方米。

"京蒙协作"借助北京科研优势，协助巴林右旗加强与北京高校、科研院所、品牌策划机构合作，实现产、学、研深度融合，形成了"巴林大米"产业公用品牌。

援助企业建厂房

坐落在巴林右旗宝日勿苏镇的内蒙古田园稻香农业发展有限公司，起步艰难，令公司总经理赵永坤应接不暇，征地辟园、办公设施建设、农产

品生产、收购等处处需要资金，而公司自筹的资金发生危机，正在建设中的生产加工车间面临停工的困境。在此关键时刻，宝日勿苏镇政府得知后，通过与旗扶贫办协调，邀请密云帮扶挂职干部团队到公司实地考察，考察后将情况汇报给密云区政府有关部门，很快将250万元扶贫资金拨付给田园稻香公司，用于加工车间及厂房建设。公司利用扶贫资金建成了1040平方米的生产车间、600平方

密云扶贫资金援建的部分厂房与加工车间

米成品恒温库及800平方米的原粮库，使公司基础设施建设初具规模。

在此基础上，当地政府又帮助公司筹措了200万元资金，加上公司自筹部分，购进了41台（套）有机原粮生产加工设备，形成了年加工大米30000吨、小米10000吨及玉米渣、荞麦、葵花籽等加工生产线。

得到"京蒙协作"和当地政府支持后，公司信心百倍，开拓挖掘市场潜力，结合当地实际，将农业、畜牧业、加工业、流通业这四大产业有机结合，使其形成可持续循环产业链结构，从而促进和完善地区产业链条结构。赵永坤没有忘记密云挂职干部对他的嘱托和宝日勿苏镇领导的期望，采用多元化利益联结机制，通过开展订单式农业发展计划，注重与贫困户签订收购协议，鼓励贫困户种植高产经济作物，收购贫困户产品价格高于市场价格，辐射带动周边的农户，给予精准综合帮扶。此外，还解决当地贫困户家庭劳动力就业问题，两年来使30个贫困户实现增收减贫，安排12名贫困家庭人员到公司务工，增加了工资性收入。

赵永坤和他的田园稻香农业发展有限公司，精心打造成了品质优良的有机大米和有机杂粮杂豆，成功注册了"宝日勿苏""朴实人家""查干沐沦"商标，开发出"月子米""吉祥米""养生米"等特色小米品系9个，

以满足不同消费者需求。从而形成了"龙头企业＋基地＋农户"经营模式和"产＋销一条龙、工贸一体化"产业发展的新格局，成为了地区标准化示范性产业。每当提到公司发展的成就，总经理赵永坤十分感恩"京蒙协作"和当地政府的支持与帮助。

助力企业创品牌

"巴林大米"主要以"元粟米"、"富硒米"和"稻蟹米"为品牌代表。

元粟米　产自大板，由内蒙古巴林右旗元粟米业有限公司生产，该公司成立于 2017 年 8 月，坐落在巴林右旗大板镇工业园区，是一家集水稻、杂粮种植、加工、销售于一体的综合性米业加工企业，拥有日加工大米 200 吨的成套智能化大米生产线以及日加工能力 120 吨的杂粮生产线。公司以种植、加工、销售稻米为主和食品研发为主，年产 3000 万斤元粟米。2019 年，在京蒙扶贫协作项目支持下，旗政府整合资源投入扶贫资金 580 万元，其中京蒙扶贫资金 180 万元，帮助元粟米业有限公司进行升级改造，将本地的优质原粮进行深加工，并引入电商企业与之合作，全力打造具有巴林右旗特色的农产品品牌。元粟米业直接带动 9 个村 83 户贫困户 209 人实现脱贫减贫。

稻蟹米　产自大板，由巴林右旗的内蒙古坝林短角有机农业发展有限公司生产，该公司是生产加工巴林大米、巴林小米公用品牌授权的 5 家企业之一，以加工有机蟹田大米和有机小米为主。

富硒米　产自西拉木伦，由巴林右旗的赤峰远古生态农业科技发展有限公司生产。该公司建有标准化厂房 25 栋，总建筑面积 50000 平方米，年生产有机富硒大米 7 万吨。大板镇与远古生态农业科技有限公司采取"公司＋协会＋农户"的运营合作模式，采取统一种子品牌、统一肥料、统一育苗、统一田间管理、统一收购加工的五统一运作流程。

为实施绿色健康的品牌战略，2020年，"京蒙协作"为赤峰远古生态农业科技发展有限公司提供扶贫协作资金1500万元，用于5个6500平方米车间厂房建设。与企业达成"利益联结机制"协议：公司通过订单种植模式，引导和带动农牧民种植水稻、杂粮，派出专业技术人员对贫困户进行不定期的种植技术培训，进行产前、产中技术指导，有效带动农牧民增收致富。项目全部建成后，每年公司拿出总投资8%资金，即120万元，第一轮拟定6年每年对300户贫困户进行分红收益或用于嘎查（村）集体经济或统筹用于扶贫开发；公司拿出约50万元在贫困嘎查（村）租赁1000亩左右的土地作为水稻杂粮的示范种植基地，贫困户1亩地可收益400元左右，为带动贫困农牧民增收发挥作用；公司为13名贫困劳动力签订协议并提供就业岗位，以增加贫困户收入，达到稳定脱贫。政府投资收益资金全部用于建档立卡贫困户的脱贫减贫上，不仅优先收购贫困户农产品，解决销售问题，还优先雇用贫困户劳动力解决就业问题。

"巴林大米"品牌的形成，是21世纪巴林右旗一大创举和一项重要科技成果，这些成就的取得离不开"京蒙协作"的不懈努力与倾情帮扶。

"小土豆"做成"大文章"

马铃薯原产于南美洲,早年间传入我国。根据清康熙《松溪县志》中记载,其形状因酷似马铃铛而得名,在我国东北、河北称之为"土豆"。烹饪可成为美味菜肴,还可磨制成粉出售。2015年农业部召开"马铃薯主粮化战略研讨会",开启了马铃薯的主粮化之路。因此也推动了内蒙古巴林右旗这一产业的兴起,成为农牧民增收致富的特色产业之一。

营造基地

2015年我国推出马铃薯主粮化战略,马铃薯成为人们继小麦、玉米、水稻之后的第四大主粮。"京蒙协作"挂职干部团队与巴林右旗旗委根据旗域大多土壤呈沙性,适合马铃薯生长及上市早、品质好、价格高等特点,确定了将马铃薯种植作为一种产业来发展。

2016年8月,通过招商引资,将华颂种业(北京)股份有限公司属下的华颂农业科技有限公司引入巴林右旗大板工业园区。该公司是一家以高新技术研发生产"土豆"的新兴企业。注册资本9720万元,企业总投资3.5亿元,规划占地面积200亩,建筑面积10万平方米。马铃薯藏库占地7万平方米,马铃薯交易初加工车间1万平方米,薯条加工厂占地面积0.6万平方米,配套污水处理、沉淀池、除石间、机修房、办公楼等1.4万平方米。

公司团队进驻大板后,以高新技术研发战略为依托,在马铃薯品种选育、种薯种植销售、商品薯回收加工、薯条加工全产业品牌运营上,短短

几年便取得了辉煌成果，得到了国内外同行的高度认可，成为中国众多优秀餐饮企业和流通渠道的理想合作伙伴。自成立以来，公司陆续建立了 1 个育种研究院、1 个脱毒种苗供应中心、3 个组培扩繁中心、4 个原种生产基地、6 个大田脱毒扩繁中心（7400 平方米）。有温网室 500 多亩、大田生产基地近 10 万亩，年生产脱毒原种 8000 万粒、脱毒种薯 4 万吨。公司以马铃薯品种研发为核心，已育成华颂 7 号、华颂 3 号、华颂 88 等新品种 10 余个，其中，华颂 7 号和华颂 1 号获得农业部植物新品种保护授权。商品薯种植合作伙伴遍及全国 26 个省份，会员单位 3000 多个，拥有优质土豆种植基地 200 万亩。满足了大众蒸、炸、煎、炒、炖等不同口味的需求。华颂 7 号被大众评为舌尖上的土豆，世界级口感，薯肉金黄，营养丰富，口感超级细滑柔软，具有独特香味，已获得国家品种保护授权。

华颂种业多次被中央电视台、《农民日报》、深圳卫视等媒体采访报道，先后被农业部认定为国家高新技术企业、内蒙古农牧业产业化龙头企业、内蒙古扶贫龙头企业。"小"土豆，做出了"大"文章。

对接帮扶

2017 年，密云区农机服务中心所"对口帮扶"的巴林右旗政府现代办，牵头新开工涉农企业 3 家。其中，内蒙古华颂种业马铃薯繁育基地项目，分三期施工建设，第一期建设 4000 平方米的组培研发中心和 900 亩原种基地，第二期建设原种基地 2.5 万亩，第三期建设一级种薯基地 7.5 万亩。项目建成后，可以实现年生产组培种苗 6000 万株，生产原种 9000 万粒。组培中心和原种基地可直接解决就业 300 余人，同时带动 10 万亩种薯生产，每亩收益 1000 ～ 2000 元。项目的实施可促进地方种植业产业结构调整，推动马铃薯产业发展，可带动农牧户 2083 户 5209 人就业，其中带动建档立卡贫困户 315 户 812 人，户均可增加收入 1 万元。形成产业与农牧户结成"企业＋专业合作社组织＋基地＋农牧户"的利益共享、风险共担的命运共同体。通过龙头企业的发展建设，为巴林右旗种植业结构调整和农牧民脱贫致富起到促进和带动作用。

2018年7月，密云区农业服务中心与巴林右旗现代办达成新一轮"对口帮扶"单位。密云区农业服务中心来巴林右旗重点考察了华颂种业巴林右旗马铃薯种薯繁育基地、旗现代农业科技试验示范园区、巴彦塔拉3.6万亩种植业结构调整示范基地。达成在销售马铃薯、农机技术方面给予培训，在设施农业发展和农机合作社与草产业开发方面，以及在农作物绿色防控方面给予帮助等，密云区农业服务中心给予巴林右旗现代办对口帮扶资金10万元，主要用于农业机械作业维护。

产业发展

为了推动马铃薯种植产业的发展，京蒙对口扶贫产业协作部门在北京召开恳谈会，进一步推动京蒙对口扶贫协作向纵深推进。巴林右旗旗党政主要领导邀请华颂种业（北京）股份有限公司、北京大量之旅网络科技有限公司、京蓝生态科技有限公司、北京创世仓生态农业有限公司、恩微（北京）资产管理有限责公司、蒙羊康盛（北京）食品有限公司等11家北京地区企业参加座谈，将推介马铃薯产业列为重点座谈话题，因而提升了马铃薯种植产业发展的地位。

为深入推进马铃薯种植上规模，巴林右旗政府制定下发了马铃薯生产者补贴办法，明确了总体要求、补贴范围、补贴标准、补贴资金管理与发放等方面内容，以推进马铃薯产业快速发展。巴彦塔拉苏木文全农牧业机械专业合作社，是发展马铃薯较快较好的合作社之一。2021年，合作社负责人郭文全与内蒙古凌志马铃薯科技股份有限公司签订马铃薯3000亩订单，合作社种植了3200亩，采用覆膜技术，从种到收仅仅两个多月，马

铃薯平均亩产 8000 斤以上，平均价 0.7 元，亩产值达到 5600 元以上，每亩纯收益 2000 多元，所实现的经济效益非常可观，农牧民从中看到了很大的发展潜力和广阔的市场前景。在马铃

农业机械与农牧民收获马铃薯现场

薯收获田里，一派繁忙的景象，一车车满载着马铃薯的汽车从巴彦塔拉苏木驶向海南、天津、河北等地。

几年来，马铃薯正逐步成为巴林右旗重要的粮食作物，2022 年全旗共种植马铃薯 1.4 万亩，总产量为 4.85 万吨，平均亩产为 3460 公斤。通过推广种植马铃薯品种克新一号、完美一号等优良品种，多采用膜下滴灌和大垄高台浅埋滴灌技术种植。新品种基地成为高效增粮示范区，亩产量为 4500 公斤，获纯收益为 3600 元。农牧民不仅获得马铃薯的直接收入，而且还得到旗政府发放的马铃薯种植面积补贴款，全旗种植马铃薯 0.936 万亩，每亩补贴 100 元，向农牧民发放补贴金额 93.61 万元。

为扶持马铃薯种植，"京蒙协作"团队还发挥"北京科技优势"，协助当地实施马铃薯优质高效增粮示范行动，在示范区内开展马铃薯品种展示试验、浅埋滴灌封比试验、不同施肥方式对比试验等，并依托示范区组织开展各类观摩培训活动，加快推动马铃薯高产种植技术推广，提升马铃薯单位产量。每当提到马铃薯带来的经济效益，农牧民常忆起"京蒙协作"挂职干部努力帮扶的人和事。

塞外有了甜玉米

玉米可分为普通玉米和鲜食玉米，鲜食玉米包括甜玉米和糯玉米。1836 年美国诺诶斯·达林育成第一个甜玉米品种。1968 年北京农业大学培育出我国"北京白砂糖"品种。1984 年上海市农业科学院育成"农梅 1 号"、中国农业科学院育成"甜玉 2 号"。20 世纪 80 年代初，北京郊区开始有种植甜玉米的报道。2015 年作为"京蒙扶贫协作"项目引种到了塞外巴林右旗，并由此有了密云助力"甜玉米"的故事。

制定利益联结机制

巴彦塔拉是内蒙古巴林右旗一个苏木（乡）。2014 年巴彦塔拉苏木引进河北一家甜玉米加工企业落户巴林右旗大板工业园区，注册了赤峰市巴林红食品股份有限公司。公司总占地面积 260 亩，总投资 3.53 亿元，主要生产玉米罐头、配套马口铁罐、速冻甜玉米粒及玉米芯、玉米皮等副属产品。年产玉米罐头 500 万箱、年产 1.2 亿个马口铁制罐，以及年产速冻甜玉米粒 18000 吨。带动周边农牧民发展甜玉米种植，增加收入。

2018 年 7 月，第四批"京蒙协作"挂职干部密云团队接续到任后，了解到在建的赤峰市巴林红食品公司基础工程资金周转发生困难，积极努力为公司协调到了 400 万元资金，确保了企业制罐生产线设备组装投产，公司如期兑现了农牧民种植甜玉米的回收合同。

随着甜玉米种植户的不断增多与种植面积的逐步扩大，2020 年初，巴林红食品公司为扩大企业生产加工规摸，需要建设 6300 平方米的制罐

车间和 3750 平方米的生产车间及 7500 平方米的毛料大库，总投资需要 2182.5 万元，为了确保二期工程如期进行，挂职团队积极争取到京蒙扶贫资金 2170 万元，二期工程于当年 5 月份动工，年底基本竣工。

根据投资协议，此项资金用于"利益联结机制"：项目全部建成后，赤峰市巴林红食品有限公司通过订单种植模式，引导和带动农牧民种植甜玉米，有效带动农牧民增收致富。每年公司拿出总投资 8% 资金，即 173.6 万元，用于对 432 户贫困户进行分红收益或用于嘎查（村）集体经济或统筹用于扶贫开发。同时，公司与 35 名贫困劳动力签订协议并提供季节性就业岗位。本项目投产后，带动贫困户 60 户，即每亩纯收入达到 800 ~ 1000 元。二期工程竣工，公司达到总基地面积 40000 亩、总青储饲料量达到 80000 吨，加工过程中所产生的玉米皮、玉米芯免费发放给周围的建档立卡贫困户，每年每户至少免费得到 20 吨饲料。同时采取定向帮扶，对已经脱贫但仍然存在返贫风险的家庭，公司继续扶持，巩固脱贫成果。项目建成投入使用后，经过一年多来实践证明，公司运转呈良好势头，履行着投资协议的"利益联结机制"。

如今，巴林红食品有限公司是一家集甜玉米种植、生产、加工、销售于一体的农产品深加工企业，被列为自治区农牧业产业化重点龙头企业和扶贫龙头企业，2019 年获得第二十届中国绿色食品博览会优秀商务奖。公司订单辐射到林西县及巴林右旗 4 个苏木（镇）。

对口帮扶贫困户

巴林红食品公司加工企业投入运营后，巴彦塔拉苏木甜玉米种植订单很快发展到 1.8 万亩。2018 年，密云区工商联与巴林右旗的巴彦塔拉苏木结成"对口帮扶"单位。为了使当地在册的贫困户也能通过种植甜玉米增收，采取"公司＋农户"的方式运行。2019 年 4 月，密云区工商联推荐引进北京泰丰农业科技有限公司与巴彦塔拉苏木、塔本班嘎查及老道板嘎查签订三方帮扶协议，帮助巴彦塔拉苏木的两个嘎查（村）贫困户发展甜玉米种植业。公司负责为60户贫困户144名贫困人口无偿提供145亩甜玉米种植所需的种子、肥料、农机作业等费用，还聘请北京市农业技术推广站鲜食玉米行业专家和育种专家进行技术讲座，对种植农户进行技术指导，并派技术人员进行跟踪服务；两个嘎查（村）党支部和合作社负责组织甜玉米种植生产及田间管理等事宜。巴林红食品公司以1元／公斤的基础价格负责收购，建立起了甜玉米产业联接机制。

为了确保来年贫困户甜玉米种植任务落实，2019年10月17日，恰逢全国第六个"扶贫日"，密云区工商联系统领导来到巴彦塔拉苏木（镇），参加两地共同举行的"京蒙协作产业扶贫受益资金发放仪式"。在扶贫受益资金发放仪式上，密云区工商联合会带领密云上海大众公司、密云宏杨迅腾有限公司、密云金地来大酒店、密云润阁升餐饮公司、密云泰民丰农牧有限公司等民营企业，与巴彦塔拉苏木政府签订了《两地帮扶协议》，并将172800元产业扶贫受益资金交接

密云区工商联参加产业扶贫资金发放仪式

给巴彦塔拉苏木政府，委托发放到塔本班、老道板两个嘎查（村）60户贫困户手中。

对口帮扶的"公司＋农户"方式，极大促进了种植产业发展。实践证明，通过帮助两个嘎查（村）建立起的产业联接机制，变"输血式"扶贫为"造血式"扶贫，以激发贫困户内生动力，探索出了脱贫致富新路径。

倾力协作结硕果

巴林红食品公司落户后，为加快农业产业结构调整，进一步推动甜玉米种植，巴彦塔拉苏木充分利用"村村响"大喇叭、宣传展板、公示栏、微信群，扎实开展"线上＋线下"宣传动员，告知农户有关支农惠农政策、种植甜玉米能够带来高效益，以此调动群众积极性。很快建立了2000亩种植基地，并建立起利益联结运营机制，组织引导农牧民与巴林红食品有限公司签署种植订单，由公司垫资提供种子、化肥等生产资料及全程技术指导。秋季公司按订单价格回收甜玉米，保证了农牧民获得稳定收益。2017年甜玉米种植面积扩大到3700亩，亩均增收500元，户年均增收9000元。牧民图门种植了15亩甜玉米，亩产达到3000斤，获纯收入22950元。

巴彦塔拉全苏木1.8万亩的订单甜玉米，巴林红企业全部负责回收，创造出了京蒙协作产业扶贫的新模式，即采取"公司＋基地＋农户"的发展模式，通过发展订单农业，给农牧民带来了很大效益。秋后1.8万亩甜玉米为订单农牧民增加收入2754万元，人均2684元。为使贫困户脱贫，

农牧民喜收甜玉米

公司还解决了12名建档立卡贫困户在企业就业。密云区工商联负责帮扶的塔本班、老道板两个嘎查（村）60户144名贫困人口，在甜玉米收购完成后，每名贫困人口分到受益资金1200元。

农牧民获得稳定收入，贫困户有了基本生活保障，从中获得了幸福感。

乡镇·苏木·街道"兄弟情"

自 2011 年京蒙对口帮扶以来，密云区积极与内蒙古巴林右旗对接，在经济、教育、文化、卫生等方面开展"京蒙协作"。除了区（县）选派挂职干部，组成帮扶工作团队外，各乡镇、街道也与巴林右旗的苏木（镇）进行"对口帮扶"，在项目引进、捐资捐物等方面给予扶持帮助，涌现出了许多意义非凡的人和事。

溪翁庄镇　2018 年 7 月，密云区溪翁庄镇党委副书记、镇长杨建军带队到巴林右旗大板镇开展扶贫协作帮扶活动，为贫困户送慰问金和慰问品外，还重点到蒙益康农牧场就稻田养蟹、品牌打造、销售模式等进行深入探讨，就如何向北京等一线城市共建销售市场、拓展电商渠道等取得了合作共识。溪翁庄镇溪翁庄村党支部与大板镇和布特哈达村党支部签订了《两村共建帮扶协议书》。溪翁庄镇向大板镇捐赠了 10 万元扶贫资金，用于水稻种植贫困户发展生产。2019 年 7 月，该镇党委副书记、镇长杨建军等再次率党政班子成员及企业负责人一行到大板镇开展对口帮扶慰问活动。与大板镇认真分析帮扶工作中重点优势项目的发展前景及亟待解决的痛点、难点问题。双方就如何加强对接，做

农牧民载歌载舞欢迎密云"对口帮扶"使者

好项目扶持、政策引领、打造行业协会、激发潜在发展动力等方面展开深入探讨。杨建军代表溪翁庄镇党委政府向大板镇捐赠对口帮扶资金10万元、衣物500件，并走访慰问建档立卡贫困户20户。因病致贫基本丧失劳动能力的曹都巴雅尔还需供养一名在读大学生，家庭经济极为窘迫，调研组为他们送去米、面、油等生活用品及1000元慰问金。大板镇2018年识别的20个贫困户如今已全部脱贫出列。

2020年溪翁庄镇为大板镇进京举办"大板镇香瓜节"，邀请演职人员在密云区华润万象汇大型商场上演形式多样的文化节目，帮助进京销售。驻镇企业北京寰宇优品商贸有限公司负责人当场收购了大板镇的5000余斤香瓜并协助销售。

十里堡镇 2019年8月1日，密云区十里堡镇党政领导赴巴林右旗查干诺尔镇开展对接京蒙对口帮扶工作。双方就深度融合对接，探讨出更多惠民利民帮扶路径并发表建设性意见。查干诺尔镇党政领导详细介绍了脱贫攻坚、京蒙帮扶开展情况和妥善使用好京蒙帮扶资金助推经济社会建设情况。十里堡镇党政领导对查干诺尔镇干部职工甘于奉献和有序安排脱贫攻坚工作的做法给予高度赞赏，并表示自结为"亲戚"起，在将来的合作中，本着优势互补、互利互赢的原则，结合查干诺尔镇的资源禀赋和实际需求，充分发挥十里堡镇在党建引领方面的优势，实现产业合作提升转化，进一步巩固脱贫成果。座谈会上，十里堡镇向查干诺尔镇捐赠了扶贫产业资金10万元。十里堡镇党政领导还实地考察了尔根勿苏和查干诺尔嘎查（村），并为两个村分别捐赠帮扶产业发展资金各3万元。

西田各庄镇 2018年7月，西田各庄镇党政主要领导到巴林右旗西拉木伦苏木开展对口帮扶慰问捐赠活动，帮助该苏木特色产品、农副产品进京，协调相关产品进超市、进电商，拓宽销售渠道。西田各庄镇向西拉木伦苏木捐赠了10万元产业发展资金及价值2万元的宣传设备——摄像机、照相机。2019年6月，西田各庄镇党委副书记、镇长刘振江一行到巴林右旗西拉木伦苏木开展对口帮扶慰问捐赠活动。先后参观了西拉木伦苏木的传统种植业、养殖业、旅游业等并捐赠了 10 万元产业发展资金；西田各庄镇渤海寨村与西拉木伦苏木益和诺尔嘎查达成结对帮扶协议，向益和诺尔嘎查捐赠了 5 万元产业发展资金。

石城镇　2020 年 7 月石城镇考察组一行到巴林右旗查干沐沦苏木扶贫农场、呼勒斯图布朗嘎查金故乡合作社、唐思格牧业合作社、沙巴尔台中心卫生院蒙药浴疗养中心等地进行了实地走访考察，并走访慰问贫困户，送上了慰问金。座谈会后，石城镇和查干沐沦苏木签定了《结对帮扶协议》，石城镇向查干沐沦苏木捐助了 10 万元扶贫发展基金。

冯家峪镇　除了例行到对口帮扶点考察访问外，还与"对口帮扶"的巴林右旗索博日嘎镇达成了一份收购协议。冯家峪镇有机杂粮合作社从索博日嘎镇以每吨 500 元的价格购买 132 吨羊粪，帮助索博日嘎镇 12 家贫困户消化过盛的畜牧粪便，使每户增收达千元以上。同时还向该镇捐助 10 万元发展资金。

河南寨镇　2019 年 6 月，河南寨镇一行由镇长郭保林领队，来到巴林右旗巴彦琥硕镇对接新一年度帮扶工作。通过座谈得知，2018 年脱贫户全部"摘帽"，双方就如何加快新一年度扶贫协作产业项目达成协议。北京密农人家农业科技有限公司与奥沃特科牧业科技有限公司签订合作框架协议。河南寨镇向巴彦琥硕镇捐助帮扶资金 10 万元，该镇下屯村向上要尔吐嘎查爱心超市援助了资金。

太师屯镇　2019 年 6 月，太师屯镇部分班子成员、相关站所负责人、企业代表一行 8 人到宝日勿苏镇进行了 2019 年京蒙帮扶工作对接。此次对接在有机肥、肉羊改良、嘎查（村）卫生室、健康扶贫等方面达成协作意向。太师屯镇向宝日勿苏镇捐助帮扶资金 10 万元，太师屯镇流河沟村为宝日勿苏镇白音花嘎查捐助帮扶资金 2 万元。

巨各庄镇　2019 年 7 月，巨各庄镇党委书记李阔林一行到巴林右旗幸福之路苏木考察交流，对接新一年度"对口帮扶"工作。为充分发挥双方各自优势，通过打造合作共建平台，开展结对帮扶，实现共同发展。一同来考察的密云区发展改革委和巨各庄镇人民政府向幸福之路苏木捐助扶贫资金20万元。巨各庄镇蔡家洼村向幸福之路苏木海苏阿木嘎查捐助了京蒙帮扶资金。

鼓楼街道 2019年6月，鼓楼街道党工委副书记王德强带领鼓楼街道部分党政班子成员及社区书记到巴林右旗赛罕街道进行对接交流，鼓楼街道向赛罕街道捐助了10万元产业扶贫发展资金，鼓楼街道向阳西社区、宾阳西里社区分别与赛罕街道阿木尔社区、铁路社区签订了共建帮扶协议。考察团到玛拉沁村深入贫困户家中走访慰问，并送去慰问品。

果园街道 2019年1月和7月、2020年8月，密云区果园街道与巴林右旗达尔罕街道对接京蒙帮扶工作。果园街道每年向达尔罕街道捐助10万元帮扶资金，果园街道一行人分成五组，慰问了达尔罕街道的困难群众。

果园街道向达尔罕街道捐赠资金仪式

2011年以来，密云区除了乡镇、街道与巴林右旗的苏木（镇）、街道结为"对口帮扶"单位外，密云区总工会、工商联、妇联、团区委等群众团体也与巴林右旗签订帮扶合作协议，从生产扶贫、教育扶贫、公益扶贫、人才扶贫等方面开展合作。密云区农委、民政局、农机服务中心、红十字会等部门还与巴林右旗对接开展职业、技术帮扶，捐助物资等。自2011年对口帮扶巴林右旗以来，至2021年，密云区先后投入帮扶资金2亿元，累计带动1.44万农牧民受益。

密右心相牵 殷殷支教情

实践告诉我们：教育帮扶不是一句空洞的口号，也不是简单地统计一下花掉多少真金白银，而是更加需要"智慧"的帮扶、理念的更新，需要支教人员脚踏实地地辛勤付出，让支教帮扶走深走实，有温度，充满阳光暖意。

密云小学支教

2020年10月21日，密云区第一小学（以下简称密云一小）李云柱校长一行四人，到大板镇中心小学进行考察交流、开展对口帮扶工作。李校长介绍了密云一小教育教学管理经验，并对大板镇中心小学目前开展的教育教学活动表示赞同。交流结束后，向大板镇中心小学捐赠了20套《中国名娃小皮卡》及3000册图书，向校方捐赠现金5000元，并向9名品学兼优的贫困学生每人资助500元现金。

密云一小语文教师给该校全体语文教师作了《推进整本书阅读，提升学生核心素养》的讲座，细致入微地讲述了密云一小对整本书阅读所采取的方法和策略。通过讲座交流，切实帮助学生掌握了整本书阅读方法，激

密云一小向大板中心小学捐款赠书

发了学生们阅读整本书兴趣，活动成效显著。

密云一小郝和君主任一行6人来到帮扶学校，开展教研活动和专题讲座，共同商讨教学技艺，促进了该校课堂教学和文体工作的提高。教学活动中，教师们互访，取长补短，为更好地开展帮扶活动提供了借鉴。

密云第一小学与大板镇中心小学协作交流、优势互补，增进了校际间的友谊，促进了两地学校教育均衡发展，有利于大板中心小学教学的推进。捐款捐书为该校学生营造了书香氛围，使读书的习惯在学生心中扎下了根。

2020年9月，密云区教委从各校选派了7名教师到巴林右旗进行支教活动。支教期间，各位老师把自己积累的教学经验毫无保留地传授给当地教师，与同行们共同分享；把支教的脚印深深地印在了支教的校园里，把对学生的爱永久地驻留在当地学生的心中。

为了让支教帮扶走深走实，2020年10月18日至11月4日期间，密云区教委为巴林右旗教师培训投入帮扶资金66万元。

密云幼教支教

2020年9月3日，密云区第六幼儿园侯莹煊老师与孙双琪老师奔赴巴林右旗直属机关幼儿园支教，为期两个月。

侯莹煊老师在该幼儿园进行了语言教育讲座，将自己从教经验与该园教师分享。孙双琪老师就如何科学开展幼儿户外活动进行了交流，通过生动有趣的户外活动培养孩子们遵守规则的良好习惯。

密云九幼与当地幼儿园开展线下教研活动

2018 年密云区第九幼儿园（以下简称密云九幼）和巴林右旗直属机关幼儿园结对帮扶，交流思想，传授经验，为该园发展架起了一座友谊之桥。

密云支教团队

2018 年秋季以来，密云教委从几所中学选派教师去大板四中支教。支教时间多则一个学期或一年，少则一两个月。

支教教师们分别担任该校不同学科教学，有语文、数学、物理、地理、政治等。这些优秀教师远离故乡来到草原，用自己所学的知识及经验为该校学生提供了良好的教育资源。他们敬业乐群，工作能力强，教学理念新，深受该校师生们的欢迎。

在支教团队中，密云六中王建民老师的事例很有代表性。支教报名之前，他内心纠结：想去支教，到外面见识更多，到艰苦的地方锻炼一下自己，可这一家人上有老下有小怎么办？父母的身体随着年龄的增长一年年小病不断；孩子该上幼儿园了，谁天天能按时按点地接送？这一堆家务事都靠妻子一人，行吗？

王建民老师种种的表情，早就被细心的妻子发现了。妻子对他说：去外地支教你应该报名，这是个锻炼的机会，走出去能开阔眼界，吃点儿苦锻炼了自己。家里的事有我呢！于是在 2018 年 9 月秋季开学时，王建民老师如愿以偿地迈进了巴林右旗大板四中的校园。

刚到大板就觉得气温比密云低，到了 12 月和 1 月更是寒风刺骨。从校园走一圈回宿舍，眉毛、嘴角和鼻孔就会挂上一层白霜。一次周末，王建民老师外出买生活用品，戴着手套提着两个袋子，七八百米的路程手冻得生疼，中间停了几次，必须搓搓手缓一缓。只好把两只手套戴在一只手上提东西，另一只手缩进袖口里。三四月的风沙更让人难以忍受。马路上骑车的人经常被吹倒，瘦一点儿的人走路甚至能被大风吹着走。让人晕头转向的大风吹起漫天黄沙，张嘴吃沙，睁眼眯眼，低头走回宿舍，一抖衣服全是沙土。一天回来，屋内是一层细沙覆盖。每天洗头很麻烦，宿舍楼内没有洗浴的地方，只能用池中凉水兑上热水洗头。每天一身沙土，只能回宿舍擦一擦，擦完依然很难受……

一年来，王建民老师脚踏风沙克服了种种生活中的不适，迎难而上，有笑有泪，胸怀大局而不顾小家，没有辜负妻子的鼓励和支持。

密云区教育中心高级教师焦玉明主任，也给大板四中师生带去了先进理念。他举办讲座，阐述了《道德与法治》的课程性质、主要特点和课程设计的基本理念。焦主任以问题为导向的讲解，具有针对性和现实性。他分析初中三年6本教材，解决平时教课特别是中考复习到底教什么、什么内容需要让学生背、什么内容不用让学生死记硬背，经过他的分析讲解，一些长期困惑教师们的头疼之事却迎刃而解。为指导政治课教学，他亲自示范备课、上课，为老师们提供了正确的方向和途径。

密云不老屯中学语文教师张春英、物理教师赵伟，密云六中地理教师耿亚明，密云新农村中学数学教师刘彦平等，由这么多优秀教师组成的一支团队，在大板四中传授专业知识和教育教学经验，以实际行动诠释了"草原上最美的风景是人"的真谛，他们的教育教学方法不断地激励着该校学生们奔向知识的海洋。

密云支教团队为大板四中提供了更好的教育资源，推动了教育事业均衡发展，促使了该校教师教学理念的更新。密云支教团队的付出和努力，进一步夯实了结对帮扶的基础，将会给当地学校师生留下长久的记忆。

情之所钟 尽在支教

密云太师屯中学赵伟老师，毕业于首都师范大学物理系，是参加工作三年的年轻教师。他于 2019 年 10 月支教大板四中（至 2020 年 11 月），是接替上一轮支教的密云六中王建民老师初三年级三个班级（7 班、8 班、11 班）的物理教学工作。

大板镇四中，学生近 2000 人，其中 1/3 是蒙古族，教职工 200 余人，初中三个年级，每个年级有 12 个班，每班有学生 50 余人。

细微之处见爱心

赵伟老师刚到大板四中不久，一次晚自习辅导课上，发现有个小女生只低头没动笔，见老师走近有些紧张。赵老师问后才知她没有练习册，该生的眼神似乎在向老师诉说：不是我不重视学习，而是"家庭原因"。赵老师赶忙点头离开，生怕过多停留会引起其他学生注意进而给她造成压力。于是老师赶紧找来习题试卷让她练习，并装作漫不经心的样子分几次给她打印出整套的试题汇编。

在密云，学生们人手几支彩笔是很常见的，红笔改错、荧光笔标注已习以为常。但在大板，因"家庭原因"，许多学生仅用一支黑笔就都代替了。两相对比，赵伟老师感慨万分。后来，赵老师自掏腰包买了许多本子和笔，作为开展各项活动的奖品发给学生，以满足他们对日常学习用具的需求。同学们见了本子和笔如同战士们见了枪和炮喜出望外，从而极大地激发了学生们学习的积极性，同时又增进了师生间的友谊。

精心备课、讲课激发学生学习动力

赵伟老师在教学中，注重对学生理解能力及思维能力的培养。课上常常提出探究性问题，培养学生的推理能力、实验设计能力、数据分析能力。结合物理教学特点，积极进行实验引入、魔术引入、制作视频引入。教学过程中重视演示实验、分组实验、体验性实验，提升学生课堂参与度和成就感。

注重趣味性，将物理教学和生产实际结合起来，与当地风土人情及日常生活相结合，用校园中的实际场景和物体作为物理问题的载体，将直接印发的试卷题目中的主人公换成身边的老师或同学，让同学们身临其境，极大地提升了学习兴趣。另外，通过学习进展任务驱动，完成任务抽取随机奖励，大小练习检测给予正向评价和奖励。印发具有个性化称

赵伟老师在领奖后留影

谓的奖状、发放小礼品，并拍照在班级群中表扬，或在批改作业时给予鼓励性的幽默的评语，使学生们喜欢交作业，喜欢上物理课。从而激发了全体学生的学习动力，培养了学习兴趣。

抓教学 补短板

赵伟老师任初三年级三个班的物理课，每个班平均近 50 人。这对于

习惯了小班额的赵老师来说还真是个挑战，学生的数量翻了数倍，每天的作业批改和单独辅导要花费大量的时间和精力。由于学生的家离校普遍较远，大多数学生住宿，学校只能施行上 10 天课程休息 4 天的大礼拜制度，在密云上 5 天课程休双日已经习惯了，连续 10 天工作下来感觉身心十分疲惫。

赵伟老师所教的三个班级中的 8 班是全年级 12 个班中成绩和纪律都是最差的，这个班曾让校领导头疼，也是支教的赵伟老师面临的难题。

赵伟是参加工作不久的年轻教师，新到大板四中就直接教毕业班，不同的教材，不同的教育理念，不同的考试内容和形式，还有 8 班后进生的厌学问题，这一切对于赵伟老师来说，真是个不小的挑战。

当地的学生纯朴善良，对于知识充满渴望，但是由于条件的限制，知识面和思维能力较差。赵伟老师针对这一现状，在教学中利用新奇的物理现象和实验激发学生学习兴趣和动力，用有趣的形式来提升学生学习的课堂参与度和成就感。

北京地区，学生在参加毕业考试后不同的成绩都可以有不同的选择。可在大板当地只有一所高中，学生们要么考上高中，要么上一般的技校，或者干脆回村务农。因此，许多基础知识薄弱的学生失去了学习信心和动力，上课无精打采，有的已经厌学，趴在课桌上无奈地说："老师，您别叫我回答问题了，我真的不学了。"许多孩子很懂事，但他们看不到前途和希望。

作为老师、作为引路人，岂能放弃学生们原本求知的渴望？赵老师鼓舞学生们树立信心，告诉他们不管将来从事什么职业，都要有一个积极向上的心态。于是赵老师便利用每天晚自习课，给基础知识差的学生补习。

大板四中下午 5 点多放学，而学生大多数都是住宿生，大部分不值班的老师回家了，而赵老师住校继续工作，每天晚 9 点才回宿舍休息。日复一日坚守，学生们的学习积极性和成绩都有了明显的新变化，到了下一次考试的时候，8 班考试成绩不再倒数第一，而赵老师所教的另外两个班级的成绩也有所提升。这看似微小的变化，不知赵伟老师付出了多少辛苦，倾注了多少心血！

真诚"传帮带"

辅导教师层面，重点强调学生的主体地位，从学生的角度思考和设计教学，放低起点，注重实效，通过检测等进行高效反馈，牢牢掌握学生学习情况，具体到人、具体到知识点、能力点，注重细节。

赵伟老师除了任课教学，还负责指导两名青年教师。其中一名是刚参加工作的小蕊老师，她原本是地理专业，因岗位调整转而教物理。专业不对口，物理知识框架不牢靠，小蕊老师起初力不从心。其主要问题：一是对于物理知识内容及教学重点的把握不精准，哪里应该精讲多练，哪里应该点到为止，这是需要积累经验和研讨的；二是教学难点掌握不准确，突破不翔实不到位；三是上课情绪平淡，语言缺乏抑扬顿挫的起伏、形式单一，难以调动学生的学习兴趣。

针对上述问题，赵伟老师帮小蕊老师逐一分析解决。带她做中考题，给她串联起各单元知识点之间的联系，强化知识性、加强对知识的更深入理解，从学生的角度思考问题；与小蕊老师共同备课，上示范课，帮她突破难点，改进教学方法。对于授课情绪平淡、形式单一，其主要原因是对业务不熟，站在讲台上对自己所讲的知识缺乏自信。为此，赵伟老师帮助小蕊老师首先树立自信心，仔细帮她设计教学环节及设计实验，甚至指导她具体到一句话的语气、语态及肢体语言的应用。经过一系列的周密准备，小蕊老师上了一堂生动而成功的物理课，深受学生们的欢迎，同时也得到了校领导的认可。

指导帮助两名青年教师，通过听课、评课、上示范课，共同教研、共同备课等形式，结合该校的教育现状，赵伟老师将自己的教学经验和技巧毫不保留地传授给二位青年教师，助力他们专业成长与发展。

生活渡难关

从密云到内蒙古赤峰大板，需要七八个小时的车程。冬天当地的气候，比密云寒冷许多。

从密云到大板如果乘坐长途汽车，始发站是新发地，每次到达大板四中都在半夜凌晨一点左右，下车后要步行几里路。夏天还好，可隆冬时节一下车迎面冷风呼啸，拖着行李又走不快，缩着脖子，手插进衣兜都是徒劳的，迎面吹来让人睁不开眼的雪花，气温有时接近零下30度。

最困难的是洗澡，该校没有洗澡条件，只能到几千米以外的澡堂子去。有时忙完一天工作，到了晚上八九点钟下了自习课，迎着冷风去澡堂洗澡很是不方便。10天的大礼拜课程忙得很，有时只能周末回到千里之外的密云的家泡个热水澡。

受条件限制，学校2000多人的食堂，吃菜基本是水煮，一半是菜一半是汤，有肉的时候也是把肉掺上菜一起熬。虽然学校尽量照顾支教教师，常送些水果、熟食，但是许多时候，赵伟教师还是晚上十点钟回到宿舍，自己就着咸菜疙瘩吃碗面条。

一年多的塞外支教生活，要渡过种种不适的难关，赵伟教师一直保持定力。为了支教帮扶，善作善成、无怨无悔，锤炼了自身的意志，他说："一切值得！"

两地妇幼医院结对 提高妇幼保健水平

根据扶贫工作要求，密云区妇幼保健医院领导与内蒙古巴林右旗妇幼保健医院领导及时对接，紧密联系，制定帮扶方案。以硬件帮扶为契机，以"坐诊""大型义诊"等医疗方式，以传送医技提高医疗水平和规范医院管理为抓手，推动扶贫地区医疗卫生健康事业不断发展。

硬件帮扶铸根基

资金帮扶　密云区对巴林右旗医疗健康精准扶贫，包括为建档立卡贫困户进行疾病筛查和重大疾病救治费用补助。其中，2017年投资135万元，2018年投资535万元，为巴林右旗患病贫困人口早诊早治提供了资金保证，为全旗贫困人口早日脱贫铺平了道路。

巴彦琥硕镇中心卫生院

2018年投入京蒙帮扶资金300万元（含密云帮扶150万元），为巴彦琥硕镇（苏木）卫生院新建门诊综合楼一栋两层，建筑面积1200平方米。

购置设备　2019年北京市级财政投入帮扶资金350万元，为巴林右旗基层卫生院，即14个苏木（镇）卫生院购置29台DR等医疗设备。自此，弥补了基层卫生院医疗设备短缺，化解了农村牧区建档立卡贫困人口和广大农牧民就医难问题。

各界捐赠 2018 年，密云区红十字会向大板镇社区卫生服务中心捐赠救护车 1 台；2019 年 7 月，密云妇幼医院向巴林右旗妇幼医院捐赠高频胸壁震荡排痰仪一台，价值 4.7 万元；2019 年，密云区工商联向巴彦塔拉苏木卫生院捐赠一台彩超仪器；2020 年，密云区第二人民医院向宝日勿苏镇中心卫生院及辖区 18 所卫生室捐赠 20 台电子血压计；2020 年底，密云区北京北陆药业股份有限公司为巴林右旗蒙医医院捐赠九味镇心颗粒 1000 盒，价值 60800 元。

密云医疗设备的捐赠，促使巴林右旗医院硬件设施进一步改善，满足了更多患者的就医需求，使保健院整体医疗水平上了一个新台阶，为构建保健院优质高效的医疗服务体系提供了帮助。

两地人才交流"传帮带"

两批对口交流 2018—2021 年，密云区妇幼保健医院先后派驻 19 名优秀人才（派驻期多则 13 个月）到内蒙古巴林右旗妇幼保健医院进行人才交流，传经送宝。

2018 年 8 月 16 日，密云妇幼医院第一批 4 名专家奔赴巴林右旗妇幼医院为期一个月的帮扶。他们是儿科主任宋海燕、妇产科主任任兴贤、外科主任曲玉娟、产房护士长聂明环。她们不顾长途疲劳，全身心投入到该院的各项工作中。采取出诊、教学查房、手术指导、专题讲座等多种形式帮扶。

任兴贤主任、曲玉娟主任在抢救疑难危重症患者时，对该院医护人员手把手地"传帮带"。4 位专家走进阿木尔社区，开展了"妇女病防治知识讲座"和"儿童呼吸道常见疾病的预防知识讲座"。

2018 年 9 月 1 日，密云妇幼医院选派了由妇产科主治医师郭金霞和盆底康复专业主管护师洪云霞组成的第二批对口支援医疗队，分别开展了为期一年和两个月的对口支援工作，并进行了盆底功能障碍性疾病专题讲座，参加人数达 68 人，对妇产科门诊 3 名医生进行了针对性的查体教学 6 次，指导 2 名护士进行盆底康复技术操作，并和她们分享盆底治疗的经验。仅在一个月的时间内，收治盆底患者 12 人，做盆底治疗 36 人次，减轻了患者的痛苦，提高了广大妇女的健康指数和生活质量。

通过帮扶，提高了巴林右旗妇幼医院妇产科、儿科、外科、护理等诊治水平，对专科建设起到了积极作用。

自密云区妇幼保健医院与巴林右旗妇幼保健医院实施对口帮扶以来，相继派出多位专家到基层开展临床教学，使该院的学科建设和人才培养得到了迅速发展，医疗、护理管理得到了显著提高，医术实力明显增强，拓宽了诊疗范围，服务水平稳步提升。

下基层送健康　科普医学知识

由于当地街道药房多，各种药几乎均可以买到。病人不去医院就医诊疗，家属图省事经常到街道拿了一大堆药（如头孢、阿奇霉素、奥司他韦等），但由于对一些疾病的认识不足，导致随便用药现象非常严重。派遣医护人员和当地医生借下乡送健康的机会科普医学知识，告诉村民们不能滥用药物，及时开展健康教育，宣传健康防病常识，如高热惊厥怎么办、新生儿喂养注意哪些问题、新生儿黄疸怎么处理、手足口病如何防治等，提高群众的自我保健意识，引导他们养成良好的卫生习惯。

2020 年 6 月 10 日，密云妇幼医院妇产科专家孙金艳、儿科专家李静、口腔科专家王建军与巴林右旗妇幼医院医务人员一道深入基层社区朝阳卫生院进行义诊。

当地村民闻讯赶来，一大早大厅就挤满了就医患者。三位医疗专家不顾长途辛苦，立刻投入义诊活动，耐心细致地为每一位村民做检查、分析病情，结合多年临床经验，认真解答村

2020年6月10日，朝阳卫生院义诊现场传经送宝

民们关于常见病和多发病的预防及诊治方法。此次为200多名当地村民义诊，使他们在家门口就能享受到优质便捷的医疗服务。义诊面对面与村民交流，现场呈现了"传帮带"的情景，让巴林右旗妇幼医院的医务人员看在眼里、记在心上。

此外，密云妇幼医院几年间累计接收巴林右旗妇幼医院10名业务骨干来进修学习。通过两地人才交流，在密云妇幼医院行业专家勤勉负责的精神指导和影响下，推进了该院科室建设，提高了医疗技术水平和能力，使得儿科门诊量大幅增加，得到了当地干部和群众的一致好评。

爱岗敬业的妇幼专家

密云区妇幼保健医院几年间向巴林右旗妇幼保健医院派驻许多优秀医护人员，为当地的妇幼保健事业作出了应有贡献[1]。

两度扶贫儿科专家李静

密云妇幼保健医院儿科专家李静，从业13年，她深深爱着这份工作。

2019年夏天，她和同事曾在巴林右旗妇幼保健院坐诊一个月。纯朴善良的农牧民、天真可爱的孩子们给她留下了极深刻的印象。正是这次经历，她和那里的孩子们有了一个心灵的约定：明年还去梦牵魂绕的地方。

2020年新型冠状病毒在中华大地肆虐，李静心中却依然惦念着她的约定，乘坐10小时火车和2小时出租车，再次踏上了那片熟悉的土地。

李静的主要工作是在巴林右旗妇幼保健院出门诊、查病房。她住在医院宿舍，有时遇到新生儿的危重症情况就主动去抢救。

一天上午，李静正常出门诊，一对夫妇抱着一个襁褓中新生儿，打开包裹的被子后，见这孩子像个"小老头儿"。职业的敏感性让她了解到：这个孩子是足月顺产儿，第一胎，出生体重2800克，现在是出生后20天，体重才2400克。按理说出生7至10天之后体重应该慢慢增长，可这个孩子体重却下降了这么多。李静建议孩子住院治疗。

---

[1]：除了文中讲述的几位医务人员，2018—2021年密云妇幼保健医院赴巴林右旗帮扶者，还有于冬海、王彬、王建军、田艳峰、张天虎、金丹、陶荣花、董鑫、蔡利萍等人。

小儿住院期间，李静大夫每天向家长宣传母乳喂养，告诉他们在什么情况下孩子属于喂养不足。自打小儿入院，每天早晨李静大夫上班的第一件事就是拿上体重计给小儿称体重、测血糖。见小儿体重每天一点点地增长，家长的脸上露出了笑容。小儿住院一周，出院时体重达到了 2900 克。此时家长的眼神对李静大夫充满了信任和深深的感激之情。

李静大夫在给幼儿进行体检

又一次李静大夫出门诊，一个 5 个月大的小女孩，奶奶说她咳嗽好几天了。李静拿出听诊器一听，判断出小女孩肺里有痰。建议拍片、查血，看是否发生了肺炎。家长用蒙古语说了一大堆理由，同事告诉李静，他们说小孩又没有发烧，不会有肺炎的。李静耐心地和家长解释：孩子小，抵抗力弱，有时不发烧也可能发生肺炎。做通了工作，家长带着小儿去拍片、验血。等结果出来确实是肺炎，当天小女孩就住院了。

第二天，李静大夫去查房，见家长把 5 个月的小孩儿用布带子绑到了一个像梯子样的木架子上，同事告诉李静大夫：这是蒙古的小摇车，孩子哭闹时，就把孩子绑到小摇车上面摇几下，摇一摇小孩儿就睡着了。可李静大夫觉得这样把孩子绑得死死的会影响孩子的发育，如果摇得太厉害对小孩人脑发育也不好。况且小孩儿得了肺炎，痰会比较多，这样绑会影响痰液排出，造成肺炎延长。经过李静大夫诊断讲解，家长了解了这些常识，表示赞同。李静大夫结合诊断还向家长示范了如何拍背排痰，告诉他们只有痰排出去了，肺炎才好得快。在李静大夫精心治疗和护理下，这小女孩仅仅住了 5 天医院就基本康复出院了。

李静说，用我们的点滴经验，提高偏远地区医疗救治水平，是我们医护工作者义不容辞的职责。

李静大夫多次利用休息时间出门诊。在扶贫期间，她共接诊患者 2000 余例，并多次随院里医护人员下乡，让更多的患儿在家门口就能得到治疗。新生儿窒息复苏抢救是当地儿科的薄弱环节，李静就利用每个高危儿出生时的机会，详细给身旁的医生讲解，让他们多看、多问、多操作，进而提高了他们处置新生儿窒息复苏的能力。

草原上的孩子经常是小病不去医院，来医院时大多已是重症、急症。在给孩子们看诊时，李静大夫的神经始终不敢放松，她像慈母一样想方设法帮助患儿尽快康复。她将北京的诊疗经验和用药规范点点滴滴传授给当地医院的同事。她看到巴林右旗患病的儿童经过自己的精心治疗一个个康复了，内心充满了欣慰和快乐。

大医精诚梁考文

密云妇幼医院儿科专家梁考文，从事儿科临床工作 30 年，擅长新生儿常见的呼吸、消化、心血管、泌尿等小儿内科疾病的诊治。

2019 年 3 月 15 日去巴林右旗妇幼医院开展为期两个月的出诊活动。

他每天带领该院儿科全体医护人员，深入儿科病房结合实际进行现场医技指导。查房过程中，每次为宝宝们看诊的时候，他都将自身积累的扎实的儿科知识和临床经验，深入浅出地传授给宝宝们的父母或家人。

在帮扶工作期间，梁考文为该医院医护人员开展了手足口病临床诊治及预防的专题讲座，使当地医生的思维更加开阔。诊疗时，为了医护人员便于理解和掌握典型病例，他边治疗边讲解，让大家掌握全过程治疗技术。他为该医院带去了儿科诊治新知识、新理念，使该院儿科医护人员增强了专业知识，拓宽了临床经验，学到了新技术。

在 2019 年 3 月的"精准扶贫送健康"义诊活动和同年 4 月的社区大型义诊活动中，梁考文医生两次参加义诊活动，把优质医疗服务和浓浓的关爱之情送到居民的家门口，送到老百姓的心坎上。

梁考文对病人进行诊治时的情景

2019 年 4 月 9 日，朝女士因重度子痫前期、瘢痕子宫入院后紧急做剖宫产手术。早产儿出生时体重 2400 克，重度窒息，颜面及全身皮肤青紫、呼吸微弱、四肢肌张力低、反应差，生命危在旦夕。梁考文医生在该院新生儿科、产科、麻醉科医护人员的配合下，迅速展开了一系列急救措施，使早产儿全身皮肤逐渐转为红润，呼吸渐渐平稳，四肢肌张力有所好转，复苏成功，转入新生儿科进一步治疗，随后顺利出院。

这是一份平凡的工作，更是一份责任和担当。梁考文医生在平凡的岗位上，连接起京蒙两地的情感，为大众健康、为乡村振兴架起了友谊桥梁。

医者仁心孙金艳

2019 年 9 月，密云妇幼医院妇产科主治医师孙金艳，怀着一颗医者仁心奔赴内蒙古巴林右旗妇幼医院开展对口帮扶工作。第二天，不顾长途疲惫，一早就到妇产科病房熟悉环境，参加早交班。自此她一步一个脚印开始了医疗帮扶工作，一干就是 13 个月。

孙金艳大夫工作务实、严谨，每天与科室医护人员一起查房，开展医技交流和疑难病历讨论，参与并指导高难度的妇产科手术，参加危重症抢救。一名产妇因产后子宫收缩乏力导致大出血，情况十分危急，她与妇产科医护人员一起迅速参与抢救，最终产妇脱离了危险。事后，她总结了抢救工作中的不足之处并提出改进建议，提升了科室医生的综合病情判断能力及抢救能力。

孙金艳大夫在了解病区工作流程后，发现一些不足之处，如某些操作不规范、病例书写欠妥当及部分制度不完善等，她抽时间对相关资料进行整理，与妇产科主任、护士长和医护人员及时沟通交流，帮助妇产科完善了各项制度 35 条、流程 15 个，并组织医护人员进行相关培训 10 余次，结合实际工作落实培训内容。

孙金艳大夫还帮助该院制定完善高危妊娠管理制度和流程，对高危孕妇进行筛查、登记、追访和转诊，从而保证母婴的安全。

孙金艳进行"胎盘早剥"专题知识讲座

2019 年 10 月，孙金艳大夫在巴林右旗妇幼医院进行"胎盘早剥"专题知识讲座，结合典型的案例和临床经验，通过 PPT 教学手段，为 70 余名参训的医护人员系统地讲授了妇产科专业实用知识。通过培训，更新了妇产科知识理念，学到了新技术。

在对口帮扶期间，孙金艳大夫给该医院带去的不仅仅是专业知识和临床技能，更是带去了学科发展和管理思路创新的动力，使得巴林右旗妇幼医院妇产科团队在医疗技术、诊疗能力等方面取得了长足进步。

石磊磊兮葛蔓蔓

——全国脱贫攻坚先进个人李磊

"采三秀兮于山间，石磊磊兮葛蔓蔓。"出自屈原《九歌·山鬼》，大意是为了采摘山间益寿芝草，就要攀爬磊磊岩石拽着四处盘绕的葛藤艰难前行，表现了世人为追求美好生活克服艰难险阻的决心和意志。

2018年7月，原密云安全生产监督管理局执法监察大队大队长李磊到巴林右旗挂职扶贫办副主任。两年到期后两次延期，在扶贫路上披荆斩棘、栉风沐雨，为巴林右旗脱贫摘帽、经济发展作出了贡献。

难忘牧民卖羊拿到钱时，一张一张地数，一边数一边乐的场景

古日古勒台的草原上，一辆汽车由远及近，远处洁白的羊群、天上洁白的云朵、地下洁白的汽车构成一幅美丽的千里江山画卷。

远远的，牧民孟和宝力格一眼就认出这辆白色的京牌越野车，知道是下乡的李磊。孟和宝力格家是李磊一对一的帮扶户。今天已是李磊第四次专门来到这个贫困家庭。回想第一次见到孟和宝力格时，家里没什么大件，圈里也没有几只羊，满院子腥臭味，苍蝇到处飞。这位蒙古族牧民成天沉默寡言，甚至不愿意出门。

如今桌子上各种吃的喝的摆了好几样。60岁的孟和宝力格养了150多只羊，还养着奶牛。"现在家里的条件一天比一天好，还是北京来的干部

有办法！"在孟和宝力格眼中，挂职干部不但是自己的"恩人"，还是能让乡亲们过上好日子的"能人"。

他嘴中所说的"能人能事"，是指李磊与旗政府2018年研究推出的贫困户优惠政策，即肉羊"23456"和肉牛"1015"良种改良补贴政策。肉羊"23456"即改良全旗的肉羊品种，将原来一年一羔的大尾羊，改以澳白或杜泊优质肉羊为父本，以小尾寒羊和湖羊为母本，采用人工授精技术繁殖，两年三产、四季均衡出栏，50只小尾寒羊或湖羊基础母羊为一组，全舍饲养殖，每只基础母羊纯收入600元以上。肉牛"1015"即养殖户全舍饲养殖10头西门塔尔基础母牛，每牛一年一犊，每户年纯收入5万元以上。

这两项政策的出台，得益于大量的资金注入，两年间仅京蒙资金就投入1200多万元。再加上引入巴林牧业、龙腾农牧业等肉类加工龙头企业，又投入京蒙及自治区资金3亿多元。2019年12月17日，在李磊等人的努力下，"巴林羊肉"入选第四批全国名特优新农产品名录。同样的羊肉，产品和商品、商品和著名商品在市场上有着天壤之别。这就是老人所说的能耐！其中凝结了李磊的心血。

当初李磊和当地干部轮流给老人做工作，鼓励他搞养殖脱贫致富。李磊还自己花钱买了一只母羊送给老人。如今，孟和宝力格家里牛羊满圈，同时负责为村里京蒙资金援建的奶制品扶贫车间运送牛奶，每个月工资1500元，又多了一份固定收入，已彻底脱贫，整个人的精神面貌也焕然一新。"我还要做示范，带着大家一起过好日子。"孟和宝力格拍着胸脯说，一点儿都不像当初那个消沉木讷的牧民。

正说着，巴林牧业的大卡车开进村里，按着收购合同，一边是各家各户把肉羊赶出来过秤装车，另一边会计把算盘打得啪啪响，当场给钱。

"农民卖羊后，数钱的时候，真的特别开心。"李磊说。这次孟和宝力格一共卖了20只肉羊，按照合同18元一斤，拿到现金30000多块钱，他拿到钱的时候，一张一张地数，一边数一边乐。

"这种场景至今难忘。"李磊亲眼见到，打心里替他们高兴。

一碗米饭撬开了北京市场

巴林右旗当地土壤气候优越，日照时间长，年产大米 3000 万斤，尤其是西拉木伦河沿岸的大米品质可与黑龙江的五常大米媲美。但当地所产的大米无法直供北京等大城市的商超，农民无法从中增收。究其原因，是销往外地的物流运输成本高，没有龙头企业和品牌效应带动，外地人也不认可。能不能直接把巴林右旗大米卖到北京？2018 年 10 月，李磊协调密云区商务局带着电商企业到巴林右旗对接，虽然价格上有优势，但加上运费、包装等成本，整体还不如早已成名的东北大米。电商企业无奈摇头，没有结果。第一次尝试失败了，他并没有气馁。

第二年的 5 月，李磊带着巴林右旗大米到老家密云。通过朋友推荐，他找到了密云电商企业云梦园公司，该公司老总刘学超接待了他。大米口感好不好？质量能不能保证？面对公司询问，这一次，李磊有备而来。

"今天中午我请大家吃饭，然后我到密云的粮店现场买来东北产的稻花香，蒸上一锅米饭；再用带来的巴林右旗大米，也蒸上一锅，现场请刘总、孙总及十多个员工品尝比较。说来也够寒酸的，两个锅我都没舍得花钱买，顺道从家里把锅拿来用，叫了外卖，4 个小菜，一共 80 多块钱。"15 分钟后通过品尝，大家觉得巴林右旗大米与之东北大米的口感旗鼓相当，各有优势，至少不比东北米差。"关键我们的更便宜！"听罢，刘总当即表示可以尝试做一下。

"就是这一锅米饭，15 分钟撬开了北京市场。虽然只是一条窄窄的小缝儿。"李磊难掩喜悦之情。

当李磊想进一步谈合作的时候，更棘手的问题出现了。原来，大米要在北京销售，哪怕只在网上销售，都必须要有 QS 质量标准认证。可当地

一直没有该认证，一方面，大米都是就地散买散卖，不需要认证；另一方面，QS认证需要一定的实力和投入。李磊依然没有气馁。经过进一步和云梦园公司协商，他找到了一个巧妙的解决办法。

"我们通过投入480万元京蒙帮扶资金，建立了巴林右旗的元粟米业公司，云梦园公司把其作为原粮代加工公司。"李磊介绍道，这样一来，包括QS认证在内的一系列保障都由云梦园公司来做。京蒙资金帮扶成立元粟米业公司，全旗凡是建档立卡贫困户种植的水稻、杂粮，后来包括牛羊肉，云梦园公司都以高于市场价收购。

为了北京市场，造了一座工厂！李磊为了巴林右旗真是拼了。

之后就比较顺利了，云梦园开展"沧稻香""巴林大米"品牌设计，注册了商标。依托RDC（区域分发中心）技术，在密云为元粟米业开展储藏、代包装、代发货业务，密云成为中转站，元粟米业农产品的快递发货费用平均每单节省12元，仅两个月就节省40.8万元。两年间，李磊帮助巴林右旗在京销售农畜产品的销售额达3.6亿元。

产业帮扶只是京蒙扶贫协作的冰山一角，两年多的挂职时间里，李磊协调完成了两地互访对接61次，签订帮扶合作协议58份，落实京蒙扶贫协作项目26个、8个扶贫车间、100多名教师和医生互派、20多家旗外企业投资建厂、走访贫困户2100余户。

两年间李磊私家车跑的里程超过前5年的总和，手机里的电话簿数量翻了两番，春风行动、香瓜节、招聘会、对接会、政策咨询，最多的时候一天开过6个会。

这些对李磊来说，是痛、累并快乐着！

"我们的事业虽不能显赫一时，但必将永存于世"

2020年12月6—9日，脱贫攻坚成效省际交叉考核陕西赴内蒙古交叉考核组，来到巴林右旗，正式开展交叉考核工作。这也是两年间李磊接受的第三次扶贫攻坚评估验收，但这次是脱贫攻坚工作收官之年的"国考"。

三天的考核，让考察组感到很少有的激动——"牧民脸上洋溢的幸福笑容感染着我们每一个人"。在入户调查中，牧民们端来香甜的奶茶，紧紧握着他们的手，滔滔不绝地讲述着今天的幸福光景。"邻居们知道我们来了，主动跑过来争相和我们分享京蒙帮扶以来的变化，讲述一个个帮扶干部感人的故事。"这是巴林右旗的成效，更是全体扶贫人的骄傲。

陕西赴内蒙古交叉考核组组长、陕西省扶贫办副主任高东（左一）与巴林右旗农户交谈

3天的时间，考核组查资料、核项目、入农户、访干部，对巴林右旗脱贫攻坚成效进行了全面考核。这已经是考察组的第四站，考核组组长、陕西省扶贫办副主任高东感慨地说："在巴林右旗，每个干部都自信满满，开门迎考，有些干部甚至挽留我们多看一些户、多看一些项目，帮他们总结总结，和前面的一些地方是完全不一样的感觉。"

最后考察组给出的评价是：巴林右旗的迎检工作组织严密、资料齐全、典型突出、成效显著。准备工作可圈可点，堪称经典。在走过的几个旗县中名列第一。

李磊悬着的心终于落下。本来自己从2018年7月至2020年7月应该结束两年的支援挂职工作回密云。但上级下来通知，巴林右旗将代表北京市、代表内蒙古自治区接受国家东西部考核和国家扶贫成效考核，巴林右旗排序第一要在年底率先应考。责任重大、使命光荣！

旗委请示赤峰市委与密云区委沟通，让李磊延期半年，任迎检组组长，

专门准备"国考"。从 2020 年 11 月 18 日开始，迎检组进入冲刺阶段，到 2020 年 12 月 6 日，李磊 18 天没离开过办公室，没睡过一个囫囵觉。对五大维度 14 项的一级指标 34 个、二级指标 346 个、三级检查点逐一落实，一个点一个档案盒。评

全国扶贫攻坚先进个人李磊
在人民大会堂留影

估报告九易其稿，基本上两天一改，15 个参观点位 6 次安排监督，光档案盒就有 350 多个，功夫不负有心人呀！

李磊是幸运的，全程深入参与了巴林右旗从脱贫到奔小康的三年脱贫攻坚战。2021 年 2 月 25 日在全国脱贫攻坚总结表彰大会上，李磊获"全国脱贫攻坚先进个人"荣誉称号。

李磊说："我们的事业虽不能显赫一时，但必将永存于世。"

功崇唯志 业广唯勤

自 2010 年起，密云与巴林右旗结对帮扶。密云先后派驻胡章泉、陈永利、许春、王启华、王永福、高兴旺等五批干部赴赤峰市和巴林右旗挂职。他们怀抱梦想、脚踏实地，敢想敢为、善作善成；他们发挥各自优势，肩负使命、锐意进取，从种植到养殖，从示范引领到品牌建设，一幅幅脱贫攻坚的作战图画在西拉木伦河两岸徐徐展开，一曲曲奋斗的青春之歌在巴林草原火热实践中绚丽绽放。

王启华开启致富门

王启华，1989 年北京农校老中专毕业，分配到冯家峪镇林业站任技术员，之后 28 年都在冯家峪镇，几乎干过乡镇所有部门工作，对乡镇、农村有着比较深入的了解。2017 年 3 月王启华挂职巴林右旗副旗长，为期两年。前三批密云挂职干部，主要精力放在"输血"上，集中于危房改造、险户搬迁、饮水安全、医疗救助、校舍改造等硬件建设，都是火烧眉毛、急难愁盼的基本生活需求。王启华经过多次走访调研，意识到巴林右旗的贫困很大程度在于产业单一，丰富的农牧业资源没有得到充分的开发利用，致使百姓致富无门。于是他确定要在农牧业产业发展上做文章，开启产业帮扶之路，让老百姓挣到钱！

王启华的帮扶路，是从草原上到处可见、用途不大的"羊粪"开始的。冯家峪镇有一个有机杂粮合作社，以种植无污染绿色有机农产品为主，如何更好地改良土壤结构、增加土壤肥力、提高农产品质量一直是棘手的问题。巴林右旗索博日嘎镇绿草遍地，牛羊成群，随之产生的粪便堆积成山，无处消化，困扰牧民多年。经王启华牵手冯家峪镇有机杂粮合作社从索博日嘎镇 12 户贫困家庭中以每吨 500 元的价格购买了 132 吨羊粪，养殖户每户直接增收千元。收购的畜牧粪便混入巴林右旗的黑泥土，滋养了冯家峪镇有机杂粮的生长土壤，增产增收供不应求，实现了双方优势互补、互利共赢。

王启华说："这就是思路，只要想办法，羊粪也变宝。这是市场经济下应有的思路，通过这件事我的意思是让巴林右旗的农牧民开阔视野，转变观念。把产品变商品，把牧场变市场，这样才能赚到钱，才能摆脱贫困，才能发家致富。"

2018 年初，王启华引进赤峰市巴林红食品有限公司在巴林右旗建厂，总投资 6810 万元，年产粒状甜玉米罐头 100 万箱和速冻甜玉米粒 8000 吨。投入京蒙资金 400 万元帮助该企业建成"甜玉米"制罐车间。可以解决巴彦塔拉苏木 190 户 406 人建档立卡贫困户带动分红。

王启华（左）在巴林右旗套马杆酒厂商议投资扩产事宜

投入慧丰农业专业合作社 150 万元，建成水果保鲜库、车间等设施，把农业种植结构进一步调整，带动 100 多户脱贫。

养殖方面投入京蒙资金 919 万元，用于全旗建档立卡贫困户肉牛、肉羊改良及设立贫困户储草积分补助、公益性岗位补贴等。带动贫困户年人均增收 3500 元以上。为巴彦塔拉苏木 9 个嘎查提供密云穆家峪的油鸡种苗 21036 只，惠及贫困人口 316 人。

消费方面，引导内蒙古宏发牧业公司特色产品进京，在北京西贝、海底捞餐饮股份有限公司销售羊肉共计2244.96吨、销售额达1.22亿；就业方面，开发810个公益性岗位，补贴标准平均每人每年4000元，召开密云对口专场招聘会，实现在密云就业374人。

2018年底，巴林右旗贫困发生率由2014年的12.56%降至0.98%，贫困嘎查（村）由66个减至6个，顺利通过第三方验收，提前摘掉国家级贫困县帽子。

王永福托起幸福梦

2019年1月11日，时任赤峰市委副书记、市长的孟先东（2023年任通辽市委书记）在赤峰市脱贫攻坚工作简报上作批示：

看了（王）永福同志的事迹，很受触动也很受教育。永福同志虽是挂职干部，但是没有临时心态和过客思想，始终倾情投入，专心致志于扶贫一线的工作，体现了很高的政治觉悟和思想境界。我们要衷心感谢永福同志的积极贡献，更要认真学习永福同志甘于奉献的精神，切实用心、用情、用力把下一步的脱贫攻坚工作做得更好。

王永福，老家赤峰市宁城县人，大学毕业后考入密云县市政管理委员会，后任职县委办、檀营办事处、城关镇等单位。2017年3月挂职到赤峰市扶贫办任副主任，负责全市（包括巴林右旗）脱贫攻坚具体工作。赤峰的贫困他是深有体会的，改革开放以后出生的他仍然有过吃不饱、穿不暖，借钱交学费的亲身经历。他的家乡宁城县是个国家级贫困县，而赤峰全市12个旗县区中，有国家级贫困县8个、自治区级贫困县2个，全市建档立卡贫困人口18.8万人，占全自治区的34%，是内蒙古自治区最穷的地区，扶贫工作之艰巨可想而知。

两年里他走遍了赤峰12个旗县区90多个苏木(乡镇),进村入户,调研走访,深入开展京蒙扶贫协作工作。赤峰市地广人稀,仅巴林右旗一个旗的面积就是密云区的5倍。下乡路途遥远,坐车去旗县、乡镇一走就得

王永福(左一)走访巴林右旗贫困户

六七百里,所以他就经常带着行李箱住在基层。每个月大约有一半的时间在下乡,周末无休,持续作战,最长一次连续下乡18天。短短几个月时间,王永福就从扶贫工作的"门外汉"变成了帮助贫困户脱贫致富的"行家里手"。

2017年7月,由中国国际扶贫中心主办、赤峰市扶贫办承办的"2017发展中国家完善精准扶贫机制与缩小收入差距官员研修班"在赤峰市举办,王永福被定为这次研修班的牵头负责人。研修班共有来自墨西哥、蒙古、南苏丹、土耳其等19个国家的53名国外官员参加,计划考察宁城等5个旗县的12个扶贫项目。每一个环节,王永福都自己先走一遍,查缺补漏。从策划到实施,整整两个月时间,王永福没有回过一次家。有一次王永福驱车8个小时回京开会,第二天还要到研修班参观地踩点,散会之后就急忙往赤峰赶,行驶在京承高速上能很清晰地看见自己在密云县城的家,但繁忙的工作让他根本无暇回家探望,只能过家门而不入。

王永福一战成名,以其娴熟的实践和理论功底,以"专家"的身份将赤峰市及各旗县综合性大规模减贫案例娓娓道来,声情并茂地讲述了"中国扶贫故事",获得了国外友人的连连点赞。同时雷厉风行、嘎巴硬脆的工作作风也得到了同事的认可。但很少有人知道他来赤峰才三个月!

2018年4月,北京援助内蒙古扶贫协作资金将从原计划的县均1000万元增至县均3000万元,三年扶贫协作资金从原计划的9.92亿元增至

29.75 亿元。随后，京蒙扶贫协作工作由发展改革部门调整至扶贫部门牵头负责，这份重担自然落到了王永福的肩上。

2018 年赤峰市共落实北京市级财政援助资金 2.78 亿元，实施京蒙扶贫协作项目 76 个。敖汉旗万家菌业投入京蒙资金 600 万元，当年见效，带动了贫困户 1783 人，每个贫困户能够增收 3 万元以上。由于巴林右旗是密云的帮扶点，王永福也给予了特别"支持照顾"，巴林红、宏发牧业、华颂种业等大企业纷纷落户巴林右旗，协议金额 130 多亿元，加快了巴林右旗脱贫攻坚的步伐。多次带领赤峰学员到密云"密农人家""百年栗园""玫瑰情园"学习考察，为赤峰培训了一支会创业、能致富、带不走的扶贫创业人才队伍。与北京首农集团、上海江桥市场等十余家企业达成战略合作协议，包括巴林右旗的大米、牛羊肉、蔬菜进京、进沪，让老百姓获得了实实在在的收益。

2018 年底，赤峰市 2 个自治区级贫困县、4 个国家级贫困县（包括巴林右旗）提前摘帽，贫困人口从 2017 年初的 18.8 万人减少到 2019 年初的 5.3 万人。王永福的事迹先后被赤峰新闻、《北京青年报》、千龙网、《内蒙古日报》等刊载。2019 年获得北京市扶贫协作特殊贡献奖和北京市脱贫攻坚先进个人称号。

回到密云后，王永福将自己在赤峰挂职扶贫工作期间的感受、思考、调研、总结、包括家书等点点滴滴，以扶贫手记的形式整理辑录成册，取名《我从北京来——赤峰挂职扶贫手记》。这部由 30 篇文章、8 万余字组成的扶贫手记，是他利用平时的休息时间在宿舍里完成的。

"让自己的这段美好青春年华留记在内蒙古赤峰的扶贫事业里，留记在扶贫协作、脱贫攻坚的历史长河中。"王永福说。

高兴旺铺就兴旺路

高兴旺，河北医科大学药学专业毕业，北京中医药大学社会医学与卫生事业管理专业管理学硕士，任职密云区市场监督管理局副局长。2019 年 4 月，接力王启华挂职巴林右旗副旗长。

高兴旺经常说："有人说挂职干部就是来镀镀金，我认为广大农牧民良好的口碑就是金，不干事就会挂一身土。"虽然家有老母卧病在床，女儿寒窗苦读即将迎战高考。但他没有迟疑，服从组织安排，积极投身到京蒙合作、扶贫攻坚等工作之中，到职后他迅速转换角色，找准定位，深入一线了解京蒙帮扶和脱贫攻坚工作开展情况，将对家人的愧疚深深埋在心底，化作他工作的不竭动力，下乡调研、联系企业、谋划出路……

他来的时候正好赶上巴林右旗提前"摘帽"，实际上已退出国家级贫困县序列。接下来，他将自己的目标定位在产业升级、乡村振兴上。他在市场局工作多年，以市场监督管理者独到

高兴旺（中）在北京世博会推介"巴林香瓜"

的视角认为，巴林右旗缺乏的是叫得响的品牌！于是他从所学专业、熟悉的市场运作开始，打造品牌及宣传等工作。

他积极围绕巴林右旗县域公共品牌"巴林有品"——国家地理标志产品"巴林牛肉""巴林羊肉""巴林大米"等，组建巴林右旗县域公共品牌管理中心。在他的帮助协调下，密云云梦园公司成功注册沧稻香、巴林大米等品牌。之后"巴林小米""巴林奶豆腐""巴林葵花籽""巴林香瓜""巴林炒米"等陆续被认定为国家级名优特新农产品，品牌销售成效凸显，半年多的时间特色农产品进京销售额达 4.87 亿元。大批知名企业慕名而来，9 家企业入驻协议金额 30.7 亿元。

品牌响了，企业赚了，百姓富了，他开心地笑了。

对口帮扶
——河北省蔚县

古代同为"燕云十六州"的密云和蔚县，
同样的山清水秀、人杰地灵、历史悠久。
结对帮扶以来，兄弟情谊更深，
肩并肩、手牵手，共同踏上幸福路……

蔚县茶山

紫塞连云藏锦绣 万山环合古蔚州

蔚县，古称蔚州，山青水秀，人杰地灵，历史悠久，人文荟萃，6000年文明进化史绵延不断，3000年建县史光耀古今，著名考古学家苏秉琦曾称赞蔚县是中华文明的三岔口。

古蔚州牌楼

蔚县隶属于河北省张家口市，东邻北京，南接保定，西倚山西大同，北枕张家口，在历史上可谓北方重镇，兵家必争之地。唐代著名诗人李商隐有诗云"夜卷牙旗千帐雪，朝飞羽骑一河冰"，足见古来蔚州多战事。

蔚县行政区域总面积3220平方千米，总人口50万人，辖22个乡镇、561个行政村。

蔚县地理位置优越，交通便利，城区北距张家口140千米，东距首都北京220千米，南距保定180千米，西距山西大同160千米，处在一县连二省（河北省、山西省）三市（大同市、保定市、张家口市）的重要位置。

蔚县境内路网四通八达，国道 109、112（与 207 线重合）、239 线，以及张石高速公路、京蔚高速公路、沙蔚铁路纵横交贯全境。

蔚县的自然地形地貌独特，被称作"万山环合"，其处于恒山、太行山、燕山三山交汇之处，属冀西北山间盆地。恒山余脉由晋入蔚，分南北两支环峙四周，壶流河横贯西东，形成了明显的南部深山、中部河川、北部丘陵三个不同的自然区域。深山区面积为 1141 平方千米，海拔 1500 ~ 2000 米，其中有河北省最高峰小五台山海拔 2882 米。河川区面积为 988 平方千米，平均海拔 900 米。这里地势平坦，土地肥沃，水源丰沛。属温带大陆性季风气候，年平均气温 6.5℃，全县年降水量 400 毫米。全县林木绿化率 51.2%。美丽的壶流河及其支流清水河、安定河蜿蜒穿过，使蔚县成为了京西著名的"米粮川"。蔚县是全国黍类植物驯化最早、五谷杂粮保存最完整的县域，全国四大贡米之一的"蔚州贡米"，从皇室宫廷到寻常百姓家，深受人们的喜爱，亲切地称之为"蔚州黄"，享誉中华。丘陵区面积 1118 平方千米，海拔 1000 ~ 1500 米，黄土地貌发育得特别典型，宜于发展林果业和种植业。蔚县从 20 世纪 60 年代开始种植扁杏，种植面积达 60 多万亩，被国家林业局命名为"中国仁用杏之乡"。如今，蔚州贡米、蔚州扁杏已成为国家地理标志保护产品。蔚县还是国家中药材示范种植基地，面积达 4 万亩。烟叶产业"冀蔚"牌烤烟获省优质产品称号。

蔚县的自然资源丰富，水资源总量为 1.98 亿立方米，位于县境西部的壶流河水库属中型水库，库容 8700 万立方米，控制流域面积 1717 平方千米。煤炭储量巨大，是中国 100 个重点产煤县之一。煤田总面积 264 平方千米，探明储量 14.93 亿吨，远景储量 24 亿吨，是河北省保护较完整的煤田。其他矿产资源还有铁、锗、锰、金、萤石、重晶石、大理石、石灰石、云母、石棉等金属非金属 30 多种，均未大规模开采。

蔚县历史悠久，最早可追溯到唐尧时期，殷商、周朝时为代国，战国时为赵国代郡。蔚县古称蔚州，始置于东魏孝静帝天平二年（535 年），治今蔚县城。自北周后成为著名的"燕云十六州"之一。明代置蔚州卫，属山西行都指挥使司。清康熙三十二年（1693年），改蔚州卫置蔚县，归入蔚州，县名自此始。民国二年（1913年），改蔚州为蔚县。新中国成立后，划归张家口专区，隶属河北省。

蔚县相对来说地处偏远，自然条件相对较差，基础设施和生产生活条件落后，经济发展主要依靠自然煤矿资源。2016年蔚县全年财政收入8亿余元，其中将近一半来自煤矿。然而，因为煤矿事故多发，加上过度开采，蔚县面临经济转型的巨大压力。2019年河北省发展改革委化解产能，退出煤矿28处、关闭煤矿26处、缩减产能煤矿2处，其中大部分都是蔚县的煤矿，财政收入锐减对于早已被列入国家级贫困县是雪上加霜。

早在1994年3月国务院公布的592个国家级贫困县名单中，就有蔚县；2018年公布的全国585个国家级贫困县，蔚县依然在列。

按照国家统一安排，蔚县于2018年进入东西部扶贫协作序列，与北京市密云区开始建立结对帮扶关系。在三年的时间里，两区县加强顶层设计，积极推进双方县、乡、村、企各层级、各领域深度对接。通过强化项目带动，突出产业帮扶，助推消费扶贫，加强招商推介，扩大劳务协作等多种形式，携手奋进打赢脱贫攻坚战。2020年2月29日，河北省人民政府发布通知，批准蔚县退出贫困县，这标志着蔚县甩掉了贫困县的帽子。数据显示，2020年全县生产总值完成84.1亿元，财政收入9.2亿元，一般公共预算收入6.0亿元，城镇居民人均可支配收入35259元，农村居民人均可支配收入12803元，蔚县从此阔步走入了小康社会。

美丽蔚县的三张名片

蔚县，生态环境优美，历史文化底蕴深厚，拥有着独具特色的"三张名片"。

历史文化名片 蔚县的历史源远流长，数千年的文明发展史，造就了蔚州深邃的文化内涵。国与郡的数度兴废分合，州与县的几经更改，生活在这里的人们生存繁衍、发展进化、创造文明的印记从未中断，构成了今天中国北方独有的蔚县特色文化现象。这里是仰韶文化、红山文化和河套文化的"中华文明三岔口"；是农耕文化、游牧文化、军事文化的"三大传统文化交融地"；是民间文化、宗教文化、红色文化的"三种特色文化汇聚地"。县域内的名胜古迹、历史遗迹不胜枚举，泥河湾遗址记述着东亚人类的起源，仰韶文化记录着新石器时代的兴衰，雄伟壮观的赵长城屹立于群山之间，还有挺拔隽秀的难安寺塔、斗拱飞檐的玉皇阁、风格独特的暖泉西古堡"瓮城"、梵音缭绕的重泰古寺等，构成了京西现有保存最完整的一座历史文化名城。更有久负盛名的古堡和戏楼、庙宇，历史上就有"八百壮堡、八百戏楼、八百寺庙"之说，村村有堡，堡堡有庙宇戏楼，堡连堡成镇，镇镇汇成了古老豪放的蔚州。

据统计，现有文物遗存点1800余处，国家级文物保护单位22处，省级文物保护单位18处，非物质文化遗产72项，是全国第一国保文物大县。

艺术名片 蔚县文化底蕴深厚，这块钟灵毓秀的土地孕育了世界非物质文化遗产——蔚县剪纸这一中华民族引以骄傲和自豪的"国粹"。蔚县剪纸，又叫窗花，是全国三大剪纸之一，是全国唯一一种以阴刻为主、阳刻为辅的点彩剪纸，迄今已有200多年的历史。它是用薄薄的宣纸，拿小巧锐利的雕刀刻下来，再点染上鲜艳的颜色，形成空灵、艳丽的艺术品。因为它集中了中国民间艺术质朴、率真、热情的共性和敦厚、阳刚、朴拙的乡土个性，从一种地域文化的象征转化为华夏民族的民间标志，被誉为"中华民族一种美丽的象征性符号"。2003年，中国文联及中国民间文艺家协会将蔚县命名为"中国剪纸艺术之乡"，2006年，蔚县剪纸以剪纸项首位的身份入选第一批国家级非物质文化遗产；2009年，蔚县剪纸又名列中国剪纸之首，入选世界《人类非物质文化遗产代表名录》，与苏绣、钧瓷并列成为代表中国的三大城市（民俗）文化名片。

打树花（又名打铁花）是河北省张家口蔚县的地方传统民俗文化活动，具有古老特色的节日社火，已有500余年历史，被称为"中国一绝、世界一绝"。打树花是用熔化的铁水泼洒到古城墙上，迸溅形成万朵火花，因犹如枝繁叶茂的树冠而称之为"树花"，极其绚丽壮美。如今这一

打铁花

民俗活动不仅吸引着国内外的游客纷至沓来，还在2021年5月入选国家级非物质文化遗产代表性扩展项目名录。

蔚县还有当地独有的蔚县秧歌，又称为蔚州梆子，是一种古老的传统戏曲剧种。产生于旧时蔚州地区，流行于河北张家口地区和山西省雁北、晋北地区，并远及内蒙古自治区一些旗县。蔚县秧歌的剧目约有200余出，其中，有以唱"训调"为主的秧歌剧目，也有以唱"梆子"为主的梆子戏。清咸丰之后，蔚县秧歌发展迅速，至清末民初形成高峰，涌现出了一大批深受当地群众欢迎的艺人，创作出了《打饼》《捉虎》等独具蔚县特色的演出剧目。另外，蔚县的古城堡和开平碉楼、福建土楼一样是人类历史留

下的奇迹之一，目前保存下来的还有 300 多处，被誉为"河北省古建筑艺术博物馆"。

蔚县曾获得中国民间艺术之乡、中国剪纸艺术研究基地、国家文化产业示范基地、中国最佳民俗文化旅游城市等荣誉称号。

生态名片 蔚县生态资源独特，自然风光旖旎。这里是河北屋脊、太行之巅，海拔 2882 米的小五台山是太行山主峰，也是国家级自然保护区，拥有金钱豹、黑鹳、褐马鸡等国家珍稀动物，是登山胜地、生物大观园。全县深山区原始森林面积 34 万亩，森林总面积 189 万亩，高山、亚高山草甸 65 万亩，森林覆盖率 39.2%，林草覆盖率 61.5%。

蔚县是京西著名的旅游胜地，是国家全域旅游示范区创建单位，这里拥有全国保存较为完整的蔚州古城，古城内寺庙、宫观、祭坛、殿阁、衙署、楼塔星罗棋布，具有较高的历史文化价值、民俗研究价值、建筑艺术价值。小五台山金河风景区，是小五台山北麓奇异壮丽的峡谷景区——金河口峪。这里有一处原始森林，面积 34 万亩，生长着 1320 余种植物和 137 种动物。与金河口森林公园遥遥相对的，就是享誉华北的飞狐峪·空中草原。其位于蔚县南，太行山山顶，突兀拔起一片海拔 2158 米、30 平方千米的草甸，因其高峻平坦而被称为"空中草原"。这里是历史上著名的"太行八陉"之一，无数诗人名士在此留下或豪壮或苍凉的诗句。如今，这里处处盛开着美丽的野罂粟和温柔的雪绒花，昔日残阳如血的边地成为人们远离城市喧嚣、放飞心灵与梦想情怀的浪漫桃源……

擦亮三张"名片"，开启乡村振兴之路，今日蔚县正在以绿色发展理念推动高质量发展，努力打造京西特色健康养生基地、河北省区域性文旅商贸中心、张家口市南部经济中心。蔚县，正在奋进路上谱写着快速发展的新篇章。

情暖蔚州话攻坚

蔚县在 1994 年就被列为国家级贫困县。2017 年底，全县贫困村 182 个，贫困人口 25562 户 42759 人，贫困发生率 10.2%。2018 年 6 月，密云区与蔚县建立结对帮扶关系，三年后脱贫，创造出了被《农民日报》所赞誉的"蔚县经验"。

云蔚携手 共绘蓝图

密云区和蔚县结对帮扶之后，积极推进双方县、乡、村、企各层级、各领域深度对接。2018 年，双方党政主要领导进行了 7 次对接洽谈，召开了 2 次联席会议，密云区结对单位与蔚县的 14 个科局和社会团体、4 个乡镇和 4 个村紧密对接，开展帮扶工作。"万企帮万村"确立了密云经济开发区总公司与蔚县 2 个村庄结对帮扶。各层级、各部门全年累计对接 42 次，签署结对帮扶协议共计 25 份。为双方交流合作建立了良好的工作渠道，为脱贫攻坚打下了坚实的基础。

2019 年、2020 年双方继续共同商定帮扶协议，不断深化《东西部扶贫协作工作方案》为蔚县实现脱贫提供了机制保障。

从 2018 年密云、蔚县结对帮扶开始，到蔚县 2019 年脱贫摘帽，2020 年脱贫攻坚圆满收官，密云区几任区委区政府主要领导多次携带资金和项目到蔚县，开展对口协作工作，成效显著。

据统计，在三年的对口帮扶工作中，市区两级财政累计投入资金 1.3 亿元，实施援建项目 55 个，实现脱贫 9.3 万人；6 座扶贫微工厂拔地而起，

450人享受光伏发电持续性收益。雅派朗迪、益海嘉里等10家京企落户蔚县，累计投资6.4亿元。选派党政干部、教师、医生、农业专家等49名人才，公益岗、稳岗补贴、交通补贴使1.7万贫困人口实现稳定就业。萝川贡米等扶贫产品打响品牌，累计在京销售额1.6亿元。社会力量积极参与，镇街、村企、医院、学校牵手结对，捐资捐物累计4561万元。全县建档立卡贫困户由64500户下降到1481户，贫困发生率由32.5%下降到0.64%。

突出特色 深化合作

《壮了脱贫志 扬起致富帆》《"扶志"扶出农村新面貌》《抓脱贫之本 创"蔚县经验"》……这些刊发在《农民日报》《民生周刊》等媒体的纪实通讯，报道的都是蔚县开展脱贫攻坚战的故事，也从另一个侧面反映了密云区对口帮扶蔚县的巨大成果。两区县从2018年携手以来，将扶贫与"扶志""扶智"相结合，突出特色，不断深化合作，成效显著。

人才交流 从2018年至2020年，密云区共选派8名干部和61名医疗、教育等专业技术人员到蔚县开展挂职交流。同时，蔚县派遣挂职干部和专业技术人员到密云挂职锻炼、培训学习、跟班学习，使他们成为了脱贫攻坚尖兵。2019—2020年，两地连续两年举办培训班，培训蔚县党政干部165人次，专业技术人员1106人次，有效提升了蔚县党政干部和专业技术人才的能力素养。

项目带动 扶贫协作需要真心实意，也需要真金白银，通过项目建设奠定坚实脱贫基础。2018年，蔚县共利用帮扶资金谋划实施了22个扶贫项目，涵盖教育医疗、产业发展、就业培训、公益岗位、贫困村生产生活条件改善等多个方面。其中，利用密云区级财政援助资金建设11个援建项目，总投资150.5万元，惠及贫困人口数1876户2821人，脱贫1496户2424人。2019年，蔚县共实施东西部协作项目12个，其中，密云区帮扶蔚县资金315万元,实施区级援建项目11个。共实施市、区两级帮扶项目34个,其中,密云区级财政帮扶资金375万元。项目带动建档立卡贫困人口19728人增收受益,其中残疾人员1023人。

产业帮扶 2018年,密蔚两地积极打造优质的营商环境,推动东部企业投资兴业,联合在北京会议中心举办了"蔚你同行·携手共赢"为主题的招商推介活动,密云区组织辖区7个部门和6家优质企业参会,益海嘉里万吨蔚州贡米深加工项目、北京四方红农牧集团32万吨饲料加工项目等18个优秀项目集中签约,当年落地企业4家。同时搭建销售平台,助推消费扶贫。2019年,共有8家东部企业落户蔚县,两地共建产业园区,密云区企业雅派朗迪等3家东部企业落户园区,投资1.25亿元。2020年共实施市区两级帮扶项目34个。

劳务合作 促进贫困人口就业是提高稳定脱贫质量的重要手段,"一人就业,全家脱贫"。两地人力资源和社会保障部门通力合作,开展多样化、多层次招聘活动。2018年,密蔚联合召开2次大型劳务输出专场招聘会,共计98家企业到场参会,提供4000个用工岗位。同时,先后组织开展家政服务、缝纫技术、种养殖技术等就业培训38次,培训建档立卡贫困人口813人;组织致富带头人培训2次,培训46人。蔚县籍在京稳定就业建档立卡贫困劳动力3918人。

2019年,密蔚两地人力资源和社会保障局联合举办"春风行动"京冀劳务对接专场招聘会,近700名农村劳动力达成招聘意向。先后组织举办27期培训班,培训1112名贫困劳动力,组织贫困人口到东部结对地区就业184人,在省内就近转移就业5983人,到省外其他地区就业38人。

2020年,密蔚双方克服疫情影响,先后举办招聘会4场,对150名贫困劳动力开展就业技能培训,帮助贫困劳动力新增进京就业255人,本地就近就业410人,到省外其他地区就业55人,21名贫困户子女到东部职业技术院校学习。两地联合举办创业致富带头人培训班,培训农村创业致富带头人 92 人，创业成功 42 人，带动贫困人口 692 人。

2019 年，密蔚两地政府在教育医疗、文化旅游、技术推广、订单种植等各个领域进行了深度对接合作，两地县、乡、村、企、部门、团体各层级往来对接洽谈 38 次，密云区与蔚县 9 个乡镇、11 个贫困村、3 所学校、1 所医院结成帮扶对子，形成了多元化、多层次、多领域的携手帮扶格局。

2020 年，密云区在 2019 年的基础上新增 2 个镇街、2 个社区、2 所学校、1 所医院、5 个社会组织、1 家东部企业与蔚县开展结对帮扶。同时，积极发动社会力量向蔚县捐款 1053.42 万元，捐物折款 909.49 万元，不仅助力蔚县脱贫攻坚中发挥重要作用，同时也让密云蔚县两地人民结下了深厚的情谊。

蔚县经验　成果丰硕

蔚县的脱贫攻坚战被人民网、《农民日报》等中央媒体赞誉为"蔚县经验"，即"蔚县坚持将激发贫困人口内动力作为脱贫攻坚的切入点和突破口，注重将扶贫与'扶志''扶智'相结合，创新方法、用活载体，创出了可借鉴的'蔚县经验'！"

在脱贫攻坚深入调研中发现，有些贫困人口之所以扶而不起、帮而不富、助而不强，除去自然条件差、因病因学等客观原因致贫外，主要还是缺乏内生动力。关键是要帮助贫困群众树立正面精神导向，让他们自发地动起来。为此，蔚县在全县范围内启动实施了"洗手洗脸"工程，全县贫困户精神面貌有了明显改善。在此基础上，蔚县开始建设"新时代讲习所"，把开展"志智技德康""五扶"培训作为助推精准扶贫脱贫的重要抓手。扶志——唤醒贫困户勤劳脱贫的斗志；扶智——帮助贫困户提升智力水平，阻断贫困的代际传递；扶技——帮助贫困户掌握一技之长，立足社会、增收致富；扶德——帮助贫困户保持、重塑正确的道德观；扶康——帮助贫困户形成文明健康的生活方式，降低疾病的发生率。

在"五扶"培训工作中，密蔚携手，密云区通过选派优秀党政干部和医疗、教育等专业技术人员到蔚县挂职交流，为蔚县人民送扶持政策、送医疗、送教育、送技术，开展医疗、教育以及家政服务、缝纫技术、种养殖技术等各类技术和就业培训。将扶贫与"五扶"相结合，写出了脱贫攻坚和乡村振兴新篇章。

三年脱贫攻坚战，双方135名干部、人才互派交流，为提高干部素质发挥了重要作用；10家东部企业先后来蔚投资兴业，累计投资6.36亿元，带动贫困人口15843人，在农业结构调整、工业转型升级、积蓄发展后劲上贡献了力量；安排使用1.3亿元市、区两级帮扶资金实施了78个援建项目，内容涵盖教育医疗、安全饮水、产业发展、基础设施改善等各个方面，全县6.3万贫困人口普遍受益；密云11个镇街、13个村（社区）、3家医院、5家企业、6所学校、6个社会组织来蔚开展"一对一"结对帮扶，在夯实脱贫基础、携手战胜贫困上构筑了最大同心圆；6773名蔚县贫困劳动力借助东西部协作在省内外就业，实现了"一人就业、全家脱贫"。北京市、密云区各界社会力量累计捐款捐物4570余万元，蔚县农产品进京销售1.57亿元，实现了资金技术到蔚县，扶贫产品进北京。蔚县与北京密云的扶贫协作已由最初的单项帮扶发展为双向互动、互利共赢、深度融合的局面。

蔚县2019年脱贫摘帽，2020年脱贫攻坚圆满收官。密云区继续做到"三个保持""四个不摘"，在产业发展、资金技术、农业产销、教育卫生、人才交流等方面进一步加强合作，推动两地携手共进、共同发展。

用针线缝就闪亮名片

一个扎根密云20余年的服装企业——雅派朗迪（北京）科技发展有限公司(以下简称朗迪公司)，不仅改善了公司驻地密云区就业农民的现状，还累计纳税1亿元，有力地推动了密云当地经济社会发展。朗迪人并未满足于此，毅然投身扶贫攻坚战役。正所谓"道阻且长，行则将至"。

因势而谋，放眼大格局

由于近年来人工成本不断攀升，这给劳动密集型产业最具代表性的服装企业带来巨大压力，在密云的一些服装企业另谋生路，纷纷将企业迁至孟加拉国、越南等东南亚国家。朗迪公司亦有此谋划，并甄选了投资地，可行性分析报告得出的投资优势是：人工成本低；地处热带，供热成本忽略不计。与此同时，"万企帮万村"、东西部协作等政策纷至沓来。北京市政协委员、密云区政协常委、朗迪公司董事长兼总经理韩沈军敏锐地感觉到，在脱贫攻坚的决胜战役中会有民营企业的用武之地，使其放弃东南亚建厂而转战扶贫攻坚战场的决心更加坚定。"作为一个民营企业的代表，我随着政协的团队也走访了许多北京市扶贫协作的地点，过去我们基本上就是把资金、物资捐赠给贫困地区，这些对百姓生活有了一定的改善。但是作为政协委员，我感到不能只解决生活问题，如果你教会他'织网'、教会他'捕渔'，帮助建设造血功能，才是我们扶贫协作和支援合作的重点，这个重任就落在我们企业肩上了。"如是说，也如是做。朗迪公司一班人统一思想，果断决策。经密云区政府牵线搭桥，先后赴密云对口帮扶对象蔚县考察五次，对"文化底蕴深厚，全国历史文化名县，产业结构不合理，非农产业比重低，县城海拔高度 900 米以上，空港物流半径较大"等县情调研后，克服当地高寒地区供热成本高、地区地缘劣势等不利因素，成立雅派朗迪（蔚县）科技发展有限公司〔以下简称朗迪（蔚县）公司〕，助力扶贫攻坚事业。

顺势而为，赋能高质量发展

发展是硬道理，高质量发展是硬道理中的硬道理。朗迪人深谙其理，坚信传统服装产业的劳动密集型向新兴的"劳动密集型＋资本科技密集型"转变，才是朗迪高质量发展的路径。因此，朗迪（蔚县）公司建设伊始，就上了两条自动化生产线，把企业的先进技术、成熟的管理经验和完善的产品管理系统直接复制到朗迪（蔚县）公司。把生产车间高定吊挂设备嵌入 MES 系统（即制造企业生产过程执行系统，是一套面向制造企业车间执行层的生产信息化管理系统），形成"高级个性化服装柔性设计与智能管理集成系统"，它是高级个性化服装定制与生产融合的系统，是工业化和信息化深度融合的表现。真正实现了一人一版的样板制作和一对一服装设计的高端个性化服务。公司有自己的阿里云系统，截至目前已存储 400 余万客户专属信息，每个客户都是唯一的 ID，再次订制时随着身材的变化在基础信息上作出调整就可以随时制作出合体的专属定制服装。通过数据积累建立云端大数据库，为用户更好服务提供后台保障。

裁剪设有日本高岛自动裁剪系统和日本高岛精密自动裁剪床，它以高精度、高产量和高质量为显著特点，误差仅为 1 毫米，大大提高了生产效率和产品品质。工业化流水线设有运用视觉导航技术的智能化物料输送机器人。运行高效稳定，能完成高强度、高频次的工作，同时做到零延滞。

这样的建设设计理念为助力蔚县产业升级、产业结构优化奠定了产业

基础。

乘势而上，志在长远

朗迪（蔚县）公司成立于2019年4月19日，坐落于蔚县经济开发区，占地面积20亩，建筑面积18784平方米，总投资5000余万元，主要生产西服、大衣、夹克、休闲服及各类制式服装和工作服，安置就业500人。

2019年6月28日，蔚县劳务进京人员在雅派朗迪开始培训学习，走向了脱贫之路，首批人员42人，其中，建档立卡户约占20%。使建档立卡户当月实现脱贫，创造了密蔚合作的新速度，新高度。2019年9月，朗迪（蔚县）公司开始建设。2020年初，因

雅派朗迪（蔚县）科技发展有限公司效果图

新冠疫情影响，建设工程全部停工。疫情防控形势稍有好转，便继续开工建设，年底车间厂房封顶。2021年3月招收当地70人进行培训然后进入生产，虽然受疫情影响，产能未达到预期，但仍初见成效，实属来之不易。

朗迪（蔚县）公司志在长远，计划信息化二期投建智能立体面料库和成品库。面料库主要是利用机械臂智能抓取面料，提升仓储空间利用率，提高作业效率，降低运营成本。成本库采用智能分拣设备和系统，能够实现智能高效分选、高准确度、高稳定性的特性与功能。

雅派朗迪20余年如一日，一直是设计、研发、市场开拓和维护及生产制作的闭环模式，有着多元化的市场渠道和坚实的市场基础。同时，在

疫情初期，又临危受命转产防护服的光荣使命。从规划场地到投产，仅用 36 个小时，雅派朗迪就生产出了首批合格医用防护服。三天后达到了日产量 2000 件的产能。在圆满完成生产任务的同时，还向温暖基金会、内蒙古、新疆、蔚县等地捐赠了千余件防护服。投资 600 万元建设了 800 多平方米的十万级净化生产车间以及万级实验室，成为国家防疫物资储备的坚实后备军。在经济多元化的今天，公司一直以各种形式履行着社会责任。

朗迪公司董事长韩沈军获得的荣誉证书

　　朗迪人将工匠精神融入制衣全过程，致力于打造"个性化、差异化、国际化、数字化、智能化"的工业 4.0 特色的服装定制供应商平台。公司全部投产后，年产能在 80 万件（套），工业总产值上亿元。北京公司和蔚县公司形成京津冀一体化的战略格局。该项目能够更好地巩固蔚县扶贫成果，推动乡村振兴，促进京津冀一体化协同发展，正是"行而不辍，未来可期"。

联结机制 打造特色产业

  2018 年，密云区在帮扶蔚县脱贫攻坚战中，充分利用好扶贫资金和蔚县当地资源优势，打造有机绿色农业产业化新型产业，走上以绿色产业兴县、强县之路，年均减贫 2 万多人。2020 年，253 个贫困村全部脱贫，全县人均收入 7892.39 元，蔚县摘下了贫困县的帽子。引进密云区高岭镇红薯新品种"西瓜红"，200 亩试验田喜获丰收。北京油鸡养殖在蔚县落地生根。石荒草莓及大棚蔬菜等农产品通过多形式、多渠道的消费扶贫活动，进京销售达 7685 万元，成功带动 15836 名贫困人口稳定增收。

  石荒村草莓 蔚县宋家庄镇石荒村位于县城东南方向 5 千米翠屏山下。属于小盆地气候。石荒村是有名的石头村，因地里多是石头，一直以来，石多土少，粮食产量低。全村耕地面积 3765 亩，主要种植小米、黍子、大葱等农作物。全村有 286 户，人口 947 人，建档立卡 171 户 418 人。2019 年人均纯收入 5260 元。

  石荒村虽然石头多，但土壤肥沃、疏松，将地块深翻，去除石头，刚好满足大棚草莓种植的条件。与同纬度的北京相比，春夏季来得较晚，而且空气湿度低，昼夜温差大，这种气候产出的草莓，不仅糖分高、品质好，还能和北京本地的草莓错峰上市，卖上好价钱。然而，舍弃祖祖辈辈种惯了的玉米、谷子，去栽种草莓，不少村民心存疑虑。

  2019 年，流转了本村 43 户农户的耕地，使用 309 万元东西部协作扶贫资金建成暖棚 20 座（每座 1 亩）。眼看着一排排大棚建成，却没有村民敢租。为了让村民吃上"定心丸"，经过密云区扶贫干部协调，引进了北京南山农业生态园有限公司与蔚县宋家庄镇政府、蔚县石荒合胜蔬菜种植合作社合作，建设"企业＋基地＋合作社＋贫困户"的东西部扶贫协作产业模式，由南山农业提供优质草莓种苗，提供免费技术指导，保证收购销售；合作社组织当地群众，联合发展草莓种植产业。听

石荒村草莓大棚

到种出来的草莓不愁卖，承包大棚的村民渐渐多了起来。

2019 年产量约 8 万斤，产值达 120 余万元，并带动周边 80 余名村民每年 9 月至次年 5 月在棚内务工，最少时在草莓棚里打工的村民也有 20 多人。60 多岁的大棚"技术员"邢为民是园区开园的第一批工人，通过在园区打工，邢为民一天可挣 60 元，忙时一天可挣到七八十元，一个月平均下来能挣到 2000 多元。

2020 年，石荒草莓产业园区继续提档升级，又利用 1600 万元东西部扶贫协作项目资金，建设高标准钢架结构暖棚 39 座（每座 2 亩）。新建大棚采用物联网智慧农业系统，温度、湿度自动控制，土壤墒情、土壤氮磷钾自动监测，采用滴灌技术。这前后合计 59 个大棚由合作社统一管理，当地贫困人口可承包大棚进行订单种植，以年 2.5 万元租给农民。

63 岁的王润是宋家庄镇石荒村的贫困户，2019 年他承包了一座大棚，通过种植草莓，一年下来纯收入 2 万余元。一年种植草莓的收益比种玉米多出十几倍，实现了脱贫的梦想。2020 年，尝到了甜头的王润又承包了三个大棚，王润和家人一起在大棚里种植着致富的希望。

目前，所有大棚已全部种上了"红颜 99"草莓。每年 8 月定植，次年 6 月前可以采摘 4 茬，单棚毛收入 14 万元，纯利润可达 5 万元左右。同时，产业园与北京林森果蔬种植有限公司合作引进国外优质种苗和先进培育技

术，以高山、泉水、生态为特色品牌符号，推出更高品质的有机草莓，逐步在环京津高端水果市场占有一席之地。以打造冬奥会农产品供应基地为方向，将产业园区发展成集育苗、种植、包装、冷藏、运输为一体的草莓产业综合体。

石荒村在南山农业公司指导下，在种植草莓的空闲期（每年6月至8月）种植一季蔬菜，大幅提高了大棚产业收入，稳定的产业收益起到了非常好的直接和间接增收效果。在密云区扶贫干部的帮扶下，实施完成了"政府引导、村企合作，统筹分配、全域覆盖"的利益联结模式，打破村与村的界限进行统筹分配，达到资源互补、收益共享。石荒村村民获得土地租金、务工薪金、种植收益金和公益岗补贴等，实现了52户贫困户增收脱贫，全镇13个贫困村472人可以获得困难生活补贴和公益岗补贴。

石荒村大棚草莓成了石荒人的"摇钱树"，成为当地颇有名气的品牌。从一个靠天吃饭的传统农业村，发展成了远近闻名的产业示范村。

中小堡村蔬菜大棚　位于暖泉镇中小堡村西，总投资620万元，其中，东西部扶贫协作资金550万元，自筹资金70万元，建设40座日光温室大棚及相关附属设施，园区占地面积158亩。中小堡村采取"公司＋农村合作社＋农户"的合作模式，积极开展劳动合作、技术合作、营销合作，产品统一收购、销售。日光温室大棚年种植蔬菜两茬，秋茬种植麻辣椒、西红柿，春茬种植萝卜、黄瓜、冬瓜、豆角。大棚单棚净收入可达3.2万~4.8万元。通过利益联结机制、帮助就业等，共帮扶脱贫户70户86人受益，通过就业带动30人。

养殖脱贫　为了寻找一条适合蔚县当地产业发展之路，达到精准扶贫目的，密云区挂职干部积极联系北京畜牧兽医学会、北京百年栗园生态农业有限公司、北京诚凯成柴鸡养殖专业合作社负责人，在他们的积极参与和支持下，促成了蔚县北京油鸡的产业发展。2020年存栏蛋鸡3万羽，受益建档立卡人口107人，就业2人；北京畜牧兽医学会、北京密云区诚凯成柴鸡养殖专业合作社向蔚县共计捐赠北京油鸡雏鸡22000只，分别分发给蔚县北水泉镇醋柳沟村、涌泉庄乡苑家庄村、黄梅乡小枣碾村、杨庄窠乡白草窑村、宋家庄镇岔道村等乡镇的贫困村，让致富带头人饲养，受益贫困人口80余人。北京油鸡在蔚县的产业发展，以培育农村致富带头人为目的，既授人以鱼又授人以渔，让北京油鸡养殖在蔚县从无到有并不断壮

捐赠雏鸡现场

大，辐射带动更多人参与其中，形成优良产业，助力蔚县脱贫攻坚。

村村对接，助力脱贫 2018年密云区高岭镇石匣村与宋家庄镇郑家庄村签订帮扶协议，提供对口帮扶资金5万元。资金重点用于郑家庄村甘薯产业种植项目建设，改善基础设施条件。"西瓜红"因为颜色鲜艳好看、形状规整、肉色红润、口感软糯、甜度适中，是特别受高端超市青睐的健康食品。2019年宋家庄镇引进"西瓜红"甘薯，200亩试验田喜获丰收。密云区挂职干部利用自己的人脉关系，帮助宋家庄镇西柳林南堡村销售新种植的红薯价值10万元，解决了销售问题。

密云区高岭镇党委书记、镇长分别带队，5次前往蔚县宋家庄镇，为宋家庄镇提供资金、甘薯种植技术和物资等，合计80余万元，助力受援地区打赢脱贫攻坚战。

文旅双促进 脱贫奔小康

蔚县东临北京、南接保定、西倚大同、北枕张家口，交通区位优势明显，有350多座古堡保存基本完好，具有明显旅游资源优势，适合引入高品质的民宿建设和运营。在密云区的帮扶下，蔚县打造以"项目建设、文旅融合、乡村旅游"为主的扶贫新路子，致力于发展具有蔚县自身特色的品牌，培育旅游新业态。

昔古回院　位于被誉为"河北民俗文化第一村"的西古堡村，建于明嘉靖年间（1522—1566年），古堡内基本保留了明清时期的历史风貌，是全国文物保护单位。西古堡集"古民宅、古寺院、古城堡、古戏楼"四大文化奇观为一体。密云区挂职干部和蔚县暖泉镇政府设计以"一院落有一品"为主题，深挖"一砖一瓦有一史"的古堡文化，依靠旅游业打造古堡高端精品民宿。利用北京投入扶贫资金330万元，对明清建筑的董家九连环院（昔古回院）进行改建和修缮，外观保留了原有风貌，内部设施则注重方便舒适。民宿初期设7间客房，设有茶室及艺术展廊。民宿营收利润部分返还西古堡村，用于支付公益岗位工资、发放困难

昔古回院院内

补贴，让贫困户享受旅游发展的红利，带动200名贫困人口实现增收。

共享农庄FA公社　涌泉庄乡西窑头村原有110户285人，村里的男

人在农闲时外出打工，女人留在家里，村里没有学校，一般都把孩子放在县城读书。常住村子里的只剩下 100 多人，这里成了典型的"空心村"。虽然离县城只有 2 千米，但却是个"被遗忘的角落"。

2019 年，密云区挂职蔚县常委、副县长王晓勇通过和蔚县政府多次沟通、研究，谋划了共享农庄项目。该项目利用东西部协作资金 1500 万元，在西窑头村旧址打造共享农庄，列为东西部协作扶贫重点工程。该项目由密云区政府负责对资金的使用及建设过程中的工程进度和工程质量全程监督实施。西窑头村集体收回民房旧址，以土地使用权评估作为资产入股，获得项目经营收益权，村民每年拿固定分红。企业将闲置住房根据需求改造为市民田园生活、度假养生等多种民宿形式，再通过

共享农庄远景

互联网对外出租，将城里人吸引到乡下去，带动当地就业和农旅产业发展，为农民增加资产性收入。此种模式实现了空心村的转变，农民变股民，农房变客房，农贸变提货，农耕变文化，消费变投资。同时实现农庄经营权、所有权、收益权的三权分立，实施消费扶贫，调动贫困人口依靠自身努力实现脱贫致富的积极性，促进贫困人口稳定增收和贫困地区产业持续发展。

西窑头村改造项目由国内十余名设计师提供设计图纸，打造 16 套立意新颖、设计独特、风格迥异精品民宿。总占地面积 1 万平方米，建筑面积 2400 多平方米（含配套附属设施、停车场和新能源汽车充电桩）。在住宿区南部利用自然地势修建人工湖，为游客提供水上休闲及娱乐活动。并建有供国家级非物质文化遗产打树花的表演场地。在住宿区北部巧妙地利用田间路，开展游客自驾电瓶车旅游活动项目。改造项目完工后，租赁

给太德励拓互联网科技股份有限公司运营。西窑头村村民配套推出名为"那年的派饭"具有当地特色的农家饭，项目解决了西窑头村 20 人就业，项目收益可满足全乡 275 个贫困户公益岗位，带动 459 户贫困人口脱贫，年人均增收 3600 元。

土生土长的村民任桂芳如今也成了西窑头村 FA 公社的员工，专门负责保洁工作。每个月 1500 元的基本工资让她看到了生活新的希望，"原先这里是我的家，没想到现在还能在我的家里上班工作"。

共享农庄新型的运营模式，使村民实现了观念的转变，提升了村民的幸福指数。产业的发展推动了村庄生态空间发展，助力城乡融合文旅发展模式的探索，密云区政府积极推动"文化＋旅游＋农业"相结合模式，带动当地就业和农旅产业发展，成为巩固脱贫攻坚成果，逐步走向富足的新模式。

南山小院 距离蔚县城 10 千米左右，坐落在蔚县翠屏山下的郑家庄。南山小院精品民宿利用北京市及密云提供的 120 万元扶贫资金，打造 10 个不同风格、各具特色的庭院。南山小院总建筑面积 2600 多平方米，客房 12 间。整个小院以乡村风貌为主旋律，延续北方的粗犷、硬朗和力量感，构建了大开大合的空间形式。楼栋很大，但是客房并不很多，独特的留白设计，让每一位入住者都拥有了绝对宽阔的公共区域；顶层超宽阔露台还可观看日出日落、眺望远山美景；夜幕降临，可以仰望星空。书吧、茶厅环绕着浓郁艺术气息，每一个空间、房间都摆放着精致的乌木作品（小院云集全国乌木藏品之最），将艺术融入每一寸角落。实现集生活趣味、互动体验和精神滋养为一体的度假新模式，带领村民共同发展致富。

京蔚扶贫路

蔚县太辛线至晋冀交界段，属燕云古道。改革开放后，20世纪八九十年代，经济飞速发展。蔚县为全国100个产煤大县之一，煤炭为蔚县创造税收的同时，也造成了道路的损毁，给安全行车留下了隐患。

该路段因历史及交通流量原因，道路为土路床，未进行路面结构的硬化。几十年来，人行车往、缺乏维修养护，造成损毁严重、坑洼不平。晴天车过尘土飞扬，雨雪天湿滑泥泞，人、车难行，严重影响了周边的群众生产和生活。当地群众称这是条"断头路"，阻碍了地方发展和脱贫进程。当地政府和群众对改善此路段现状的呼声不断。密云、蔚县两地自2018年初建立结对关系以来，该路段改建工程列入对口帮扶项目之一。

密云区援蔚扶贫干部，将打通该路段作为一件为民办实事的良心工程来抓，高度重视、精心部署、紧抓落实，使得该工程得以顺利施工。

改建工程于2019年4月11日正式开工，起点位于暖泉镇中小堡村西，终点位于山西省道S303交界处，河北省路线全长2.33千米。路基挖填土（石）方16958立方米，三级公路标准。项目投资为520万元，其中，北京市密云区帮扶资金120万元，河北省配套资金300万元，河北省交通厅项目补贴资金约100万元。

经过近2个月的紧张施工，摊铺沥青混凝土路面17111.39平方米；浆砌片石护坡410.02立方米；浆砌挡土墙216立方米；混凝土过水路面80米；为延长道路使用寿命、保证排水顺畅及行人的安全，边沟（排水沟）采用浆砌片石上盖混凝土板，两侧浆砌边沟720米；设立安全提示、道路指引等标识标牌12块。

2019 年 5 月底，通过相关部门验收，质量达到了优良。一条路宽 7 米，双向混行车道（2×3.25 米），符合国家平原三级路标准的沥青混凝土公路竣工并正式通车。且为行车道提供必要的侧向安全余宽及行车道路面结构的横向支撑作用，防止路基塌陷，此路段对路肩进行了硬化。

道路通车后，解决了 5 个村 2798 名群众的出行困难问题，并打通了暖泉镇与山西广灵县的断头路。起到了吸引山西境内游客，拓宽旅游市场，增加客流量，使山西古堡文化与蔚县暖泉古堡文化相融合的作用。

蔚县太辛线暖泉——晋冀交界段

援蔚干部、副县长王晓勇十分关注该路的工程进度和质量，同时利用公路修通后交通便利的契机，依托暖泉镇当地资源优势，围绕"民俗、康养、生态、旅游"做文章，打造古堡文化旅游和农业产业化新型产业。

为打赢扶贫攻坚战，改善群众出行条件，美化乡村建设，在东西部扶贫协作的资金支持下，2019 年蔚县完成了 64 个贫困村主街道硬化 47.8 万平方米，农村公路 280 千米。对县、乡村道路安全防护工程隐患进行处理和修缮，处理里程 300 多千米，从而进一步推动蔚县古堡文化的旅游业发展，为蔚县贫困户脱贫致富奔小康奠定了坚实的基础。

万水千山总是情

从 2018 年 10 月至 2019 年 3 月，北京市宝城客运有限责任公司（以下简称宝城公司）捐赠的 100 辆燃油客车，跋千山涉万水，纷至青海玉树、内蒙古库伦旗、巴林右旗、河北蔚县和湖北竹溪，满载着宝城人的情谊，驰骋在各自的道路上。

宝城公司是密云区公交民营客运企业，现有公交客运场站 15 座；公交运营线路 78 条，其中，跨区域运营 3 条线路，城区运营 14 条线路，山区运营 13 条线路，"村村通"公交 48 条线路；拥有公交运营车 558 辆，全部为纯电动公交车，企业职工 700 余人，运营线路总长 2753.6 千米，年均客运量 4000 万人次，总资产 2 亿余元。承担着密云区域内 90% 以上的公交客运任务。公司始终秉承"以最大限度满足乘客出行需求为宗旨、以不断提高服务质量为己任"的发展宗旨，着力打造"密云公交"服务品牌。不仅如此，还在扶贫协作上作出了宝城的宝贵贡献。

2016—2020 年，宝城公司分批购入 558 辆新能源纯电动客车，将原有燃油公交车全部替代更新，于北京郊区率先实现新能源公交车线路全覆盖。在替换更新下来的燃油车辆中，大多是公司 2014 年和 2015 年新购入的宇通或福田牌国五标准的燃油客车，其使用性能和车况都非常好、车辆也较新，使用都在 2～3 年，尚有很高的使用价值，经专业部门检测评估每辆车价均 30 万元。经过宝城公司领导协商，为了发挥这些车辆的有效价值，更为了支持北京扶贫协作工作，决定通过密云区政府将此次更新下来的价值 3000 万元的 100 辆燃油客车无偿捐献给密云对口帮扶的青海玉树，内蒙古库伦旗、巴林右旗，河北蔚县和湖北竹溪等地。

宝城公司特别成立了"捐车"领导小组，负责与区交通局沟通接洽并处理捐赠车辆的相关事宜。"捐车"领导小组成立后，立刻要求宝城公司内部维护科紧急抽调人手加班加点，将所有捐赠车辆整理造册并逐一进行清理维护，车辆整修费共150.1万元，清理后的车辆焕然一新，发动机经过细心的清理，未遗留些许的污泥，玻璃、地板、外观干净整洁，各种内部设施配置齐全，所需添加、机油、防冻液等全部添加，几乎和车辆出厂原貌无二；安保科将所有指定捐赠的车辆保险

密云区捐车仪式

计145.8万元全部缴齐，并到北京车管所进行车辆检测和过户；交付燃料费5.2万元，将所有油箱加满。前后所有产生费用301.1万元，全部由宝城公司承担。宝城公司党委书记娄宝山动情地说："面对如此大的付出，公司领导层没有二话，亲戚走动还得帮衬呢。"经过区交通局和公司领导验收合格后，统一停放在指定停车场等待受捐单位提车。

2018年10月，密云正值深秋，此时已是玉树的寒冬，16辆宇通客车，在奔往2500千米外的青海玉树，经受住了高寒地区的考验，安然到达。

之后，15辆宇通客车奔赴荞麦之乡库伦旗。

28辆（20辆宇通、8辆福田）在密云剧院广场举办了隆重的接车仪式后，开进剪纸之乡河北蔚县。令人欣喜的是，2021年6月11日，北京密云区捐赠蔚县的公交车正式投入运营，分别投放至蔚县县城－下宫村（812路）共设8站，运行里程18千米；县城－桃花（826路）沿途共设38站，运行里程为57千米；县城－西合营（866路）沿途设22站，运营里程为

33 千米。捐赠公交车辆的运营结束了蔚县乡镇不通大型公交的历史。

2018 年底，巴林右旗运达汽车租赁有限公司在当地政府领导的带领下将受捐的 25 辆宇通客车接走。

最后的 16 辆（12 辆宇通、4 辆福田），在 2019 年 3 月抵达山青水秀的竹溪。

密云区捐给蔚县的公交车辆

宝城公司所捐赠的 100 辆公交车，北京电视台以每辆车 29.5 万元的评估价进行了报道，总价值约 3000 万元。万水千山总是情，承载着宝城全体职工和密云区 43 万人民群众的满满关心和爱意，让结对帮扶地区的人民生活更加幸福美满是宝城人的祝福。

帮扶蔚县教育硬件建设

由于经济发展的不平衡，河北省张家口市蔚县的教育事业发展，与北京市密云区的教育相比滞后。我们理应相帮，共同分享教育改革发展成果。

2018年密云区与蔚县开始结对帮扶，三年来利用扶贫资金实施了南杨庄乡牛大人庄小学（2019年更名为密蔚小学）教学楼、桃花镇中心小学教学楼、白乐镇中心幼儿园教学楼、蔚县职教中心技能培训实训楼等教育协作项目4个。北京市密云区累计帮扶资金2153万元，使1100多名农村学生和建档立卡贫困学生受益。

密蔚小学 牛大人庄小学，即密蔚小学，利用帮扶项目新建二层教学楼一栋，总占地面积5762.5平方米，建筑面积1290.02平方米，投资250万元，后期配套工程及器材设备等费用，合计总投资450万元。新建成的密蔚小学教学楼设置8间教室，已经容纳一至六年级121名小学生，幼儿园大、中班44名幼儿，其中包括在校贫困生36名。

捐建的密蔚小学教学楼

密蔚小学建成后，主要惠及宜兴社区、牛大人庄及周边村庄适龄儿童入学，深受当地家长们的欢迎。一个幼儿跑进楼内见到平坦明亮的地面，立刻躺下打滚欢叫起来。建校之前，周边几个村的学生要去10里路远的学校上学，存在交通隐患，家长们很担心孩子们的安全。家长接送孩子上下学影响工作和正常生活。几家拼车接送孩子上下学，每月要花去300元车费，对贫困家庭是个负担。

2019年密蔚小学教学楼建成，于当年秋季开学正式使用，彻底解决了安置区及该地区没有小学校，须到外地借读的困境。

桃花镇中心小学　桃花镇中心校始建于1949年，最初为各村联办学校。2008年朱家湾乡中心校撤并归属桃花镇中心校以后，该校辐射38个行政村。

2018年利用帮扶协作项目资金840万元，其中密云帮扶630万元建起一栋3000多平方米的教学楼，现容纳一所完小18个教学班，在校学生698名；还容纳一所中心幼儿园，村级学前点5个。

教学楼的建成，彻底告别了冬季取暖用煤时烟熏火燎、炉灰飞扬的场景，如今到了冬季取暖期各教室早已经通暖气，既环保又安全。

崭新的教学楼拔地而起，师生们兴高采烈地搬进新教室上课，每个人心里都乐开了花；家长们送孩子到学校时特意看看新建的教学楼，喜出望外，啧啧惊叹农村的孩子也能像城里的孩子一样坐在高楼里上课了。宽敞明亮的教室，崭新的桌椅，孩子们满脸幸福地欢呼蹦跳起来。

白乐镇中心幼儿园　蔚县白乐镇中心幼儿园是京冀对口帮扶项目，由密云区援建。该项目在蔚县白乐镇二村（贫困村），建筑主体为三层教学楼一栋，建筑面积为3402.4平方米，连同后续的附属配套工程措施齐全，其中京冀对口帮扶资金投入750万元。覆盖白乐镇14个村庄，现有4个学龄前班225名幼儿，可惠及白乐镇1074名学前幼儿，其中101名建档立卡贫困户幼儿就近入园。

新建成的白乐镇中心幼儿园，布局合理，环境整洁优美，设有多媒体教室和其他专用活动室。幼儿园开设健康、语言、社会、科学、艺术等5

门课程，以孩子的健康发展为主题，以开展游戏为基本活动框架，促进幼儿素质全面健康发展。

幼儿园午休的孩子们

园幼儿就餐，是幼儿一日生活中的重要环节，这关系到每个幼儿的营养与健康。园中的食堂按要求开设两点一餐制，清洁卫生，幼儿们吃得好、吃得安全，家长们认可、放心。

职教中心实训楼 2019年10月，密云区帮扶蔚县职教中心建起实训楼。实训楼工程总投资890万元，其中，专项资金590万元，密云区投入300万元。实训楼占地32452平方米，总建筑面积4855.13平方米。实训楼设有5个实训功能区，可容纳800余人进行实用技能培训和400名学生同时进行试验操作训练。

实训楼的建成，补齐了蔚县职业教育硬件不足的短板，极大地提升了蔚县职业教育的整体水平，在推进职业教育高质量发展方面迈出了新的步伐。

密云区教委向蔚县教育部门捐赠价值150万元的教学设备和价值90万元的千兆网络交换机，实施了密蔚两地云平台教育数据库共享工程，有效提高了现代化教育技术装备水平。

一栋栋新建的教学楼温暖了那么多幼儿、学生和家长的心，彰显了扶贫温度。期待未来的日子中有更多暖意能够充盈蔚县中小学校园。

支教蔚县 天地人和

开展教育帮扶，这是斩断代际穷根的一项根本措施。教育帮扶不是一句空洞的口号，不是单单地花掉多少真金白银，而是更需要"智"和"志"的帮扶，即需要脚踏实地的奉献精神，让帮扶有温度、有深度、有高度。

中心校结对帮扶

密蔚两区县教育结对以来，组织蔚县桃花镇中心校与密云区太师屯镇中心小学联合成立"密蔚名师工作室"，13 名蔚县基层教师与密云区骨干教师"师徒结对"，定期开展集体研修、教学研讨、讲座评课、学生交流等活动，为蔚县培养一支"永不离开的高素质的教师队伍"。

密云区太师屯小学蔡瑞山校长一行，赴蔚县桃花镇中心校开展教研活动达 10 次之多，给桃花镇中心小学带去了活力。太师屯小学王申华老师、李宏亮老师先后于 2019 年 9 月、11 月去桃花镇中心校支教，分别为中心校数学、语文学科开展讲座、课程示范、教学活动指导等。两学科带头人为期一个月的支教指导，深受当地教师的欢迎，他们听了示范课大开眼界，被深深吸引。

太师屯小学李宏亮老师支教期间，资助了一名孤儿、女学生朱智华，他的资助使朱智华的心灵不再孤独，倍感世间的温暖，如今她已经升入初中就读。

密云区电教馆的王东方老师一行 21 人，去桃花镇中心小学送教送课；密云二小郭成刚老师一干就是 13 个月，与当地师生相处的一年多里，带

头开展了"读书共享活动",给当地师生留下了深深的记忆。

密云二小曾进主任和密云朝阳实验小学陈洁老师2019年9月去桃花镇中心校支教一个月,对该校语文学科进行现场诊断,并对症帮扶桃花小学教师改进教学方法。

名师工作室特邀北京市小学语文学会副理事长康静涵教授、北京市育英

密蔚名师工作室

学校密云分校李志欣校长为蔚县教师进行专题讲座,联合开展"密蔚携手,共筑高效课堂",有针对性地帮助青年教师快速进步成长。

通过名师指点、引导,桃花镇中心校的小学教师们不断吸取经验、学习新方法,不断调动孩子们的学习兴趣,将最大潜能充分挖掘出来,课上不再死气沉沉,师生互动充满生机和活力。桃花镇中心小学教师不再迷茫,教学有章可寻,学有榜样。"密蔚名师工作室"成了蔚县教育的一大亮点。

结对帮扶期间,蔚县向密云区教委选派了36名教师跟岗学习,全方位学习北京优质学校管理经验。仅仅两年的帮扶,蔚县多名教师先后获河北省省级师德标兵、张家口市市级骨干教师称号。密蔚两地"名师"教学交流活动辐射蔚县12所中小学校650多名教师。

新冠疫情期间,主要通过在线教学交流或上直播课培训等方式进行教学指导,做到"停岗不停课",通过网络教研和在线讲座的形式架起"空中培训班"。

精准支教

职业教育是提升贫困地区人口职业技能、扩大就业的有效途径。密云区职业学校与蔚县职教中心开展订单式协作帮扶，对蔚县81名建档立卡学生和相关专业教师从应聘技巧、中餐烹饪、面试和职场礼仪、就业指导、计算机应用技能等五个方面开展了职业素养和专业技能培训提升。

三年来，蔚县职教中心利用新建的实训楼，组织短期培训13期。培训农业种植、休闲旅游服务、物业管理、药品营销等专业人员2000余人。组织贫困家庭有劳动能力的人进行剪纸、烹饪、家政服务培训，以技能促脱贫，使贫困对象至少能掌握一门就业技能。蔚县职教中心学校通过密蔚两地协作帮扶和培训，有28名学生在北京知名大企业顺利就业，真正达到"培训一人，致富一户"的目标。

密云区职业教育对蔚县职教中心开展高质量的精准帮扶，帮助专业课教师更新观念，使其开拓视野，积累经验，提高了教育教学能力，促进了蔚县职教中心教学模式的改革创新，提升了办学质量。

职业教育协作帮扶，使学生们学到了实用知识，掌握了技能，改变了他们的命运。这种精准支教，是促使贫困地区尽快脱贫致富的好办法。

俯首勤耕

2018年秋季开学，密云水库中学英语教师季明友到蔚县桃花镇中学支教。

季老师来到桃花镇中学的第二天就上班了，忘记了头一日几百里路途的颠簸劳累，与桃花中学师生见面座谈了解师生的需求，及时制定出自己的教学方案，第三天就开始上课。课上教学，季老师细心观察学生的举动，注重调动每个学生的主观能动性，充分利用他带来的自制教具和学习资料，直观、耐心地辅导学生。

一周后，季老师以惊人的记忆力将桃花中学所有的 42 名教师和所教的教学班 34 名学生的名字熟记于心，就连哪个学生家住哪里以及家庭基本情况也有了大体了解。季老师这一亲近学生的举动和惊人的记忆力，让桃花中学师生、家长敬佩。经过短短一周的接触，学生们都喜欢季老师，课下他成了学生们的小伙伴，许多学生争着抢着把自己喜欢吃的零食给他吃，那个场面的瞬间一刻，季老师感觉自己是天下最幸福的人。

　　12 月的蔚县大地滴水成冰，白天最高气温在零下 6 度左右，他坚持和桃花中学老师一样每天早晨 5:50 起床，给学生们早上辅导功课。原本学校没有安排季老师辅导学生晚自习，但是，常常有学生不断向他请教问题，从初一到初三年级，几乎每晚都有几名学生得到季老师的细心辅导。

　　季明友老师在桃花中学给英语老师们多次上示范课，并带领英语教研组共同集体备课、说课，每周开展一次教研活动。让人记忆深刻的是：桃花中学以英语学科为龙头，举行了全蔚县的学科改革及集体备课成果展示活动。季老师全程跟踪录像、拍照，给蔚县教育局和桃花中学留下了宝贵的影像资料，并特意为全体

季明友老师和大家一起研讨教学

参会人员作了英语教学的专题报告。

　　季明友老师接收了一个年轻的徒弟，每周和她一起备课，研讨教学事宜，充分发挥了英语学科带头人的引领作用。

　　季老师去蔚县支教时其母 80 多岁，儿子正处在高三年级备考之时，妻子在某中学任初三毕业班班主任。儿子和妻子都处在"临战"关键期，而季老师义无反顾，毅然决定去蔚县支教，在那里播洒阳光播洒爱，俯首

勤耕，令蔚县桃花镇中学师生们由衷敬佩。

烛照人心

孙燕霞老师是北京市育英学校密云分校（现密云区七中）英语教师，于2019年9月主动要求到蔚县桃花镇初级中学接续支教。孙老师用较短的时间克服了生活上种种的不适应，很快进入了支教的角色。

支教初，她发现班级学生整体的英语基础较差，他们学习英语的方法就靠死记硬背，绝大多数学生对于学习英语根本不感兴趣。孙老师从提升学生学习兴趣入手，首先教会学生音标，让学生利用音标读写记忆单词，效率大大提高。在教学中突出"听"和"说"训练，并利用小组合作模式训练学生，使学生们提高学习兴趣，学习成绩明显提升。

在支教实践中，孙老师认为教育扶贫对于学生而言，"志"和"智"的提升是重中之重。为此，课堂上她认真观察每个学生的精神状态，想方设法开拓学生们的视野。讲课时，她不断引入新鲜的话题，展现出丰富多彩的知识，运用自己多年的教学经验，带领学生进入广阔的世界空间，引导学生们树立远大的志向。

在课下，孙老师成了学生们的知心朋友，和孩子们交流生活细节，畅谈理想，在潜移默化中培养学生的心性、心智。在交流中，从书本知识引向课外阅读，再引导至英语诗歌朗诵，让学生们体会到生活圈子可以不断扩充、延伸。她殷切地嘱咐学生们：心有鸿鹄大志，才能展翅高飞。

2020年寒假过后，因新冠疫情不能返回桃花中学支教。"停课不停学"，于是孙老师开始了网络教学，帮助学生们"线上"学习，带领英语教研组团队开启了"云"教研、"云"交流。孙老师引导学生和家长形成了在线小组互助学习模式，成功督促并约束了学生们的日常学习和生活，取得了令人满意的成绩。

在生活方面，孙燕霞老师遇到的困难更为突出。支教学校全是平房，冬天取暖是土暖气，因室内温度低，牙膏冻得也挤不出来。学校的公厕都是旱厕，离宿舍又远，冬夜去厕所需要很大的勇气。

最困难的事是，她不会开车，每次放假回家和返校都是其爱人接送。后来找到一个当地跑北京的面的司机，清早4点半上车，将近3个小时到达昌平下车，而后再等其爱人来接。返校时仍然按这条线路——其爱人送、等面的司机接。再后来，孙老师就去桃花中学所在村租了一辆电动三轮车，先到10多里以外的桃花镇汽车站坐大巴车到进京的第一个服务区，再等自家先生开来的车。

在桃花中学支教的一年里，孙燕霞老师一直把关心和爱护学生作为己任。她得知两名品学兼优的女生，因家境贫困而影响了她们的学习进程，便主动资助她们。这一贤善之举，让两名学生及家长深受感动，并在桃花中学师生中引起强烈反响。

孙燕霞（中）和她资助的两名学生

一年来，孙燕霞老师在学生心目中就是亲人，在该校老师视野里是春天桃花园中一朵灿烂的桃花，是正在燃烧的烛照人心的蜡烛……

中医点对点 帮扶见实效

按照密云区卫健委统一部署，密云区中医院帮扶蔚县中医院。中医对中医，没有比这样的帮扶更加"对口"的了。

蔚县中医院是一所以突出中医特色为主的综合性县级全民所有制医疗单位。对口帮扶前，蔚县中医院正在为创建二甲医院做准备，但其条件简陋，医疗设备和专业人才十分缺乏，许多硬件软件都不达标。比如：二个医生共用一台电脑；透析科室没有医生等[1]。

找到"症结"开"处方"

密云区中医院根据实际情况，立即着手制定切实可行的帮扶方案。

第一，捐赠医疗器械设备，解决硬件设备不足问题。为对方医院捐赠急需的红外热像诊断仪 1 台、彩超 1 台、办公用电脑 40 台等设备。

第二，拓展诊疗技术，为其确定了中医院必须姓"中"的发展方向，运用中医药"简便验廉"的优势，服务当地百姓，解决实际问题。

第三，派驻医疗专家，到对方医院开展诊疗与"帮教"；接收对方医护人员来密云学习，进行人才带教支持。

第四，帮其进行医院规范化管理，提高医院整体管理水平，确保医院规范运行。

---

[1]：除文中的医务人员，密云区中医院支援蔚县中医院医务人员有韩春咏、陈爱东、宋丽俐、李莹、席占东、张立伟、王晓娟、杨凤兰、王凤忠、李浩林、王建宇、孙田池、杨晨、吴丹、尹雪英、席志媛、袁禄宏、张博、王佳佳、赵冬梅、王杰。

支援到位无保留

病历支援　蔚县中医院对病历书写的需求很强烈，根据需求，密云区中医院将全套病历模板、知情同意书、医嘱系统、优势病种的诊疗方案、科室的协定处方、典型病例的辨证分析等，以 PDF 格式拷贝给蔚县中医医院。

协定处方支援　蔚县中医院对密云区中医院开展的各种广受患者欢迎的穴位敷贴非常感兴趣，密云区中医院将不涉及保密协议的三伏贴、前列腺体贴、通便贴、安眠贴、消渴贴的组方及药物比例都无私地交予对方。

穴位敷贴制备支援　密云区中医院拥有 GPP（优良药房工作规范）认证的制剂室，但是蔚县中医院没有这样的硬件条件，根据蔚县的具体情况，密云区中医院制剂室将制备穴位敷贴的简易设备清单、制备工艺、流程，毫无保留地教给了蔚县的同仁们，并且在蔚县开展敷贴制备项目时，派人前往指导。

授派医生显身手

几年来，密云区中医院共选派 26 人（次）医务人员坐诊蔚县中医院，他们发挥自身特长，克服各种困难，全心全意帮扶，在医疗技术、优势病种、诊疗方案、临床路径、病案质控、科室管理等方面发挥了积极作用。

密云区中医院透析室主治医师杨晨，研究生学历，于 2019 年 8 月被选派到蔚县中医院，主要负责透析病人的日常管理和危急重症的抢救，以及医护人员规范化操作的提升。在临床中，杨晨经常为透析室医务人员讲解专业技术知识和科室管理方法，指导护理人员如何正确操作费森尤斯血滤机，改进血液污染物的处理方法及如何避免交叉感染，对透析患者血管通路的维护及并发症的处理等；组织医护人员练习患者出现紧急情况时的应对措施，比如过敏性休克的抢救、呼吸心跳骤停的应对、规范心肺复苏程序等。

蔚县中医院收治过两名老年危重患者。病

密云中医院主治医师杨晨在诊治研讨中

历1转入后，杨晨带领医护人员认真开展会诊，对患者病情进行了深入严谨的分析、判断，最终实施的治疗方案，使该病人能够像其他透析患者一样往返家中。病历2入院时反复出现肺部感染并伴大量胸腔积液。杨晨根据患者病情检查结果，为其制定了透析方案，使得患者心肾功能均得到了有效控制。

蔚县地域较大，人口居住较为分散，有的患者居住地离蔚县中医院较远，往返极不方便，但因病情需要每周透析2～3次。为此，杨晨和透析室医生及护士长为患者制定透析方案，在保证病情稳定的情况下尽量减少透析次数，为患者减轻了负担。透析病人绝大部分为贫困人口，如何为患者省钱并使其尽量在日常治疗过程中取得好的效果，一直是杨晨与当地医生共同努力的目标。好多人对慢性肾脏病认识不足，等到医院就诊时往往已经到了肾脏病的终末期。针对这种情况，杨晨与科室医生共同梳理当地人能够接受的慢性肾病的防治知识，进行积极宣传。

透析室是专业性很强的科室，对人员素质要求很高。为此，杨晨与科室医生及护士长对加强科室文化建设、提高疑难重症诊疗技术、扩展疾病病种、完善设备、人才培养、专人专职、团队建设等方面进行了一系列工作并取得很大成效。在援助的一年里，杨晨助力蔚县中医院透析室实现了管理和业务水平的双重提升，得到极大认可，被蔚县中医院授予"最佳帮扶优秀个人"光荣称号。

脑超声室主任赵冬梅帮助蔚县中医院建立了脑超室，开展了经颅多普勒超声、下肢血管超声方面的诊断技术与操作指导，同时带领科室开展了新技术经颅彩色多普勒超声，使蔚县中医院脑超声及其他血管超声顺利开展。

王杰医生在蔚县中医院脑病科工作，参与教学查房及科内日常业务工作指导、培训。

推拿科主任席占东靠着自己高超的按摩技术，带起了蔚县中医院按摩科。

帮扶工作结硕果

在对口帮扶工作期间，密云区中医院选派的医务人员在受援地积极主动开展各项工作，努力发挥"传帮带"作用。尤其是运用中医药"简便验廉"的优势，拓展中医护理操作项目，梳理皮内针、拔罐、刮痧、穴位贴敷、耳穴压丸等各种操作技术规范；开展针灸、推拿等中医适宜技术培训，使中医特色得到进一步凸显，老百姓对中医技术认可程度得到提升。与此同时，援助医生们在蔚县还深入基层、

密云中医院对口帮扶业务培训

深入贫困户，进行健康宣教，开展义诊活动，受到百姓们热烈欢迎。

密云区中医院接收蔚县中医院25人前来进修学习，导师带教，学习中医各项技术操作、院科两级各项制度及质控流程，参加查房、病例讨论、

会诊、参与科室督导检查及各种培训，使当地医务人员的业务水平得到不断提高。

协助蔚县中医院搭建远程所需的网络交流系统，教授科室人员制作网线和电脑系统重装、共享打印等基本操作技能，制定网络安全行为规范。通过培训和指导操作活动，减少医院故障发生率，有效提高了工作效率，为信息化建设的逐步推进奠定了基础。

密云中医院帮扶蔚县中医院建信息化管理系统

以业务促管理，以管理抓业务。密云区中医院因地制宜、有的放矢，不仅为蔚县中医院提供了技术、设备、人才的支持，还通过规范医务管理、科室建设、诊治流程等方面的帮扶，真正提高了蔚县中医院的整体管理水平，助力蔚县中医院完成二甲医院的创建，"两个效益"得到显著提升。2021年，密云区中医院被评为"北京市扶贫协作先进集体"。

吉家庄卫生院的吉祥使者

　　吉家庄，位于蔚县东北部，是蔚县一个普通乡镇，距离县城 35 千米。如果不是"对口帮扶"，密云区鼓楼社区卫生服务中心的领导和医务人员[1]，可能永远都不会知道这个地方，更不会与之发生任何联系。

制定方案　精准帮扶

　　2019 年 10 月 21 日，密云区鼓楼社区卫生服务中心党总支书记、主任戴君国，和区卫健委相关同志等一同前往蔚县，来到吉家庄中心卫生院定点帮扶。
　　吉家庄中心卫生院杨院长介绍了医院情况，就工作难点和存在困难等方面提出了帮扶需求。双方

双方医院领导签订对口支援协议书

经过商议，签订了对口支援协议书，明确了各自的责任和义务。

---

　　[1]：密云区鼓楼社区卫生服务中心赴蔚县吉家庄卫生院帮扶医务工作者有郑月军、徐博、白玉红、蔡瑞祥、崔洪生、冯虹霞、高斌、郭明明、侯金花、胡书利、李红、李丽丽、柳艳丽、李小侠、刘海凤、马瑞卿、金莲香、任志英、王晓芳、肖艳梅、许金奎、杨凤奎、杨正果、袁华、翟兰兰、张琴、张晓玲、赵静、郑美伶。

从蔚县回来后，戴君国深感肩上责任重大，能参与脱贫攻坚、对口支援工作，是上级组织对鼓楼社区卫生服务中心的信任，更是一种荣耀。戴君国立刻成立对口帮扶工作领导小组，亲自抓，总负责，针对实际情况研究制定了以"基本医疗有保障，卫生水平有提升"为目标的帮扶工作机制，形成帮扶方案。

给予设备支持，改善医疗条件 针对吉家庄中心卫生院医疗设备老化问题和临床服务需求，捐助心电图机、抢救床、三分类全自动血细胞分析仪、计算机等医疗设备，价值近 20 万元。

进行技术支持，提高诊疗水平 派出业务骨干，帮助开展门诊诊疗工作，以人对人、科对科的形式，协助吉家庄中心卫生院在诊疗能力、医院管理和医疗服务等方面得到提升。

开展带教帮扶，进行人才培养 接收吉家庄中心卫生院医护人员来密云进修学习，免费提供食宿，全部安排副主任以上级别医师带教、授课。定期安排理论知识讲座，规范 SOAP 病历书写，开展危急重症病例讨论和急诊急救实操训练，不断提升进修医师的临床诊疗和急诊急救能力。

迎难而上 党员先行

2019 年 11 月 18 日，作为第一批"援蔚"医疗人员，鼓楼社区卫生服务中心骨干医师、优秀共产党员郑月军同志主动报名，踏上了去往蔚县吉家庄的征程。

吉家庄地区生活条件艰苦，冬季平均气温比北京低 3 到 4 度。因为环保问题，吉家庄中心卫生院的燃煤锅炉已被拆除，新的供暖设施还未到位，夜里冷得盆水结冰。楼内没有厕所，楼里也没有上下水，用水要去院内水房里提。吉家庄中心卫生院的领导和同仁们非常热情，为郑月军送来了电暖气、电褥子。郑大夫十分乐观，尽管自己高血压、腰也不好，但这点困

难吓不倒他，因为来到这里，他代表的是密云、是北京。

郑月军被安排在第一诊室坐诊。听说来了北京专家，门诊室患者由平均每天十几例一下子上升到三十几例。郑月军接待了一个咳血患者，因当地没有 CT 等检查设备，病人从未做过任何检查。郑月军望闻问切，把脉诊治，开了四副中药。4 天后，患者来复查，说："真是神了，吃到一副半时就不咳血了，现在好多了。"

吉家庄中心卫生院专业医生匮乏，和郑月军坐对桌的小赵大夫 30 多岁，是从药房调入门诊的，没有诊疗经验，但是很好学，眼见着郑月军治好了咳血病人，十分敬佩。郑月军便手把手传授，教他如何摸脉象、看舌象，为什么这样用药等，毫无保留。

诊疗的同时，郑月军留心观察，发现卫生院许多地方不规范。如医疗垃圾不分类、医护人员不戴口罩、有的仪器不会使用、西药品种少、缺少专业医师……郑月军向院方建言献策，提出合理化建议，同时汇报给本单位领导，为下一步"对症下药、精准对接"起到了"尖兵"作用。

冬季的吉家庄地区天寒地冻，缺少蔬菜，顿顿土豆，主食大多是一种粗糙黏硬的"糕"。郑月军胃不好，但他努力克服着。每逢周一，吉家庄卫生院都要举行庄重的升国旗仪式，尽管医院条件简陋，但升旗台、国旗杆却十分正规。鲜艳的五星红旗下，每一个医护人员的眼神都是那么坚定。郑月军很感动，感受到了他们扎根基层医疗事业的初心与信念。这样的坚守是何其宝贵啊！

青年才俊 大显身手

中医科医师徐博接到支援蔚县吉家庄卫生院的通知时，正在北京中日友好医院进修，他立刻收拾行装赶回了密云。次日中午，徐博搭乘密云中医院支援队的车直奔蔚县，将近下午 5 点钟到达了吉家庄卫生院。

第二天一早，徐博不顾奔波疲劳，开始出诊。他是中医主治医师，这里设有"国医堂"，却没有针灸医师，患者们都习惯了吃药治病。

徐博迎来了他的第一位患者。一个老大爷右侧足跟痛，X 线片显示跟骨骨刺。他试着取左手腕部附近的压痛点进行针刺，并配合跺脚、走步活动，老大爷的疼痛减轻了许多。第二位患者是食物中毒后，头面、双手肿胀痒痛，徐博取穴位放血，并针刺相关穴位。还有几个腰痛、肩痛的患者，徐博都给予了针灸治疗。一枚小小的银针，让患者们见到了奇效。

这里的患者都不富裕，穿着朴素，他们大多先问扎针多少钱？听说目前是免费的，才放下心来治疗。

"卫生院来了北京的针灸大夫，几针就见效，真是神针啊。"患者们口口相传，越来越多，早早地就到诊室门口排队等候。徐博的工作量剧增，常常上午最后一个患者离开时就已经是中午 12 点了。病种也越来越多样化，不仅是腰腿痛，头痛、失眠的患者也不在少数。徐博

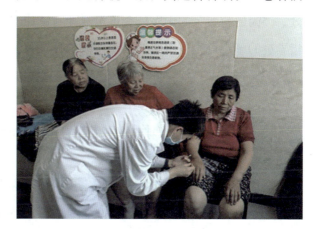

徐博医生为患者针灸

一边悉心带教院里的赵大夫操作学习，一边忙着针灸、把脉，每天忙得不亦乐乎。

为了记录病情，准确把脉，徐博坚持给每位患者写门诊病历，尽量把病史、舌苔、脉象、问诊都记录清楚，并把这些经验一一传授给带教徒弟赵大夫。

一天清早，徐博打了饭回到宿舍，一个老太太悄悄跟进了门，从兜里掏出一把钱来，塞到徐博手里，让他给治治头疼病。她一直治疗的是膝关

节痛，老太太的意思是让徐博给她多扎几针。徐博赶紧说："您把钱收回去，我给您扎。"老太太却怎么也不放心，硬是把钱扔到箱子上，夺门而出。徐博打开叠在一起的纸币，是 3 张 10 元的人民币。徐博有些心酸，这钱对于贫困县的一位老太太来说有多么重要。徐博一上班，就给老太太扎了头针，也治疗了膝盖的疼痛。老太太很高兴，趁她不注意，徐博把那 30 元钱夹到她的病例本里。临走时他把病历本塞进老太太的上衣口袋，拉好拉链，嘱咐她回家后看看。

徐博在吉家庄卫生院坐诊 31 天，无间断出诊，用针近 9000 支，除去前半月的免费治疗，为卫生院收费约 3600 元。他听到了无数感谢的话，尤其令他欣慰的是，带教徒弟赵大夫开始给患者针灸治疗，取得了很好疗效。"简便验廉"的中医针灸逐渐成为吉家庄卫生院的特色；他曾经帮助指导过的超声科也在慢慢开展更多的诊疗项目，经常发消息和徐博会诊超声病例。吉家庄卫生院正在给当地居民带来更多的福祉。

巾帼之花 铿锵绽放

全科医生袁华至今记得，在吉家庄卫生院坐诊时接待过的一个男性患者，40 岁，是一位建筑工人，左侧腰痛，无发热水肿，但有血尿。袁华当即让其进行血尿常规及腹部彩超检查，结合临床表现及检查结果，袁华初步诊断其为泌尿系感染，怀疑泌尿系结石，并嘱咐随班大夫给以抗感染、解痉止痛输液治疗。第二天患者再次来诊，说腰痛症状没有缓解，活动后疼痛，血尿加剧。袁华判断并坚持认为患者是输尿管结石，为了避免耽误病情，袁华说服随班大夫并和患者商量后，决定转到县医院进一步诊疗。最终确诊袁华的判断是正确的，给予体外震波碎石手术后，患者带着药回到卫生院输液治疗。3 天后，腹痛及血尿消失，病情逐渐好转。

就在准备回密云的那天早上，袁华在卫生院后院见到了这个患者的家属。原来家属听说她今天要走了，专门等在这里，只为了对她说句"谢谢"，袁华很感动，为患者解除病痛是医者的初心和职责，而面对复杂病症，既要冷静，更需不断提高医技水平。

初到吉家庄卫生院的张琴大夫，听不明白当地晦涩难懂的方言，为患者进行针灸治疗时，还得同科室的赵大夫充当翻译。印象最深的是一对祖孙俩，70岁的老太太带着孙子前来问诊，老太太胃疼，小孙子鼻炎。张琴了解到老太太是老胃病了，吃点生冷辛辣或不够软烂的食物便会胃痛，反复无常地发作令老人很受折磨，苦不堪言。凭借着多年的经验，张琴对症治疗，施予针灸，并对生活饮食和用药进行了详细指导。经过悉心治疗，老人的胃病和小男孩的鼻炎得到了明显改善，祖孙两人非常高兴。

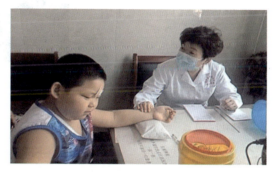

张琴医生在坐诊治病

临走那天，老太太带着他的小孙子来送别，老人激动地说："张大夫，多谢您来到我们这个小山沟，治好了我和小孙子的病，小孙子天天念叨您，说长大了也要像您一样，做个好大夫。"

回忆起在吉家庄卫生院的日子，张琴百感交集。小孙子天天念叨的话语，令张琴深感欣慰，她在不经意间播下了一颗神圣的爱的种子，吉家庄的医疗事业，未来可期。

副主任医师贾玉芹2019年11月抵达卫生院后，就进入了病房和同仁们一同查房，对典型的病例进行探讨。面对北京来的医生，患者纷纷提问，贾玉芹耐心解答，详细询问病情病史，结合检查结果，提出合理化治疗意见。

不顾旅途劳顿，贾玉芹医生又为吉家庄卫生院的医生们进行了"糖尿病规范化管理"的培训，她全面细致专业的讲解受到了大家的热烈欢迎，纷纷说这样的培训"很解渴"。

医务科科长柳艳丽和吉家庄中心卫生院班子成员及部分科室主任就院科两级管理、医疗质量三级管理体系等方面进行交流，帮助吉家庄中心卫生院开展质量管理和质量控制，落实医疗质量安全核心制度，使其在完善医疗规范、提高管理水平上有了更大收获。柳艳丽还代表鼓楼社区卫生服务中心，送去了稳心颗粒和咳露口服液等4种近

柳艳丽医生在开展医疗制度讲座

2万元的药品。患者和医生们都说：密云对我们的帮助，真是实打实啊。

在支援帮扶蔚县吉家庄中心卫生院的工作中，鼓楼社区卫生服务中心先后派出13批28名业务骨干。其中有20位是巾帼女将，在吉家庄卫生院的岗位上，铿锵绽放。

吉家庄中心卫生院的医护人员和当地老百姓都说：北京来的大夫，是我们吉家庄的吉祥使者。

2021年2月25日，密云区鼓楼社区卫生服务中心作为北京市唯一一家基层社区医院，被国务院授予"全国脱贫攻坚先进集体"光荣称号。

攻坚战中"勇"攀高峰

在蔚县，一提到密云，百姓们无不竖起大拇指：密云和蔚县两地友情深厚、情同手足，密云人民就是我们的亲人。还有很多人提到了"勇县长"，问过才清楚，他们口中的"勇县长"就是密云来蔚县挂职副县长的王晓勇。"敢作敢为、有勇有谋"简单的几个字，就是百姓和同事对王晓勇最真实的评价。

以忘我之心工作，以亲人之情扶贫

2018年初，张家口市蔚县进入东西部扶贫协作序列，与北京市密云区建立结对帮扶关系。时任密云区交通局副局长的王晓勇被委派到蔚县任县委常委、副县长，"跨行"成为东西部脱贫攻坚的挂职干部，让他感到肩上责任重大、内心忐忑不安。

临行前的几个晚上，王晓勇都没睡好觉，反反复复地查阅蔚县的历史资料。随着对蔚县愈加深入的了解，王晓勇的内心也激动起来：原来蔚县和密云在古代就有着深厚的渊源，早在公元938年，石敬瑭割让的燕云十六州中，就有蔚县和密云两地，从那时起，蔚县和密云就在无形中结下了情缘，如难兄难弟一般。蔚县历史悠久，文化璀璨，可现在却是国家扶贫开发的重点县之一。"燕山－太行山"这一半环形特困片区县、环绕首都西、北部成为天然屏障，蔚县所在的地区，也是首都生态屏障。

王晓勇暗暗下定决心：一定要做出成绩来，才不辱使命、不负韶华！

4月1日，王晓勇到张家口报到，然后马不停蹄地赶到蔚县挂职上任。

一踏上这片土地，他不顾舟车劳顿，马上进入工作状态，听汇报、搞调研、跑项目……他经常对身边的人说："不要把我当成北京来的，既然我来了蔚县，就要把我当成娘家人看待，咱们不说虚的，来实际的！"

充分激活资源，奋力冲出困境

蔚县旅游资源非常丰富，传统村落众多，素有"八百庄堡、八百庙宇、八百戏楼"之称，至今保留着剪纸、打树花、拜灯山等在其他地区难得一见的民俗活动。实地走访了一遍后，王晓勇马上意识到：这就是金疙瘩，就是梧桐树，这样的软实力，可以化成脱贫的硬基础！于是他提出了开发旅游试点建设、推介旅游特色商品等符合蔚县特点的项目。

没有钱，就用东西协作资金；没有经验，就找北京成熟企业。经过多次奔波和不懈努力，利用北京帮扶资金1500万元，在涌泉庄乡西窑头村，把15个民房旧址通过回收给集体，新建16套精品民宿，建成了占地面积1万左右平方米、建筑面积2000多平方米的共享农庄。项目运营后，涌泉庄乡每年分得收益105万元，解决本村20人就业，带动459个贫困人口脱贫，成为政府、市场与农民之间优势互补、共建共享，巩固拓展脱贫攻坚成果和乡村振兴有效衔接的金项目。

蔚县是农业大县，素有京西米粮川之美誉，其中小米、杏仁、白菜等农产品更是名声远扬。这些农产品的销售对贫困人口增收脱贫具有重要意义，但销路不畅、价格不高一直困扰着当地百姓。怎么样才能让这些农产品走上北京市民的餐桌和创造更高的经济价值呢？王晓勇急在心里：不能坐等客户上门，要主动出击、广而告之！他就亲自上阵为蔚县农产品作代言，在淘宝网"食遍中国"中做起了直播，以副县长的身份推介起蔚县小米等农特产品。

此后，他又策划、组织了蔚县第四届蔬菜对接推介会，把草沟堡乡的

200吨大白菜成功销售进京；亲自参与京津招商会、密云扶贫日等系列活动，把蔚县农特产品搬上更大舞台；组织蔚县扶贫产品进驻北京双创中心、电商平台……经过他和同事们的不懈努力，蔚县农产品拓宽了销

参与淘宝网"食遍中国"直播活动，
推介蔚县小米等农特产品

售渠道，在北京地区销售额达到史无前例的7686万元，使该县17905名贫困人口增收受益。

加快农业转型，打造甜蜜事业

随着对当地农业深入的了解，王晓勇感觉到传统农业优势正在弱化，要实现高质量脱贫、快速实现小康，必须加快农业转型升级，打造精品农业，引进新品种，提升附加值。

63岁的王润是宋家庄镇石荒村的贫困户，和土地打了一辈子交道，能亲自种上大棚是他多年的梦想。2019年村里建设了20个暖棚，他首先报名承包了一个。"如今党的政策这么好，各级政府对我们的帮扶力度都很大，我的梦想也可以实现了！"分到大棚那一刻，王润和许多村民一样，蹲在大棚边发起了愁：这么好的棚，种点儿什么好呢？看着村民们愁眉苦脸的样子，王晓勇眼睛湿润了：乡亲们这样信任政府、这样渴望过上富裕的新生活，一定不能让他们失望！大棚适合种植什么、怎样才能实现较高收益，这是老百姓眼巴巴地期待和迫切需要解决的大问题，王晓勇寝食难安。

经过他的不懈努力，把北京南山农业生态园有限公司成功引到蔚县，与宋家庄镇政府、石荒蔬菜种植合作社达成协议，联合发展草莓种植产业。与传统的玉米种植相比，草莓种植的收益增加了10倍。一年下来，农户王润的大棚收入达到2万余元，每天他都笑呵呵的，干劲更足了。笑容表达了百姓的心声，让王晓勇更加坚定了发展设施农业的决心和信心。

2020年，在王晓勇的推动下，石荒村利用1600万元北京帮扶资金，建成了高标准钢架结构暖棚39个。通过与北京淼森果蔬种植有限公司合作，将产业园区发展成多位一体的草莓产业综合体。此项目共安排本地公益岗80名、务工162名，通过土地租金、务工薪金、种植收益金、困难生活补贴和公益岗工资，带动了全镇1120户建档立卡户脱贫致富。如今的草莓产业发展良好，被当地村民称为"阳光事业、甜蜜事业"。

关注社区百姓，带来密云温度

宜兴社区是蔚县最大的易地扶贫搬迁平房安置区，是扶贫协作重点关注的领域。王晓勇进社区走访调研时，一位骑电动车送女儿上学的年轻母亲迫切地向他反映：啥时候能帮我们新建一所学校就好了！教室里夏热冬冷的，孩子们上学要顶风冒雪跑上十几里路，受罪不说，每月送孩子光电费就花不少！听着年轻母亲朴实的话语，又看了看电动车后座上天真的小女孩，王晓勇点了点头："您放心，我们一定会帮你们解决好这个问题。"

他说到做到。在最短时间内争取到密云帮扶资金173万元、河北省配套资金77万元。新学校于2018年9月10日开工建设，2019年9月1日正式投入使用。不到一年时间，从开工到使用，蔚县大地上上演了奇迹般的"密云速度"。学校的建成，彻底解决了该地区孩子上学难的困境。学校现有学生123名，其中含建档立卡脱贫户学生、低保学生24名。

为了能使社区1524名"外来户"真正在此安居乐业，王晓勇和同事们认真研究了宜兴社区的特点，充分利用密云帮扶资金，先后建设了扶贫微工厂、卫生服务站、居家养老服务中心等公益项目，解决了搬迁群众稳得住、住得好和能就业问题，得到了安置区群众的一致好评。王晓勇还争取到相应资金，在社区内部专设密云扶贫公益岗，每个岗位每月补助300元。

社区高书记在谈到密云带来的帮扶项目时，动情地说："我们这里一半多是60岁以上老年人，公共服务和社区治理难度大。如今可好了，密云资金给我们申请了20个公益岗位，承担起了社区网格化管理，以及公益岗劳动、安全保卫等工作。现在大家看病有卫生室，娱乐餐饮有养老服务中心，密云的帮扶让老百姓们得到了前所未有的实惠，太感谢了！"

王晓勇（左）与建档立卡贫困户交流沟通

创建密云攻坚模式，讲好北京帮扶故事

三年来，在王晓勇和同事的共同努力下，密蔚两地密切合作，圆满完成国家考核任务，成绩显著：两地之间147名干部、人才互派交流；吸引了10家东部企业先后来蔚投资兴业，累计投资6.36亿元；安排使用1.3亿北京帮扶资金在蔚县实施了55个援建项目，涵盖了教育医疗、安全饮水、产业发展、基础设施改善等各个方面，使蔚县9.3万贫困人口普遍受益；密云11个镇街、13个村（社区）、3家医院、5家企业、6所学校、6个社会组织来蔚县开展"一对一"结对帮扶；7016名蔚县贫困劳动力实现了

一人就业、全家脱贫；累计接收北京捐款捐物 4570 余万元；助力蔚县农产品进京销售 1.47 亿元。

青山一道同风雨，明月何曾是两乡。王晓勇把蔚县当成自己的故乡一样，挂职期间，把全部精力投入到脱贫攻坚事业上。只要是关于脱贫攻坚的事情，事无巨细，他都亲自参与，研究工作、指挥调度、解决问题等，确保了两地双向互动无缝衔接。对工作的认真和执着，使他进入到一种忘我、忘家的状态。

说到家庭时，他总是摇摇头，不愿多提。他的同事说，我们看得出，晓勇县长心里一直装着三个愧疚：对孩子、对父母、对爱人的愧疚。尤其是对孩子，他到蔚县挂职时，孩子正上高中，他挂职结束回密云时，孩子已经考上了重点大学，孩子学习最关键的时刻，唯独缺少了父亲的陪伴……

三年来，王晓勇在工作中总结出很多经验，得到相关部门的推广和宣传。其中《同心共筑脱贫攻坚"健康防线"》《共享农庄成为农民增收新亮点》《蔚县高效推进与北京密云区教育协作》等文章在新华网、人民日报社《民生周刊》、《北京日报》等中央和省市级媒体发表，并受邀接受了北京电视台《新时代 新担当 新作为》节目组的专访。

2021 年，王晓勇获得"全国脱贫攻坚先进个人"称号。回忆起在蔚县挂职的那段经历，他动情地说："三年的挂职生活，是我人生的一笔巨大的财富，也教会了我很多，让我在面对困难时，能够坚强面对。我也将以此为动力，在未来的工作中，再接再厉、勇攀高峰！"

扶贫路上"毅"往直前

蔚县县委书记梁昆 2020 年在一份报告中批示："李毅同志到蔚县挂职扶贫以来，走村入户，深入调研，访民情、解民忧，引企业、培产业，开展了一系列扶贫工作，为蔚县的扶贫工作作出了突出贡献，令人钦佩，更为蔚县干部树立了榜样，带来了好作风，望各乡镇、各单位认真学习！也请相关部门对李毅同志的事迹进行宣传报道。" 李毅，这个戴着近视眼镜、有着阳光般亲切笑容的扶贫干部，深得当地百姓的喜爱和同事们的信任，在蔚县大地上树立起了良好的"密云形象"。

深入基层调研，搭建桥梁纽带

2018 年 4 月初，李毅到蔚县挂职扶贫办副主任。从上任的第一天开始，他就投入到紧张的工作中。通过了解，蔚县拥有得天独厚的自然资源和特殊的地理环境优势，是全国文物第一大县，发展旅游拥有良好的基础条件。丰富的农特产品，开发休闲农业具备良好的区位优势。蔚县还是革命老区，如今还有很多群众挣扎在贫困线上，怎样助力蔚县的振兴和发展？作为密云来的扶贫挂职干部，李毅感到了压力很大，好像密云和蔚县的人民群众的眼睛都在紧盯着自己。

扶贫办就像战场上的一线指挥所，每个工作人员既是指挥者又是排头兵，不能有丝毫退却。李毅几乎没有休息日，每周都要走企业、跑乡镇、下基层，与企业家、当地干部、驻村书记、普通百姓进行沟通，全面了解蔚县的县情、村情、民情，掌握蔚县的第一手资料，研究蔚县贫困原因，

还把蔚县的特点、优势深记于心。近三年的时间，他走遍蔚县 22 个乡镇、120 多个村落和几十家工厂，成了一个不折不扣的"蔚县通"。

调研中李毅发现，蔚县的劳动密集型企业不多，而这却是解决就业脱贫的重要途径。为了引入这样的企业，他多次往返于北京和蔚县之间，联系密云企业来蔚县考察、调研。在他和同事的努力下，雅派朗迪（北京）科技发展股份有限公司三次来蔚县考察，最终投资 5000 万元，把生产项目落地蔚县经济开发区，项目全部建成运营后，可解决当地 500 人就业。

为解决贫困人口就业，邀请北京爱妻时代月嫂（密云）家政服务有限公司 3 次来蔚县招工；为解决蔚县养殖业粪污处理，探索生态扶贫路径，5 次邀请北京艾克赛德生物科技有限公司来蔚县进行调研，2 次陪同蔚县人员到该公司考察；为解决西合营镇搬迁移民的就业问题，4 次邀请北京华源盛兴服装服饰有限公司来蔚县洽谈投资。

李毅主动牵线密云区穆家峪镇与西合营镇结对，形成优势互补；为把蔚县涌泉庄乡青砂器博物馆、重泰寺等旅游资源推介给密云企业，3 次邀请密云企业家来涌泉庄镇考察调研，并将青砂器茶具推介给密云茶企；为了解决蔚县玉米秸秆再利用问题，多次到内蒙古赤峰市巴林左旗考察相关企业，在蔚县为其寻求合作伙伴。

李毅是个闲不住的人，为了早日帮助蔚县脱贫摘帽，他动用了自己所有的关系，多次往返奔波，不遗余力地为京蔚两地合作牵线搭桥，同事们背后都亲切地称他为"密蔚红娘"。

发挥专业特长，做好精准帮扶

李毅学的是畜牧专业，对农村有着特别的感情。面对乡亲们真诚朴实的语言和期望致富的表情，他既感动又着急：怎么样能让乡亲们尽快脱贫致富过上小康生活呢？他决定因人而异，制订不同的帮扶计划。

　　在南岭庄乡双塔村考察时，他发现气候、土壤与密云相似，适合种植特色西红柿。于是他向北京本忠盛达种植专业合作社发出邀请，5次陪同合作社领导来蔚县考察调研，最终促成了该企业与双塔村的合作，成功引进"京采6号"西红柿，帮助65户贫困户增收。帮助南岭庄乡申报订单农业项目，成为订单农业园区基地。通过他的努力，一些密云农业特色项目被成功引进到西合营镇等地，使当地农户收入大幅增加。

　　作为畜牧行业专家的李毅，深知发展养殖业是一条非常适合家庭脱贫的路子。他决定把北京油鸡养殖技术引进蔚县，促成了百年栗园生态农业有限公司、诚凯成柴鸡养殖专业合作社和蔚县有关乡村合作，使当地建档立卡户107人增收、2人直接就业，并培养了10多名农村致富带头人。北京油鸡养殖的成功推广，也成了2019年帮扶工作中的亮点。

　　李毅包联了5户建档立卡户，从细节上为他们解决实际问题。其中，南岭庄乡东双塔村有一户为兄弟俩，为建档立卡人口，哥哥80岁，弟弟68岁，两人相依为命，生活困难。李毅得知他家的驴生病了，打算亏本卖掉，于是自掏腰包买药买器械，帮助治疗。凭着精湛的技术没几日就把病给治好了，转年又生下了小驴，避免了经济损失又间接增加了收入。每次见到李毅，哥俩都拉住不放，嘴里不住地说："多亏了李主任的帮忙，要不是你把咱家的驴给治好了，我俩的日子还不知道怎么过呢！"

　　南留庄镇滑嘴村的建档立卡户王女士，因一些事情经常上访。李毅主动上门了解情况并进行开导，得知她有创业的想法后，积

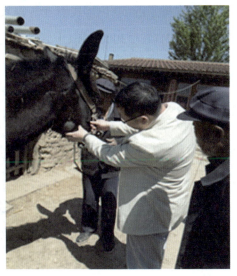

李毅为建档立卡户的牲畜治病

极协调有关部门争取到 1000 只北京油鸡无偿给她饲养，并赠送了消毒药和消毒机，还教她养殖技术。从此王女士再也没去上访过，养殖有了可观的收入，她还扩大了养殖规模，带领周边几个姐妹一起养北京油鸡，成了村里脱贫致富的"带头人"。

利用各种渠道，加快帮扶成果

密云和蔚县结对以来，李毅把全部精力放在了帮扶工作中，通过他的争取，将密云区对口帮扶蔚县的镇街、村由原来的 5 个增加到 9 个，两地幸福联姻、硕果累累。

宜兴社区是蔚县最大的易地扶贫搬迁安置区，居民来自不同乡镇的低收入移民户，人口老龄化、就业难、收入低是困扰社区的最大难题。为了方便百姓就业、增加百姓收入，打造宜居社区，李毅主动联系密云区经济开发区总公司，在宜兴社区建立起了扶贫微工厂。密云区经济开发区总公司捐赠价值 10 万元的缝纫设备，主要用于加工服装、座椅、箱包等产品，最多时安排了近 50 位居民就业。李毅还帮助安排了 40 位居民到承德肉联厂工作，月收入 3000 元以上。吉家庄镇大张村是低收入村，村里一直没有路灯，李毅得知情况后，主动与密云区经济开发区总公司联系，得到对方大力支持，为村里捐赠了路灯 60 盏，价值 15 万元。

李毅利用密云帮扶资金，特别邀请北京畜牧兽医学会、北京农学院、北京农林科学院、北京畜牧总站、北京动物疫病

李毅在大棚查看蔬菜生长情况

控制中心等单位来蔚县举办养殖技术、疫病防控技术、农产品营销、电子商务与农业众筹等技术培训 9 期，培训 800 多人次，创业成功 95 人，辐射贫困户 904 人。同时在他的推动下，蔚县大白菜、柳林南堡村红薯、土鸡蛋等农产品成功销往北京；蔚州贡米和金羽养殖等品牌参加全国农博会（锦州）和北京房山丰收节的展销，提升了企业知名度。为解决农民工外出就业，多次联系滦平华都食品、中联云港科技等公司来蔚县洽谈劳务培训和输出事项。同时他还牵线密云区各界力量，开展了系列帮扶活动，包括密云区科协多次来蔚县开展科普帮扶、密云区园林绿化局为蔚县捐赠 7 台用于卫星定位的平板电脑等。两年来，在他的努力下，密云区捐赠蔚县的教学设备、电脑、触摸屏电视、缝纫设备、北京油鸡种苗、动物防疫物资、疫病诊断试剂、畜禽养殖图书、衣服等价值 320 万元。

倾情脱贫攻坚，积极迎接考核

脱贫攻坚是一场国家级的"大战役"，扶贫干部不仅要当好桥梁和纽带，还要主动作为，将组织交付的任务完成好。

为了迎接国务院考核，李毅认真研究考核指标，在考核六大项上下功夫，及时沟通密云区、联系蔚县对接部门，收集、完善佐证材料，规范存档。参与了对口帮扶三年合作规划、一县一策一方案、对口帮扶工作方案、援助资金项目管理暂行办法、扶贫协作资金项目管理具体实施办法等编写工作。李毅和他的同事们不负使命和重托，密云、蔚县开展东西部扶贫协作和对口支援工作顺利通过了省级和国家级考核，并取得了优异的成绩。李毅也获得"全国脱贫攻坚先进个人"称号。

对李毅来说，蔚县就像故乡一样亲切，尤其是对蔚县的帮扶工作，成为他心里放不下的追求和责任。回到密云后，李毅时时刻刻都在挂念着蔚县那边的情况，不竭余力为两地牵线搭桥、共谋发展。先后邀请顺鑫农业、华兴四季林草等企业去蔚县调研考察、洽谈投资，并接待蔚县田园综合体运营来密云半山酒店参观、学习。同时，他继续推动密云蔬菜种植订单项目的对接工作；组织爱心企业和人士为蔚县单亲孩子捐款捐物。他还会接到一些项目和公益组织的合作邀请，只要能为密云蔚县两地带来发展和有益的事，他都会继续为两地交往合作出谋划策、奉献力量。

李毅获得扶贫工作荣誉证书

挂职工作结束后，李毅经常接到蔚县那边打来的电话，有同事，有朋友，有帮扶过的贫困户……电话中彼此关怀，嘘寒问暖，无比亲切。"在蔚县挂职的经历让人难忘，虽然有过很多困难，但更多的是温暖和希望，能帮助蔚县百姓走出困境，值了！"说这话时，李毅眼中有泪光闪动……

对口帮扶
——河北省滦平县

密云与滦平，山水牵手，兄弟情深，
结对帮扶关系建立以来，两地携手共进，
攻坚克难，风雨同舟，结出累累硕果。

万里长城金山秀，一轮新月边关明

塞北山城连密云

滦平与密云山水相连，一道金山岭隔不断兄弟谊，一湾潮河水说不尽两地情。滦平历史悠久，文化底蕴深厚，与千年古镇、"京师锁钥"古北口一衣带水，有"北京的北大门"之称。

滦平县隶属于河北省承德市，东部和东南部与承德市双滦区、承德县相连，西部和西南部与密云、怀柔接壤，北部与丰宁、隆化毗邻，处于京、冀交汇点，是沟通两地的交通要冲。行政区域面积3213.1平方千米，辖19个乡镇、1个街道，有34个少数民族，总人口33万人。

滦平处于京承走廊之间，自然赋予的山川河谷，形成了一条通往东北、内蒙古的天然通道。这里区位优势明显，交通便利，距北京市区165千米，距承德市区65千米，境内有京承、张（家口）承、承赤（峰）3条高速公路，国道2条，省道4条，有京通（辽）、张唐（山）等铁路4条，其中张唐铁路在境内设有华北地区最大的客货中转站，货运容量4000万吨／年，

滦平县城

是内联京津、外通辽蒙、直抵港口的重要交通枢纽。

滦平境内山峦密布、沟壑纵横，千米以上山峰达 40 余座，其中最高的人头山海拔 1750.4 米。滦河、伊逊河、兴洲河、潮河等四大河流纵横县域，勾勒出了滦平山川秀美的风光，水资源总量年均值 13.86 亿立方米。位于密云水库上游的潮河已经成为首都北京的重要饮用水源地，被国家确定为"首都水源涵养功能区"。

滦平旅游资源丰富，首屈一指的是被誉为"万里长城，金山独秀"的金山岭长城，它是世界文化遗产、国家级重点风景名胜区，驰名中外，是《流浪地球》《神话》《武状元苏乞儿》等多部电影的取景地。白草洼国家级森林公园是滦平的另一处旅游胜地，拥有华北地区最大的原始次生白桦林，森林覆盖率近80%，是华北地区自

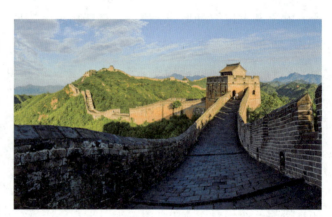

金山岭长城

然植物群落保存最好的景区之一。

滦平山势起伏，光照充足，四季分明，昼夜温差大，全年平均气温 7.6℃，盛产玉米、水稻、小米、大豆等多种农作物和板栗、核桃、山楂、杏、鸭梨等干果、水果。其中，滦平玉米是河北省玉米出口基地县之一；产于滦河边的优质小米——滦平贡米，含有多种对人体有益的矿物质，甘美可口。第十九届中国（廊坊）农产品交易会上，滦平的"锦丰"梨和"早酥"梨分别获得金奖、银奖，成为了河北省的驰名品牌。

滦平历史悠久，早在 6800 年前，这里就已经燃起了人类文明的火种，红山文化、山戎文化在这里璀璨交融，作为古代交通要道，历代在此均设

有驿馆，至清朝时，这里更成为皇帝北巡、回銮的御道，皇家御路文化在这里彰显。抗战时期，在中国共产党的领导下建立了丰滦密抗日根据地和联合县政府，成为了血脉相连的一家人。

新中国成立以后，滦平因为属于山区，经济主要依靠传统农业，分散经营难以形成规模和特色产业，缺乏大型农业龙头企业带动，发展缓慢，并且产业发展不平衡，有一段时期财政收入中矿业占到 70%。随着矿产市场价格的降低、按照国家政策矿业的逐步退出，财政收入逐年锐减，而作为第三产业的旅游业还没有形成品牌效应，后劲不足。在 1994 年 3 月，滦平县成为全国 592 个贫困县之一，在 2018 年公布的全国 585 个国家级贫困县中，滦平依然榜上有名。

2018 年 4 月，密滦两地再续兄弟情，制定了《密云滦平落实携手奔小康行动，加强对口支援合作工作方案》，正式建立了结对帮扶关系。两区县携手，共同勾画脱贫攻坚发展蓝图，把发展特色产业作为脱贫攻坚的根本之策，依托中药材、设施蔬菜、特色林果、清洁畜牧、绿色光伏、休闲旅游等六大脱贫主导产业，实现了建档立卡户产业扶贫全覆盖。全县有劳动能力和就业愿望的贫困户劳动力 100% 就业，达到了户均至少一人就业目标。建成异地扶贫搬迁安置区 15 个，搬迁群众 15077 人，建档立卡贫困户 6946 人喜迁新居。截至 2019 年，通过东西部扶贫协作，全县受益贫困人口达 3 万余人，实现脱贫 2.5 万人，17599 名建档立卡贫困户全部实现脱贫，贫困发生率由 19.01% 下降到 0，成功助力滦平县通过河北省贫困退出考核验收。2019 年 5 月，河北省政府正式公布滦平退出贫困县，标志着两地携手，共同打赢了这场脱贫攻坚战！

古韵滦平 文化圣地

滦平，历史悠久，文化底蕴深厚，红山文化与山戎文化源远流长，沧海桑田，述说着人们寻根问祖的记忆与乡愁……

山戎文化 滦平在古代是山戎人居住密集处，存在了1000多年的时间。山戎文化是我国古代北方存在时间最长、最古老、最具鲜明特色的古文化遗存。滦平县馆藏中的蛙形牌饰、蛙形石人反映出山戎图腾崇拜的存在与发展，特别是蛙面石人是我国图腾艺术史考古中的首次发现，《山海经》中记载了很多半人半神的图腾崇拜偶像，但始终没有相同时期的实物发现，蛙面石人的发现填补了这一空白，也为研究我国图腾民族的存在与发展提供了重要依据。

滦平的山戎人文化延续时间最长、山戎文化遗存最为丰富，这里出土的大量山戎文物记录了山戎人当年的社会生活，展示了山戎先民在这块土地上创造的那段非凡文明。其中，新石器时代的石雕女神像，属中国考古

山戎文化广场

重要发现，堪称我国迄今发现最完整、最典型的史前维纳斯；玉琮，是燕山以北地区新石器时代的一个新发现，在我国是唯一珍品。金代瓠种器填补了我国农业考古的空白。

寻根问祖圣地 说起明代的移民文化，人们自然会想到山西洪洞大槐树，但在滦平的小兴洲，亦被称为中国十大寻根问祖圣地之一。而且，这小兴洲与密云还有一段不解之缘。兴洲位于滦平县城北偏东10千米处的兴洲河西岸，春秋时为东胡地，战国时为燕地，秦属渔阳郡，西汉为渔阳郡白檀县（东魏时内迁徙至现密云境内），至金初为兴化县白檀镇，泰和三年（1203年）置宜兴县属兴洲，元初因之，以旧有兴洲，故俗称小兴洲。清代诗人纳兰性德曾作《密云》一诗："白檀山下水声秋，地踞潮河最上流。日暮行人寻埃馆，凉砧一片古檀州。"

小兴洲成为移民集散地，也是在明朝洪武、永乐时。当时，小兴洲城已经成为古北口长城外第一重镇，是东北、内蒙古南下北京的交通要冲，为防止蒙古入侵，明初在长城外东起辽东、西至山西北部和内蒙古西部地区大量屯兵，并多次从燕山以北地区向北平一带移民，而小兴洲就成为了历次移民的重要集散地之一。因而这里成为了后世寻根问祖的圣地之一。

另外，值得一提的是，小兴洲的风景秀丽，前有兴洲河蜿蜒曲折，后有白檀山（今名四棱山）花香四溢，故清代在此利用原皇庄建立了一座行宫，清康熙皇帝曾两次驻跸小兴洲行宫，这是目前古北口外唯一幸存的清代早期行宫，具有很高的历史研究价值和文物价值。而且在行宫前有一红一白两株牡丹，每年都会竞相开放，其中的白牡丹已有300多年的历史，红牡丹则为后来移

清代兴洲行宫旧址

栽。每年两株牡丹都会盛开几十朵鲜花，慕名前来的游客络绎不绝。

普通话之乡 在滦平县职教中心内有一座"中国滦平普通话体验馆"，

是国内外第一座普通话体验馆，分为普通话文化展示区、体验区、普教学区、语音测试与实验等四个功能区，每年接待大量来自国内外的专家、学者和大学师生来此考察学习，如今已经成为专业的普通话研究培训与测试平台和滦平文化旅游体验平台、滦平文化形象展示平台。

滦平是中国普通话之乡，作为普通话标准音采集地，在全国都是独一无二的。普通话属于官话方言区，也就是北方方言区。滦平话属于北京官话区，北京官话区京城片又分为京师片（北京城区各区）和怀承片（也就是怀柔、密云、承德市区大部分，滦平全部，以及围场、丰宁、隆化的部分地区）。教科书中对于普通话的定义是：普通话是现代汉语的标准形态，它以北京语音为标准音，以北方方言区为基础方言，以典范的白话文著作为语法规范的现代汉语形态。

滦平为什么会成为我国普通话采集区呢？主要是源于滦平的历史。明朝初期，统治者为了防止蒙古入侵，实行了塞外边民内迁的"空边"政策，即把古北口外的居民和军队全部撤回长城以内，故此在长城外很大范围内形成军事隔离区，致使滦平一带200年间无人居住，出现了语言断层。直到清朝康熙年间，实施"占田立庄"政策，伴随朝廷"黄庄""王庄""旗庄"的建立，以及御路的开辟，行宫的修建，驿站、驿馆的设立，京畿等地人口逐步向关外迁移，滦平渐次有了如今村落的形成。这些"庄园"大多是"随龙入关"的有功旗人奉旨建立，初归朝廷内务府直接管辖，上传下达通行北京官话。

由于滦平一带出现过语言断层，这里没有自身语音的传承和历史杂音，而清朝迁移到本地的大多为京都外迁的王公大臣和八旗军队，很少受北京土语和纯粹东北话的影响，一开始就以北京官话为通用语言在官民之间进行交流，这就形成了滦平一带音准分明、语音纯正的特点。

1953年，国家语音工作人员曾先后两次到河北省滦平县金沟屯村进行普通话标准音采集，采集过程中发现，滦平话音准分明，字正腔圆，语调比北京方言硬一点，尤其是没有尾音，显得直接、清晰、明确。国家语委后来公布的普通话方案，以金沟屯当时采集所发出的音、所讲的词汇，与普通话是最接近的。所以，滦平话成为最接近普通话语言规范的"方言"。

这就形成了滦平一带上至耄耋老人，下至学龄前儿童人人能说一口语音纯正、流利标准的普通话。滦平县已经被教育部确定为"全国普通话体验区"、教育部"语言文字工作基层联系点"，被国家语言文字工作委员会列为"全国语言资源有声数据库建设试点县"。2013年，滦平县金沟屯镇被确定为普通话标准音采集地。如今，"普通话之乡"已经成为了滦平人的骄傲，成为了滦平独特而重要的文化名片。

滦平还有流传了300百年的国家级非物质文化遗产抡花（类似丁蔚县的打铁花）、康熙亲笔题字的"御用大黄米酒"工艺、形成于康熙年间的独特花会"棉花鬼"，以及独具特色的绳编、满族刺绣等，亦是久负盛名，成为了滦平优秀传统文化的重要组成部分。

真心实意巧施策 精准扶贫硕果香

按北京市统一部署，密云对口支援滦平。2018 年 4 月，两区县正式建立了结对帮扶关系。从领导互访、资金支持、人才交流、产业合作、劳务协作、对口支援帮扶、社会帮扶、消费扶贫等各方面进行了深度对接协作，创新建立了"三区同建"、"五轮驱动"、一地"四金"等帮扶新模式，帮扶工作成效显著。

全心全意携手共进

2018 年 11 月 15 日，《人民日报》刊登了一篇通讯，标题是《既要真心实意 更要全心全意——北京市密云区对口帮扶河北省滦平县纪实》，文章中报导了密云在对口帮扶工作中，既拿出了真心实意，更干得全心全意。

在两区县携手脱贫攻坚中，两地主要领导对接，高位推进，截至 2020 年互访对接 11 次，召开联席会议 11 次；同时两地处级以上干部相互调研对接 47 人次，积极推进各项工作进展。两地先后签订了多项协议，为两地东西部扶贫协作各项工作推进和任务落实提供了指导和依据。

据统计，在"十三五"期间，市区两级财政累计投入资金 1.89 亿元，实施援建项目 80 个；协调 11 家京企落户滦平，累计投资 2.75 亿元；动员各方捐资捐物累计 6573 万元。选派党政干部、教师、医生、农业等干部和各方面专家 51 人，联合组织滦平全县党政干部培训 3 期 520 人次；组织专业技术人才培训 14 期 510 人次。帮助滦平县培养了一大批优秀党政干部，打造了一支技术过硬的专业技术人才队伍，为携手打赢脱贫攻坚战奠定了坚实基础。

特色帮扶 成效显著

密云区和滦平县两地不断加强产业合作、劳务协作、对口支援帮扶、社会帮扶、消费扶贫等多种形式，取得了脱贫攻坚战的全面胜利。

产业合作 加强产业合作是密滦两区县扶贫工作的重点之一。两地携手以来，累计为滦平引进落地企业 11 家，实际投资 2.82 亿元，带动贫困人口 659 人。其中，中关村密云园管委会与河北滦平高新技术产业开发区管委会合作共建产业园区 1 个，围绕大数据、服务外包等行业，积极推动项目引入工作。引进北京落地企业 2 家，累计投资额 2.03 亿元，入驻园区企业吸纳贫困人口就业 71 人。密云区援建滦平扶贫车间 11 个，吸纳就业人口 274 人，其中贫困人口 203 人。

滦平为加快引进北京企业项目落地，出台了一系列招商引资优惠政策，明确对京津等地来滦投资带动贫困户脱贫的企业在财政、金融、土地使用和服务等方面给予政策支持。其中"滦平进京蔬菜基地暨农产品冷链物流中心项目"列入京津冀三省份"环首都 1 小时鲜活农产品流通圈规划"。

劳务协作 "一人就业、全家脱贫"，就业是实现贫困家庭脱贫的最直接的方式。两区县人力资源和社会保障局共同建立就业合作平台，共享就业信息，使滦平贫困劳动力直接对接密云区和北京就业劳务市场。截至 2020 年末，共计帮扶贫困人口就业 1755 人，举办培训班 17 期，开展贫困人口就业培训人数 431 人次。同时密云区职业技术学校与滦平签订技术培训协议，合作开展技术培训工作，共举办培训班 60 期，培训贫困人口 605 人。滦平有 40 名贫困家庭学生就读密云职业学校，其中在北京实现就业 20 人。

结对帮扶　结对帮扶以来，密滦双方发挥对口支援帮扶的优势，积极开展各层次、各领域结对帮扶，在区县政府间、乡镇间、部门间、学校间、医院间和镇村企之间，均建立了结对关系，进一步形成"一对一、一帮一"精准帮扶格局。截至 2020 年末，两地累计有 9 对乡镇、11 对村、8 个企业和 9 个村、4 个社会组织和 4 个村、10 对学校、10 对医院建立了结对帮扶关系，签订了 46 份帮扶协议，目前其合作内容全部落实到位。同时两地在交通、林业、人力资源和社会保障等部门进一步深化了结对关系。三年来，密云累计援助滦平帮扶资金 766.67 万元（含乡镇）。

社会帮扶　密云区大力推进社会帮扶，动员和引导全区社会各界对滦平开展各种形式的帮扶，截至 2019 年末，密云区总工会、北京蜜蜂大世界、密云鑫大地公司等社会团体和企业以及碧桂园集团、大众慈善促进委员会联合中国扶贫基金会等社会各界捐款捐物累计达到 6599.45 万元，其中，直接捐款 1861.02 万元，为滦平脱贫攻坚工作提供了有力支持。

2020 年，密云区社会各界及来自全市的众多社会团体和企业慷慨解囊，捐款捐物折款 2382.94 万元，其中，捐款 183.12 万元，捐物资折款 2199.82 万元。为做好"抗疫"工作，密云区企业和社会组织、个人纷纷捐赠防疫物资，为滦平一直保持确诊、疑似"双零"提供了重要保障。

消费扶贫　密滦两地携手后，积极拓宽京津消费渠道。首先，滦平完成了 25 家企业供应商认定，涉及 94 个农产品，另认定小微企业 68 家。其次，拓展销售渠道，引导这些企业入驻"贫困地区农副产品网络销售平台"、京东商城网上销售平台，以及社会扶贫网等，同时分别在北京和密云区设立专区 4 个、"专馆" 1 个、"专柜"点位 132 个。此外，多渠道开展"滦平县扶贫产品专场销售"、"农产品进企业"、网络直播带货等消费扶贫活动。截至 2020 年末，滦平特色农产品在京销售额累计达到 2.82 亿元，带动和惠及贫困人口 989 人实现脱贫。

创新模式 广受好评

2018年6月20日，《承德日报》以《滦平县：扶贫新模式，一地生"四金"》为标题报道了滦平县的扶贫工作。一地生"四金"是创新建立的扶贫新模式之一，此外还有"三区同建""五轮驱动"等多种扶贫创新模式，得到了社会各界的广泛好评。

一地生"四金" 三道梁村位于滦平县长山峪镇东北部，因为村里蕴香园食用菌现代产业园在建设中采取"股份合作"的形式，创新了一地生"四金"的扶贫模式，即村民可以通过流转土地收取租金、务工就业挣薪金、扶贫资金入股分股金、联营菌棚赚现金，达到脱贫致富的目标。

这种以"产业带动，服务农民"，带动周边农户进入公司进行合作式经营管理所形成的"一地生四金"扶贫模式，在京冀扶贫中是个创新，也是个可复制可推广的典型案例。

三区同建 在东西部扶贫协作项目谋划和实施过程中，围绕"两不愁三保障"突出问题，滦平选取了安纯沟门乡、付营子镇、县城安置区等贫困人口集中的地区，实施了易地扶贫搬迁安置区、新型农村社区、配套产业园区"三区同建"，建集中安置区18个。2018—2019年，实施产业类项目4个、公共服务类项目4个，其中，4个公共服务类项目累计投入资金3910万元，建立了安纯沟门安置区幼儿园，该项目受益贫困村5个，其中，贫困户447户、贫困人口1596人。投入帮扶资金近2000万元建立的滦平第五小学，已解决1800名学生入学，其中，贫困学生208人，还可以满足附近安置区600名学生入学。投入帮扶资金618万元，建立了邢家沟门安置区幼儿园，可辐射辖区内4个贫困村，覆盖贫困户326户、贫困人口1141人。投入帮扶资金714万元，建立了安纯沟门卫生院，该项目受益贫困村5个，覆盖贫困户1608户、贫困人口5485人。

通过"三区同建"新模式，切实解决了贫困百姓就业、孩子义务教育、百姓就医等难题。

五轮驱动　借助东西部协作平台，两区县从完善劳务协作工作机制、建立信息互通共享机制、联合举办专场招聘会、实现社保参保信息共享、实施公益性岗位扶贫工程项目等五方面入手，联手实施了"五轮驱动"扶贫新模式，即产业发展带动就业、职业介绍援助就业、技能培训促进就业、鼓励创业实现就业、开发岗位安置就业，助推贫困劳动力实现就业。

特别是在2020年，针对企业用工需求和贫困劳动力就业需求，实施"点对点"直接送达服务，为企业复工复产提供就业帮扶。联合举办5场东西部专场招聘会，提供就业岗位2120个，达成就业意向贫困人口105人。全年通过东西部扶贫协作共帮助895名贫困人口实现就业。同时对弱劳力的贫困人口，安排公益性岗位1170个。对有一定劳动能力的残疾人，专门设置了残疾人公益岗330个，有力保障了建档立卡贫困劳动力就业，实现了"一人就业、全家脱贫"的目标。

通过两区县携手打赢脱贫攻坚战，河北省易地扶贫搬迁现场会、产业扶贫现场会等一系列会议先后在滦平县召开；人民日报社、新华社、中央电视台等国家级媒体150余次刊发报道滦平扶贫工作。2021年，在全国脱贫攻坚总结表彰大会上，滦平县被授予"全国脱贫攻坚先进集体"称号。

密滦深化产业帮扶 携手合力攻坚

密云区与滦平县于2018年正式建立"携手奔小康"扶贫协作关系。几年来，两地紧密携手深化产业帮扶，合力攻坚，取得了显著成效。

红薯贮藏窖建设 建设地点位于虎什哈镇西营坊村，2020年5月开始建设，2021年10月正式投入使用。建设单位为虎什哈镇人民政府。建设内容为新建800平方米红薯贮藏窖（地下），该项目共需资金为239万元，东西部协作扶贫资金注入224.9万元。地下红薯贮藏窖长20米、宽40米，共计18间，每间配备1.5匹温度调节空调、空气干湿度检测器、排风扇及排风管道各一套，共计18套；主通道配2个大型排风机及主管道；配备一套2吨升降机械。

流转260户农户820亩土地，直接安排红薯基地就业35人，红薯贮藏加工12人，同时通过资产收益对18户贫困户48人提供经济帮扶增加收入。可带动周边2个村红薯产业的发展。每亩地出产商品红薯2000～2500公斤，由合作社按市场价每公斤2元回收，每亩纯收益1500～2000元。带动村民增加收入130万元。合作社再利用建好的贮藏窖恒温进行储存，注册自己的品牌商标，进行精品包装，以高端产品通过网络平台线上销售，适机投放市场，每公斤可达10～16元。同时，开拓多渠道的商业营销模式，增加产品附加值，效益非常可观。该项目的实施可优先解决贫困户就业问题，让他们在家门口就能就业，可实现稳定脱贫。

华朗"果与果" 承德华朗食品有限公司位于河北滦平高新技术产业开发区，是一家专业生产销售果脯、果浆和浓缩果汁的高新技术企业，注册商标"果与果"。公司现有员工180人，年加工各种果蔬原料22000吨，

销售收入近1亿元。于2016年建成,占地面积30亩,建筑面积20000平方米。2018—2020年,北京协作帮扶资金740.8万元,为有效地扩大产能及满足市场需求注入动能,极大地发挥了扶贫龙头企业引领作用。

承德华朗食品有限公司展厅

深化产业合作,引导投资扶贫 一是继续加大引导企业落地投资力度,2020年新增落地企业2家,分别为承德釜花食用油有限公司、承德千顷田农业科技有限公司,当年实际投资额200万元。2019年落地企业承德二商大红门肉食品公司、新硕农业发展有限公司新增投资1.625亿元。全年新增投资1.645亿元,同比增长100%,吸纳贫困人口就业20人,利益联结机制带贫94人。二是引导密云企业仁创集团赴滦平高新区考察对接,推介园区待疏解产业转移至滦平高新区。中关村密云园资助张百湾镇山前村10万元,援建爱心超市。促成伊利北京乳品厂采购滦平牛奶1420吨,价值560万元。三是援建扶贫车间5个,吸纳贫困人口就业96人。继续深化奎木沟村蜜蜂养殖扶贫车间建设,加强养殖技术培训,135名贫困人口靠养蜂年均增收3000元。四是深化消费扶贫,从线上线下展销,巩固“专馆、专区、专柜”体系建设。创新工作举措,引入区属国企投资,新建消费扶贫分中心,为滦平县扶贫产品宣传推介搭好平台。开展“密滦携手”扶贫产品进商超、进机关专场推介活动2次,有力推广滦平县扶贫产品品牌。截至目前,滦平县扶贫产品实现在京销售额1.52亿元,同比增长65%,惠及贫困人口709人。

“微型菇房”带扶贫 在东西部扶贫协作过程中,滦平县紧紧抓住北京对口帮扶机遇，依托龙头企业建设"微型菇房"，解决了贫困户就近就地就业，探索出一种全新的"微型菇房"户企联营产业扶贫模式。截至目前，全县已累计建成"微型菇房"99栋，带动贫困人口297户1039人。

2019年，安排京冀对口帮扶资金1423万元，分别在大屯镇窑沟门村、付营子镇付营子村、安纯沟门乡易地扶贫搬迁安置区和五道营子乡大营子村建设户企联营"微型菇房"小区4处，共计建设"微型菇房"38栋，共计带动114户贫困户参与生产经营，受益贫困人口达到374人。

通过"微型菇房户企联营扶贫模式"，2018年，滦平县已建成户企联营"微型菇房"两个示范小区，建设了61间智能化微型菇房及1700平方米的冷库、办公、配电等附属设施，共带动农户183户，其中96户为建档立卡贫困户，每户年均增收4万元。

京冀协作扶贫结出"新硕"果

滦平新硕农业发展有限公司位于滦平县大屯镇兴洲村，是集育苗、新品种、新技术试验示范、冷链物流等于一体的现代化农业生态园。京冀对口帮扶项目在滦平县大屯镇兴洲村落地生根，开花结果。

扶贫资金解难题，扩大再生产达预期

万事开头难。2020 年，是脱贫攻坚收官之年。突如其来的疫情给脱贫攻坚带来严重冲击和影响，兴洲新硕园区生产的西红柿走高端路线，主要供给北京的果蔬生鲜市场。1 斤小珍珠西红柿卖到北京就高达 20 元，有的品种 1 斤 35 元。西红柿售价高是因为：一是质优。二是种植成本高，119 名员工，每人每年工资收入 3 万元以上；建设成本高，每座大棚造价 30 万元；土地租金可观。西红柿从育苗至自然成熟，要从坝上

兴洲新硕园区内种植的西红柿

购买羊粪作肥料，用荷兰进口的雄蜂授粉，以诱虫器来物理防虫。正当园区计划扩大再生产时，疫情和资金缺口成为公司发展瓶颈。

一筹莫展时，1400 余万元（其中，北京帮扶资金 404.5 万元）的东西

部协作扶贫资金的到来，犹如雪中送炭，园区新建了33个暖棚、30个冷棚，"高大上"园区建设达到扩大再生产预期。

以产"哺"贫，以"哺"减贫，西红柿甜了日子

2020年，公司申请了东西部扶贫协作京冀对口帮扶项目，建成高标准日光温室32栋、冷棚30栋。这个项目建成吸纳了建档立卡贫困人口55人就业，受益贫困村达到4个，受益贫困人口达624人。2021年4月已被认定为河北省省级龙头企业。园区占地面积1315.4亩，目前已建成高标准日光温室256栋、冷棚30栋，智能化育苗工厂9331.2平方米，生态鱼塘65亩，晾晒储存库房6048平方米，冷库1150平方米，包装车间3980平方米，药品种子储存库1014平方米。公司注册了"一番炸"商标，蔬菜生产严格按照国家绿色生产标准，所产的绿色蔬菜水果等农产品品质、口感、安全性都得到广大消费者的广泛认可。年产绿色蔬菜1500吨，年产值3000余万元，现有9个蔬菜品种已认证为绿色食品，产品销售逐步走向京、津等高端客户。公司目前与北京等一线城市大型连锁超市建立

滦平新硕农业发展有限公司种植园

了长期的供销关系，与广大绿色蔬菜采购商进行销售合作，实现农超对接、农餐对接、农企对接的销售模式。

公司在发展自身的同时，不忘尽一个企业的社会责任和义务，主动回

报社会，积极探索带贫模式，带动贫困户持续稳定增收。一是土地流转，公司流转500余农户土地，其中，建档立卡贫困户196户，656名贫困人口，每年实现足不出户领租金，每户增收1万元左右；二是解决就业，园区现有119名员工，其中有当地64名建档立卡贫困户，年获得工资收入3万元以上。同时，每年需要临时雇佣劳动力500余名，间接带动200余户发展运输业及其他服务业，户均增收1万元以上。滦平县兴洲村的新硕农业产业园，是一座现代化农业生产基地，以种植"一番炸"小珍珠西红柿为主，专销北京高端生鲜超市。通过利益带贫，受益贫困村4个，受益贫困人口624人。除此之外，企业每年拿出4.75%的资产性收益用于全县建档立卡贫困户分红，使贫困群众至少拥有20年稳定收益。这种以产"哺"贫、以"哺"减贫的模式，共建是抓手，共享是目标，走出了一条符合实际、特色鲜明的扶贫之路。64岁的马桂兰和丈夫是兴洲村村民，她曾对采访的媒体说："过去3亩多地就种一茬玉米，一年到头土里刨食，顶多挣个2000元。"自从新硕入驻兴洲，夫妻俩把土地流转出去，一年的租金收入有4000元。夫妻俩还在大棚管理岗位务工，月月都有工资进项，每人每月管理2个棚，基本工资3000元，两个人吃苦耐劳，一共管理6个棚，加起来一个月能挣9000元。

不仅如此，公司还通过"百企帮百村"精准扶贫行动，为当地两户残疾人贫困户提供每人每月500元的扶贫资金，助其脱贫。

沙滩地上撑起"扶贫伞"

长山峪镇三道梁村，地处燕山深处，海拔 600 多米，是滦平县海拔较高的村落之一，因过去只有北面山梁上有三条通往外村的小路而得名——三道梁。全村共有 500 多户 1500 多人，人均耕地不足 0.7 亩，而且大多土地贫瘠，加之资源匮乏、产业单一，286 个贫困户主要靠仅有土地和外出打工维持生计。2015 年，一场脱贫攻坚战在这个村悄然打响。

蕴香园真的"香"起来

2015 年，以食用菌产业见长的蕴香园生态农业有限公司，在考察了三道梁村村情后，认为：三道梁村紧邻大广高速，距承德市 50 千米，交通已有改观，相对便利，因该村海拔高，昼夜温差大，沙土地适合种植香菇。原来的河滩地种植玉米，平常年景每亩纯收入 200 多元。该公司投入 2000 万元，就在这 170 亩的沙滩地上建成食用菌现代产业园。一部分贫困户持观望态度，一部分贫困户抱着反正也穷，试就试试的心态，来产业园从事各种香菇作业，从而实现就业。随着出菇、售菇，在此就业的贫困户口袋里慢慢有了钱，就又吸引了更多观望的贫困户加入，守家待地有活干、有钱挣，"香"。

扶贫资金扶在关键处

正当园区引进四季出菇管理技术时资金有缺口，东西部协作资金 300

万元及时到位,建设四季出菇棚 8 栋,生物质燃料采暖锅炉等配套设备也随之建成。2019 年,实现北方四季菇生产,弥补了 10 月以后无菇可出的不足,就业者一改往日淡旺季岗位现象,出菇时间和务工时间从原来的 6 个月,增加到 12 个月,务工人员工资又增加了一倍。

四季出菇需要更多的菌棒。2020 年,东西部协作资金再支持 500 万元,园区新建 1 万平方米菌棒制作厂房 1 栋、四季发菌室 2 栋、水源热泵房 1 处、办公用房 1 处,进一步提高了园

三道梁食用菌现代产业园

区香菇产量和产值。至此,一个现代化食用菌产业基地已现规模,园区共有发菌棚 24 栋、双层出菇棚 99 栋,出菇棚栽培面积达 66 万平方米,菌棒生产、栽培规模达 200 万棒,年可生产香菇鲜品 300 万斤,产值 3000 万元,供应京津冀以及全国各大蔬菜批发市场,乃至国际市场。

香菇就是一把"伞"

香菇形状就像一把小小的胖胖的棕色的伞,一把生金的伞。就是这样一把金伞,在三道梁村形成了"一地生四金"的资产收益扶贫模式。一是流转土地固定资产收益——租金。园区建设流转土地 170 亩,涉及百户农户,其中近 60 户为贫困户,土地流转每亩每年租金 1000 元,户均增收 6000 元。二是务工就业工资性收入——薪金。公司生产运营中带动的三道梁村及周边农户长期在园区就业,全年提供就业岗位 400 余个,发放劳动报酬 200

余万元，其中，长期务工贫困人口 40 余人，户均增收 2 万元以上。三是资金入股收益——股金红利。公司将扶贫资金作为贫困户股金用于公司建设，共吸收三道梁村 286 户贫困户的扶贫资金入投 134.2 万元，2020 年发放股金分红 13.42 万元。四是绩效分红——奖金。为了合作经营激发内生动力，在公司长期务工人员除获得"薪金"外，还可享受"绩效分红"，对净利润按劳动效率进行再分配，70% 用于企业再生产，30% 以"绩效分红"方式分配给员工，激发员工积极性，节约生产成本，提高香菇产品质量，提升公司凝聚力和员工获得感。就业贫困户可得到几百元到几千元不等的"第四份收益"。60 多岁的朱善芝和老伴过去一直靠几亩薄地过活，是三道梁村贫困户之一，自从到了蕴香园务工，每月工资 2800 元，每年获得的土地流转租金 3000 元，外加年底扶贫资金入股分红 480 元，她总会对问起者说，日子越过越有盼头了。2019 年 5 月，三道梁村实现整村脱贫。

京滦合作的蕴香园创新扶贫模式，实现园区带动贫困劳动力就业增收，贫困劳动力就近就地就业，获得感充实，幸福感满满。

镇（乡）村结对 助力脱贫

2018 年密云区各乡镇、村相继与滦平县各乡镇签订了帮扶协议。帮助结对地区改善生产生活条件，为滦平县脱贫攻坚战役助力。

檀营乡与马营子乡 马营子满族乡地处滦平县西部，南大庙村位于乡政府以东 1.5 千米处，村域面积 10 平方千米，耕地面积 1500 亩。

2018 年 7 月 2 日，檀营满蒙民族乡有关干部和檀营社区第一党支部赶赴马营子乡、南大庙村实地考察，分别与滦平县马营子乡和南大庙村签订了对口帮扶协议。檀营乡向马营子乡捐赠资金 10 万元；檀营第一党支部向南大庙村捐款（基础设施资金）3 万元，解决该村 120 亩耕地因缺少机井而无法灌溉问题。

2019 年 5 月 14 日，檀营乡党委书记率队一行 8 人到马营子西沟村、于营子村、大兴沟等村进行调研。檀营乡向马营子乡捐助扶贫公益岗资金 10 万元；第一社区党支部、机关第二党支部、机关第三党支部、民非联合党支部、檀营社区党支部、北京金铸建设工程有限公司党支部、派出所党支部等 7 个支部的党员合计捐款 23000 余元，为马营子满族乡 10 名品学兼优的贫困学生每人捐助 2000 元助

檀营乡向贫困生捐赠学习用品

学金，并发放书包、文具盒、保温杯等学习生活物品。

檀营乡组织辖区内的社区医院 5 名医生会同马营子乡卫生院医生在南大庙村共同为村民提供常见病咨询诊断服务。

不老屯镇与付家店乡 付家店乡地处滦平县西部，区域面积 79.28 平方千米。境内最大的河流为潮河，自西向南流经境内北店子、代营子两个村，境内长 15 千米，流域面积 79.28 平方千米。代营子村距离乡人民政府所在地 7 千米，一条小溪缘村而过，汇入潮河。代营子村利用不老屯镇和北香峪村捐赠资金 13 万元，对溪流两岸实施防护护砌工程，采用长城垛口形状，既保障了村民安全出行又美化了村庄环境。

潮河支流护砌工程

2019 年 10 月 18 日，滦平县付家店满族乡党政班子部分成员及工作人员，到不老屯镇开展帮扶项目对接工作。先后参观了北香峪村木耳种植基地、史庄子民俗村，借助木耳种植及民俗旅游经验和模式，谋求自身发展途径。

东邵渠镇与安纯沟门乡 2018 年 7 月 3 日，东邵渠镇党政领导及汇源集团副总裁等人到安纯沟门乡参加结对共建工作会，签署了对口帮扶协议，捐赠对口帮扶资金 10 万元。2019 年 7 月 12 日，捐赠对口帮扶资金 15 万元。

2019 年 1 月，东邵渠镇西邵渠村捐助安纯沟门乡西双栅子村两万元，用于孝老敬亲。同年 3 月，西邵渠村捐资，为西双栅子村购置活动室家具。

2020 年 9 月，东邵渠镇实地调研了安纯沟门乡双孢菇生产车间、西双栅子双千亩果园项目，捐赠资金 20 万元，加大对接帮扶力度。

2019 年 11 月，东邵渠镇政府组织安纯沟门乡西双栅子村果园技术人员参加汇源公司的果树管理、果品加工和果品保存技术培训。

古北口镇与巴克什营镇　密云区古北口镇与滦平县巴克什营镇山

东邵渠镇向安纯沟门乡捐款

水相连，两地素有交往，颇有渊源。由于历史和地理因素，巴克什营镇属于贫困乡镇。2018 年 7 月 10 日，古北口镇党委书记带领党政班子部分成员、村干部代表赴滦平县巴克什营镇开展对口帮扶协作。古北口镇向巴克什营镇捐赠 10 万元帮扶经费。

古北口镇与巴克什营镇在党建、环境保护、劳动力就业等方面实现了资源、信息共享。在发展社会经济的同时，在防火、防汛和保水等方面积极合作，共同维护生态环境。

2019 年 6 月 27 日，古北口镇向巴克什营镇捐赠 10 万元帮扶经费。古北口镇河西村与巴克什营镇花楼沟村签订对口帮扶结对协议，向花楼沟村捐赠 2 万元资金用于村公益岗位支出，会后走访慰问困难党员 6 户，并为每户发放 500 元慰问金及米、面、食用油等慰问品。

高岭镇与虎什哈镇　2019 年 7 月 2 日，高岭镇镇长带队到虎什哈镇就东西部扶贫协作工作进行对接交流考察。实地查看虎什哈镇大河北村红薯种植基地、宇都农业园区等。高岭镇政府向虎什哈镇捐助 10 万元，用以帮助虎什哈镇开展扶贫工作。

冯家峪镇与平坊乡结对　2019 年 8 月 9 日，密云区冯家峪镇和滦平县平坊满族乡签订了结对帮扶协议书，冯家峪镇向平坊满族乡捐赠扶贫资金

11 万元。会后实地察看了于营村村部、于营村秋葵种植基地、晶润光伏扶贫产业园区。

2019 年 8 月 23 日，冯家峪镇慈善组织会会长代表冯家峪镇到平坊满族乡走访贫困户 3 户，每户发放慰问金 500 元。

2019 年 10 月 24 日，滦平县平坊乡考察组到密云区冯家峪镇进行互访，并到保峪岭中蜂养殖合作社参观中蜂养殖和产业发展情况，会后组织十余人到合作社学习中蜂养殖、管理方法及病虫害防治技术。

2020 年 11 月 10 日，冯家峪镇为平坊满族乡捐赠了 10 万元帮扶资金，用于公益岗位支出。

新城子镇与涝洼乡　2019 年 8 月 13 日，密云区新城子镇和滦平县涝洼乡签署了协作帮扶协议。同时，捐赠给涝洼乡对口帮扶资金 10 万元用于公益岗位支出。走访慰问立卡贫困户 6 户，并为每户送去 500 元慰问金。

2019 年 10 月 28 日，涝洼乡班子成员、部分党员干部、果树种植户，到

涝洼乡代表参观新城子果园

新城子的果园中进行取经学习，解决苹果种植及管理中的一些技术问题。

2020 年 2 月 17 日，密云区新城子镇党委书记、人大主席等一行到两乡镇交界的值守站点开展慰问交流，密云区新城子镇政府向涝洼乡赠送一次性口罩 3000 个、消毒液 20 桶，缓解了涝洼乡一线防疫物资紧缺状况。同时，为涝洼乡送去扶贫资金 10 万元和慰问 40 户贫困户资金 2 万元，进一步落实与涝洼乡的东西部结对帮扶工作。

劳务输出 携手脱贫

2018 年 6 月，北京市密云区与河北省承德市滦平县签署对口帮扶协议。密云区人力资源社会保障局与滦平县人力资源社会保障局相继签订了一系列劳务协作协议，明确了劳务协作合作方向，实现滦密劳务供需信息对接机制，完善了重大事项定期会商、项目跟踪等一系列工作机制。

"密云区人力资源市场"微信公众号向滦平县人力资源社会保障局推送招聘信息，截至 2020 年末，共计帮扶贫困人口到结对省份（北京市）就业 2602 人，共举办培训班 17 期，三年合计培训 6331 人次（含贫困户3989）。2020 年，共举办东西部扶贫协作专场招聘会 5 场，提供就业岗位1725 个，实现就业人数 736 人，其中贫困人口 113 人。全年通过东西部扶贫协作共帮助 895 名贫困人口实现就业，滦平县累计在北京市稳定就业贫困人口 6217 人。年发布北京企业招聘信息 25 期，招聘岗位 8000 余个，年网络阅读量达到 5 万余人次，为脱贫人口和全县城乡劳动力提供高效便捷的就业服务。

2018 年 7 月 24日，密云区人力资源和社会保障局携手古北水镇旅游有限公司在滦平县举行专场招聘会，面试合格录用117 人。截至 2020 年底，在古北水镇长期

招聘会现场

务工人员已近 1000 人。

2019 年 9 月，密云区挂职干部、滦平县委常委、副县长王江波率人力资源和社会保障局相关人员与密云区人力资源和社会保障局进行了对接交流，就北京企业吸纳滦平建档立卡贫困劳动力就业、建立东西部劳务协作就业扶贫工厂（基地）等事宜，并与密云区人力资源和社会保障局、古北水镇达成建档立卡贫困劳动力转移就业合作意向。

2020 年因为疫情原因，密云倍舒特妇幼用品有限公司转产口罩，急需工人。密云区挂职滦平县干部得知这一情况后，协调滦平县精准对接就业岗位，提供点对点一站式服务保障，仅用了两天就解决了企业用工问题。

2020 年 7—8 月，密云区人力资源和社会保障局在首都经济贸易大学密云分校，对滦平县贫困村 55 名创业致富带头人以"敢闯会创，筑梦乡村"为主题，采用网络授课、实地考察混合模式集中培训。课堂上传授新媒体运营营销管理模式，牛、羊、鸡养殖技术，林果业及中药材的种植管理。密云区政府提供 30 万元扶贫协作帮扶资金，供学员往返交通费、吃住费用及培训相关费用。

两地建立社保比对共享机制，定期交换数据，跟踪滦平籍劳动力就业状况。通过与北京市社会保险参保数据进行比对，及时掌握滦平籍劳动力在京务工参保信息，同时与滦平县脱贫人口库比对，有效跟踪滦平县建档立卡脱贫劳动力在京务工参保数据信息。

建立就业合作平台，使滦平贫困劳动力直接对接密云区和北京就业劳务市场。密云区职业技术学校与滦平县人力资源和社会保障局签订技术培训协议，合作开展培训工作，全年共举办培训班 60 期，其中培训贫困人口 605 人。

2020 年，密云区投入东西部扶贫协作资金 232.96 万元，集中设立扶贫公益岗位 1170 个。带动有劳动能力的不能外出务工贫困人口直接实现就业脱贫，88 个贫困村 1514 人受益，为滦平的脱贫攻坚工作夯实了基础。

教育扶贫 用爱心筑梦未来

扶贫必扶智，让贫困地区的孩子们接受良好教育，是扶贫开发的重要任务，也是阻断贫困代际传递的重要途径。密云充分利用首都优势和京冀对口帮扶资金，帮助滦平教育的硬件投入和建设，使基础教育水平得到很大提升。

学龄前儿童的乐园

滦平县安纯沟门镇中心幼儿园，是密云区为易地扶贫搬迁的配套建设项目，建筑面积 2470.65 平方米，占地面积 2840 平方米，建设综合楼一栋共三层及附属设施设备等，总投资 758 万元。东西部协作北京帮扶资金 578 万元，河北省地方财政配套 180 万元。受益贫困村 5 个、贫困户 447 户、贫困人口 1596 人，有效解决安置区及附近贫困村贫困儿童入园问题。

滦平县安纯沟门镇中心幼儿园

幼儿园现有学龄前幼儿 56 名，专职幼儿教师 3 人，幼教主任 1 人。依据幼升小教育大纲，展开了健康、语言、社会、科学、艺术等 5 个领域的教学。保证幼儿园的孩子每天不少于两个小时的运动时间，养成良好的卫生习惯；在游戏中识字、认字；锻炼孩子们的语言能力；启发孩子的想象力和认知能力；开展防灾演习，让孩子们学习在灾难面前如何更好地保护自己。每到中国的传统节日，给孩子们讲节日的由来，并学习背诵相应的古诗词。

滦平县付营子镇邢家沟门安置区位于滦河支流清水河岸边，安置区内有一座建筑结构新颖别致的三层楼，电动大门外用金字书写着"邢家沟门安置区幼儿园"。该园总投资 979 万元，其中利用北京对口帮扶资金 811 万元；总建筑面积 3200 平方米，建有标准综合幼儿教学楼一栋及附属设施设备等。可满足邢家沟门安置区、凡西营村和邢家沟门村适龄儿童入学。幼儿园的建成直接使 4 个贫困村、637 户贫困户、2260 人的贫困人口受益，120 名适龄儿童进入该幼儿园上学。

高标准小学校硬件建设

滦平县第五小学位于滦平镇皂沟村，紧邻滦平县易地搬迁集中安置区。北京市投入帮扶资金 1901.99 万元，京冀对口帮扶资金 2479.5 万元。学校占地面积 56.60 亩，建筑面积 13260 平方米，现有 56 个班级；还建有一座有 30 余个功能教室的综合楼，另有可容纳 1000 余学生同时就餐的餐厅，300 米的环形塑胶跑道，篮球场、足球场、羽毛球场、乒乓球场地等一应俱全，水暖电、市政管网等配套齐备。学校覆盖 5 个社区、6 个自然村和 1 个易地扶贫搬迁集中安置区。安置区内主要是来自滦平县 18 个乡镇的 538 户 1942 名建档立卡贫困人口和同步搬迁的 1079 户 3766 名普通家庭的人口，受益家庭达 1617 户 5708 人，其中，安置区内在读小学生有578 人，建档立卡贫困户学生 307 人，在校生 2863 人，教职工 162 人。

为了让孩子们拥有良好的学习生活心态，学会管理、控制和调节自己的情绪，充实自己的精神世界，学校在保证学生完成学习任务和不影响学校正常教学秩序的前提下开展各种活动。活跃学校学习氛围，提高学生自治能力，丰富课余生活；交流思想，切磋技艺，增进友谊。学校凭借新校设施完备优势，组织了手绘、书法、烙画、剪纸、器乐、跆拳道、篮球、乒乓球、棍网球等54个学生社团，涵盖到每一个学生。其中篮球和棍网球在全国10多个联盟校中3次夺得冠军。来自易地扶贫搬迁安置区的三年级学生姜程耀在"体教融合"项目中脱颖而出，不仅学习成绩从及格左右提高到了90分以上，还在蔡崇信公益基金会全国联盟校球类联赛中被评为棍网球MVP最有价值球员。从刚来学校时胆小怯懦，在优质教育的影响下自信心不断增强，到性格变得开朗，在杭州阿里体育中心敢打敢拼，比赛结束后不仅收获了奖杯和荣誉，同时还收获了"自信、阳光"，找到了"最好的自己"。

教学综合楼2层设有电教室、家长教室及心理健康咨询室。电教室的名师课堂时间，滦平五小的结对共建学校巴克什营中心校、火斗山小学的学生共享名师课堂内容；家长教室使家长们坐在教室中可以看到学生们在课堂上课的情况；

滦平县第五小学

心理健康咨询室以色彩柔和的淡绿色和淡蓝色为主体，设心理疏导室和心理沙盘游戏等，可以有效地平衡情绪、促进成长，解决学生的心理障碍。

倾心相携，对口帮扶

2018年，国家级示范校密云职业学校与滦平县职业教育中心签署对口协作协议。双方互派教师到对方学校，组织学生参观学习，取得良好成效，在专业建设、师资培训、学习就业等方面开展深度合作。同年8月，18名来自滦平建档立卡家庭贫困生，来到密云职业学校免费就读汽车修理技术专业。三年共有43名贫困家庭学生到密云区职业学校就读，其中有20人成绩优异，毕业后被北京企业录用，其余返乡就业。

为了提升学校教育教学管理水平，密云职业学校发挥优质教育资源辐射带动作用，提供教学示范、教师培训学习。滦平县职业教育技术中心骨干老师郎桂平说：在密云职业学校6个月的跟岗学习中大幅提高了自己的教学水平，学到了先进的教学理念、教学模式、教学方法等实用技术。

密云职业学校依托区位优势和名校效应，促成10余家国内企业与滦平职教中心开展合作，安排学生实习就业200余人，确保对口协作、结对帮扶工作取得良好成效。

2020年10月21日，滦平县职教中心学校一行8人到密云职业学校参观学习，签订了《密云区职业学校与滦平职教中心联合培养协议》，采取"1.5年（滦平职教中心）+1.5年（密云职业学校）"的方式，滦平县职教中心汽修专业30名学生将在密云职校用一年半的时间强化技能提升，毕业后为各项成绩优异者提供就业机会。

加强交流，携手共进

密云区教委针对滦平县的实际情况及需求，组织10所中小学校与滦平县结对成帮扶学校。

2019年5月17日，滦平县教体局相关人员到北京市密云区学习交流，先后参观了北京交通大附属中学密云分校、七小、太师屯中心小学的校园文化建设、教育现代化和信息化建设、校园安防应急和安全教育、特色社团活动开展等；双方就教育帮扶合作，展开了交流座谈并达成了共识。

2019年9月，为提升教师的教学水平、教育理念和教育科研管理方法，滦平县教体局派遣了22名教师分别到密云7所学校进行6个月的跟岗学习。期满后纷纷表示：时间虽短却学到了许多东西，一定要把学到的带回去，用于今后的工作中，并且希望还有机会来密云学习。

2018年6月，密云六小与滦平一小结成对口支援学习协作学校，确定了教育帮扶活动主题和具体内容。7月，滦平一小组织20余人来到密云六小参加教师素养提升培训。密云六小在暑期联系密云教委装备处，为滦平一小捐赠笔记本电脑50台、台式电脑80台。捐赠性能完好旧电风扇108台、旧课桌40张。同年10月，密云六小开展了送教帮扶活动，组织语文、数学、英语、科学等4个学科的6名教师到滦平一小授课。

2019年9月，联系密云一小为滦平一小捐赠教学用品。邀请滦平一小部分教师来密云六小参加研修活动。密云二中向滦平五中捐赠排球72个、足球60个、篮球24个，用于学生的课外活动。密云六中向滦平三中捐赠价值5000元的米、面、油，30套文艺演出服，800套高质量不锈钢餐具，向8名贫困生每人发放300元助学金。密云巨各庄小学向滦平两间房小学捐赠图书500余册、会议室座椅90把。两次邀请滦平两间房小学优秀学生，参加巨各庄小学主题实践活动。

扶贫支教显风采

密云区教委选派 26 名优秀教师赴滦平支教，对当地学校教育质量的提高起到了不可或缺的作用。

支教巴小 爱岗敬业

北京朝阳实验小学密云分校中教高级教师宋德宏，两次被评为北京市信息技术先进教师，指导青年教师参加国家级、市级、区级评优课 60 余节，获得一等奖。组织国家级、市级、区级教研课题的研究，《数学教学中培养学生创新意识和实践能力的研究》获国家级优秀奖。参与组织编写《研发学生智力拓展学生思维》《基于思考力提升的益智校本课程的研究》等校本课程教材，两次被评为北京市电化教育先进个人。

2018 年 9 月 5 日，临近退休的宋德宏老师来到滦平县巴克什营中心校，开始为期一个月的支教生活。来校第二天，他便深入课堂，根据自己对课堂的感受和经验，与年轻教师一起分析课堂教学中的优缺点，用自己的教学经验针对教学中发现的问题，提出应对和解决的方式方法；调动教师们将

宋德宏为学生授课

理论知识和实践经验相结合，增强对课堂教学的自觉意识。对年轻教师从理论上加以指导，尽可能地提高教学质量和学生的获知程度。同时参加数学教研组的听课与评课研讨，利用青年教师的优势，运用信息技术来激发学生的学习兴趣。给青年教师上示范课，让青年教师不断进步。

宋德宏老师在住校期间，每天清晨早早起床开始打扫卫生，将一楼大厅和楼道擦得干干净净，清除旧日尘埃，迎接新的一天，这种以校为家的敬业精神影响感动了巴克什营中心校的教师们。

扶贫支教 书写精彩

2019 年 7 月，任古北口小学教导主任的蒋小刚老师，听到学校将选派教师到滦平帮扶支教的消息后，克服了家庭及工作中诸多的困难，申请到滦平支教。来到巴克什营小学（简称巴小）后，通过考察、座谈和深入交流，促成了巴克什营小学与古北口小学的全面合作，开启了合作、交流、共享的互助模式。古北口小学传统文化课程展示、送教活动等，助推了巴克什营小学的发展与提升。

2019 年开学伊始，巴克什营中心校有 9 名刚刚上岗的新教师，蒋小刚老师主动做起他们的师傅。为掌握第一手资料，有针对性地对新教师进行指导，他每天行走在新教师的课堂上，对新教师课堂教学上存在的问题，辨证施治，对症下药，引领新教师快速成长。指导参与数学组曹伟老师的课件

蒋小刚指导学生课外合作情况

制作，在滦平地区网上课堂展示中获得奖项。蒋小刚老师通过自己的人脉以及学校的区位优势，发挥纽带作用，每当密云区有大型的教育科研活动时，巴小教师都能参与其中，为巴小教师创造了许多到密云学习的机会。在合作交流中转变了教育理念，提升了教育教学的综合素养。促成了北京创源教育向巴小贫困学生和老师的捐赠活动，向 10 名贫困学生每人捐赠了 850 元及 3 名贫困老师每人捐赠 1000 元，解决了贫困学生的实际困难。他用爱温暖了贫困学生的心， 让贫困学子感受到了童年的快乐与美好。

休育老师的扶贫路

密云区十里堡镇中心小学体育教师齐建军，在 2018 和 2019 学年度中，连续获得密云区教委颁发的优秀教研组组长称号。所率跳绳队在北京市中小学生跳绳比赛中，曾经获得 2017 年、2018 年、2019 年团体总分三连冠，齐建军老师辅导的集体跳绳项目，获得 7 次北京市冠军，市级获奖人数 200 多人，个人多次获得北京市"优秀教练员"称号。

2019 年 11 月 25 日，齐建军来到了滦平县张百湾中心校开始扶贫支教工作。到校第二天就忙碌起来，将自己制订的详细工作计划与张百湾小学领导沟通，并予以实施。为提升农村学校教师的体育教学水平，开展了有针对性的培训，组织学科教研活动，以课例加讲座的方式向全体教师讲授《让大课间活动促进学生健康成长》，设计课间操和集体跑步的活动方案，提升课间操、集体跑步的质量，把自己的先进经验进行分享。

张百湾小学开展体育教育融合试点项目，齐建军老师发现训练器具短缺，随即便与十里堡小学领导沟通。十里堡小学十分重视这一情况，向张百湾小学捐赠足球 50 个、篮球 30 个、跳绳 100 根、电动充气泵一台，总价值约 5000 元。齐建军老师得知消息后，利用周六学生休息，驾车返回密云，第二天亲手将捐赠物品交给张百湾中心小学。在完成担负的四年级体育教学的基础上，利用早晚课外小组活动时间，自己所带的体教融合项目组学生在学习上进行精心的辅导，先后对15名学生进行了个别指导。指导学生进行足（篮）球训练，在训练过程中，及时纠正发现的问题，使学生的体育技能和团

齐建军在课堂上授课

队合作战术意识得到显著提升。在体育示范课中传授体育课的结构，确定体育课的一般授课模式。

有一段时间，受新冠疫情影响，不能开展面授指导，支教工作通过网上授课和在线教学指导的形式完成。齐建军老师向张百湾小学推送了北京市线上学习平台体育教研学生居家锻炼课程，由张百湾小学教师向学生进行全面推介。细心的齐建军老师为保证学生参加线上学习一个都不能少，个人捐款1000元，帮助贫困学生购买流量上网课，得到广大学生及家长的肯定。

拓宽医疗服务半径 共护滦平人民健康

密云与滦平山水相依，紧密相连。为落实脱贫攻坚、对口支援东西部决策部署和要求，密云区卫健委安排所属医院，对口支援"邻居"河北滦平。本着因地制宜，精准"把脉"，"对症"施策，把最真挚的感情、最优秀的医生、最先进的医疗设备与技术，送到了滦平县人民身边，与当地医生一道，为人民群众搭建起宛如金山岭长城般坚固的健康长城，推动了该地区医疗卫生事业的不断发展[1]。

技术支持，传经送宝

密云区医院先后选派 9 批 17 位医务人员对滦平县医院进行医疗支援和业务指导；古北口镇社区卫生服务中心和新城子镇社区卫生服务中心依托地理优势，分别派出一名医生，到临近的滦平县巴克什营中心卫生院和滦平县涝洼乡卫生院坐诊。这些医生都是本单位的顶尖人才，涉及内科、外科、中医、中药、临床、骨科等各个方面。他们在帮扶工作中，充分发挥自身才能，采取出诊会诊、教学查房、专题讲座等形式开展医疗服务，受到所在医院和当地群众的广泛好评。

任小贺是密云区医院药剂科的主管药师，2018 年 9 月接到医院的援滦通知后，把幼小的孩子托付给家人，义无反顾地去了滦平县医院。

---

[1]：密云区援滦医务人员有宫淑艳、张小刚、蒙学兵、郑燕山、任小贺、孙振锋、杨海峰、温利波、林伯臣、李杰、刘红雷、张林、唐永辉、何友龙、解建茹、陈利、左超、高秋生、杨绍辉、杜敬跃、王项征。

工作中，任小贺认真负责，发现该院在抗菌药物使用方面不太规范，一是预防使用抗菌药物率高；二是给药频次不合理，给药剂量偏大；三是预防用药时间过长等。针对这些问题，任小贺和该院药剂科的工作人员沟通，参与药剂科合理用药管理相关工作，汇总用药存在问题并反馈至医院管理部门；开展处方点评，建立处方点评工作方案，对药学人员进行培训，每月对药师点评的处方进行二次点评并反馈，以提高药师

任小贺医生在作专题培训

点评水平；协助药剂科对抗菌药物合理使用进行管理，对系统中抗菌药物进行维护，保证数据统计的准确性。通过病历点评发现临床科室存在问题，分析使用合理性，写出6000多字分析报告。针对眼科、耳鼻喉科、口腔科、感染科等用药问题，给出合理化建议，促进临床合理用药。一年里，任小贺点评了200多份病历，完成科室内培训4次、院内培训1次，使得滦平县医院处方合格率上升，抗菌药物的使用强度下降，受到滦平县医院的极高评价与肯定。

皮肤科医生按一般人的理解是治疗皮肤表面的疾病，但高明的医生却能由表及里。张林是密云区医院皮肤科主治医师，2019年11月她被派驻到滦平县医院皮肤科坐诊。一次，她和同事们一起会诊一例慢性荨麻疹患者。这位患者患病半年多，从开始的一种抗敏药外用，到后来的三种抗敏药混用，始终未见好转。最后会诊结论是：荨麻疹性血管炎。张林建议患者到市里医院作进一步检查，并顺便做个胃肠镜。患者很不解，说虽然自己有慢性胃炎，但并没什么感觉，没这个必要吧？张林笑着说，顺便做一

个吧，反正也要去一趟，查查不是也就放心了么？半个月后，得知患者是早期胃癌，多亏检查及时并做了手术。术后，患者恢复良好，令他苦恼不堪的荨麻疹症状也慢慢消失了。那年初冬，患者到医院给爱人开药，见到了张林医生，对张林表达了真诚的谢意，说张林是他的救命恩人。

宫淑艳是密云区医院药剂科的主任药师，2018 年 8 月 1 日至 8 月 31 日，50 多岁的她作为区医院首批派出骨干，对滦平县医院的临床药学工作进行了为期一个月的业务指导。当时滦平县医院面临着搬迁新址，药剂科工作方向转型，迫切需要帮扶指导。

宫淑艳从滦平县医院的门诊处方和出院病历点评工作入手，有针对性地对滦平县医院门诊处方书写的规范性、用药适宜性及病历中可能存在的不合理用药问题进行了点评。与药剂科主任讨论疑难病例 10 份，累计点评门诊处方 1500 余张，点评涉及 9 个临床科室的出院病历 120 余份。点评出不合理处方 198 张，用药不合理病历 41 份，并就典型不合理处方 91 张、典型不合理病例 26 份，逐一录入电脑总结分析，及时向药剂科和医务科反馈。

宫淑艳对部分门诊处方和出院病历进行点评

同时分别就"处方点评与案例分享"及"病例点评与合理用药"，对医院医务人员进行培训。通过她的悉心指导，滦平县医院临床医务人员的处方书写更加规范化、用药更加合理化，药师的审方能力与点评能力进一步提高，初步形成了良好的合理用药氛围，为进一步促进临床合理用药，保障患者用药安全打下了坚实的基础。

密云区医院骨科副主任医师张小刚和宫淑艳是同批援滦医生，虽然只是短短的一个月时间，却让他印象深刻。正是夏季多雨季节，天气恶劣，他深入滦平县医院骨二科病区一线，根据科室实际需求，结合具体病例，参与帮助指导临床医疗工作，包括临床诊疗、会诊病人、共同探讨手术方案等，着重进行相关知识、经验、手术技巧等方面的探讨交流。帮助完善医疗过程中的各项核心制度，并针对骨二科病人多、床位少的具体情况，提出指导意见，提高病床周转率，缓解病床紧张情况。同时，张小刚还将密云区院骨科的成熟手术技巧推荐给骨二科，比如：股骨干骨折锁定髓内针固定术、踝关节骨折手术技巧、骨质疏松性椎体压缩骨折手术技巧、桡骨远端骨折手术适应症选择等。在对口支援期间，体现了密云区医院严谨、求实、创新、奉献的良好形象。

密云区医院心内科主治医师李杰一共援滦13个月，开始在滦平县医院，不久被派往巴克什营卫生院。这是一所基层卫生院，没有专门的心内科室，她由一名内科医生变成了全科医生。巴克什营卫生院设有住院病房，病历书写相对不太规范，李杰耐心进行培训指导；村里人看病困难，路途较远，她就多次下乡义诊。半年后，她又回到滦平县医院坐诊。滦平县医院心内科是该院的重点科室，常规诊疗水平很好，李杰随着同事一起坐诊、查房。她发现该院在药物治疗方面不太规范，常规备用药不全，同时"电生理检查"欠缺。正巧密云区医院正在对心内科医生做有关方面的培训，李杰便边学习边指导。碰见棘手的心电图方面问题，及时与区医院共同会诊。因为有她，滦平县医院心内科室的医技得到很大提升。

密云区医院普外二科主治医师杨海峰被通知援滦2个月，结果延长至13个月，他欣然接受，毫无怨言。在坐诊一年多的时间里，他和几位同事深入贫困山区进行义诊100余次，得知有行动不便的贫困患者不能到现场就医时，主动提出到患者家里进行诊疗，受到群众广泛称赞。在滦平县医院，他举办科内讲座10次，参与门诊180例。他在进病房查房、组织病历讨论时，发现有些基本操作比较随意，不正规，就按照首都医院标准，严格要求，带着教学，规范查房，进行无菌操作，增强了当地医生无菌操作的意识。

滦平县医院的医护们说，杨海峰医生让他们见识到了密云医生的专业与风范。

蒙学兵也是第一批援滦医生，作为密云区医院泌尿外科主治医师的他，一到滦平县医院便立刻投入了工作。当时滦平县医院泌尿外科刚刚起步，各项检查及设备不完善，相关疾病诊疗开展较少。蒙学兵以"十三项医疗核心制度"的落实为基础，与科室同事一起结合具体病例、临床诊疗示范、教学查房、手术方式指导、病案讨论、举办讲座，经常对日常工作中发现的相关问题进行探讨交流。结合科室特点，蒙学兵向其推广前列腺增生、泌尿系结石等疾病适宜的诊疗技术及采购设备。在他的努力下，滦平县医院泌尿外科的管理流程得到优化和改进，基础医疗管理水平和医疗服务能力得到全面提升。

密云区医院呼吸内科主治医师解建茹2020年9月被派到滦平县巴克什营镇中心卫生院，她将基层常见的呼吸系统疾病，包括社区获得性肺炎、慢性阻塞性肺疾病、支气管哮喘等基层诊疗指南，通过小讲课、教学查房、病例讨论等形式进行业务培训与讲解。针对住院患者，和同事一起定期查房，帮助解决一些疑难病症的诊治。2020年12月，因疫情她暂停支援。在巴克什营镇中心卫生院的日子里，她与同事们建立了良好的友谊，至今难忘。

密云区医院带教医生为滦平县进修人员讲解技术操作要点

悉心传艺，带教帮扶

在外派"精尖"人才援助的同时，密云区还接收了25名滦平县医护人员来密学习，这些人大部分被安排到密云区医院。

区医院和接收医院免费为学员提供食宿，由高年资、高职称人员进行带教，定期安排理论知识讲座，规范病历书写，开展危急重症病例讨论和急诊急救实操训练，不断提升进修医师的临床诊疗和急诊急救能力。通过面对面指导和手把手教授，提高了整体诊疗水平。

设备支持，提升服务

几年来，密云区卫健委积极筹措资金，为滦平县捐赠了全自动化学发光免分析仪、半自动生化仪等价值 200 多万元的医疗设备，这些设备根据滦平县医疗实际情况，分派到了各个乡镇基层医院。滦平县利用东西部协作资金，建设了远程医疗中心项目，为基层乡镇卫生院配齐了 DR 和救护车，在全县 20 个乡镇卫生院分别建设远程会诊平台、电子病历系统、LIS（实验室报告）系统、远程影像诊断云平台（PACS 系统）、远程心电系统（带 12 导心电图机）、家庭医生签约系统，实现了"基层检查、上级诊断、数据共享"，借助县级医院的医疗技术和人才资源，有效提升了乡镇卫生院的诊疗服务能力。远程医疗的实现让滦平全县老百姓受益，足不出乡就能及时得到知名专家的诊疗，节省了乡外就医的交通、食宿、挂号等时间和费用，为滦平百姓带来了更好的就医体验。

远程医疗中心的建设不仅有效地解决了老百姓看病难、看病贵的问题，同时也提高了滦平县基层医院的整体水平。远程会议、远程医疗会诊、手术示教、培训教学、医疗信息服务等活动的开展，使基层医护人员及时了解掌握了目前医学技术的最新发展，医疗技术水平不断提高。

通过几年的健康扶贫工作，密滦双方增进了感情，实现了资源共享，优势互补，拓宽了医疗服务半径，用更加优质的医疗服务，造福了更多人民群众。

密滦携手 书写文旅融合新篇章

密云与滦平一衣带水，山水相连。古北口长城与滦平金山岭长城城体相接、一脉相承；密云水库上游的潮河，仿佛一条丝带，把两地连接起来，使两地同处一个水源生态系统。

潮河发源于河北丰宁，经滦平县到古北口入密云区境，汇入密云水库，在滦平境内长 64.1 千米，流域面积 1417.9 平方千米，年均供水量约 1.5 亿立方米，是密云水库的主要水源之一。作为潮河入京的最后一道屏障，为首都保水源、保水质、保水量是滦平县的重要责任。为了护好密云水库这汪净水，多年来密滦双方多次互访对接，加强协作，建立合作机制，编织好密云水库"防护网"，同时实现文旅优质资源共享。

密云水库上游协同保水座谈会

领导重视，促进协同发展

密云区科学统筹，合理安排来区文旅局挂职的滦平县工作人员，不断推进各项工作开展。2019 年，密云与滦平签订合作协议，落实跨界水体联合监测、预警及水污染防治联合执法等各项机制。2020 年 9 月，签订《密云水库上游流域"三区两市"生态环境联建联防联治合作协议》，并邀请滦平县委领导班子一行参加密云水库建成 60 周年庆祝活动，见证了 60 年来密云区和滦平县在生态建设方面合作的丰硕成果。"同饮一河水，共享一片天"，密滦合作机制更加紧密和完善。

文旅融合，实现资源共享

2019 年 12 月，密云区文旅局邀请滦平文旅局参加"浪漫冰雪·激情盛会"暨 2019 京北生态冰雪旅游精品线路信息发布会，整合密云与滦平冬季冰雪旅游资源，共同打造京北生态冰雪旅游圈，推进跨区域旅游，形成跨区域游客互送机制，共同推出两条冰雪主题旅游线路。北京电视台、人民网、千龙网、腾讯、河北新闻网等近 20 家主流媒体报道。借助这次活动，滦平进行了很好的宣传，以金山岭长城、乡村游、山戎博物馆、康赛庄园等热点冰雪季资源为依托，推出登长城、品民俗、探索历史

滦平县山戎博物馆

等系列冬季文旅活动。

2020 年 11 月，密云区文旅局与滦平县融媒体中心举行文旅宣传推广签约仪式，在营销宣传、培训交流等方面进一步合作。比如：在密云南山滑雪场、司马台长城等旅游区，设置滦平旅游宣传区域等内容，多方面推介滦平旅游打卡地，实现客流共享，优势资源共享，推动密云滦平文旅合作。两地还签订了《密云区、滦平县边界长城保护合作协议》，本着"共同保护、资源共享、成果共享、困难共担"的合作理念，在长城保护传承、研究发掘、文旅融合、乡村振兴等领域加强对接协作，促进两地互惠互利，共同发展，使两地长城保护工作迈上新台阶。

资金帮扶，共护绿色生态

2020 年 5 月，作为结对帮扶单位，密云区园林绿化局到滦平县调研，就森林草原防灭火及森林病虫害工作进行座谈交流，捐赠灭火机、割灌机、油锯、防火服等价值 30 余万元物资。密云滦平是一家，生态保护有同责。为了共同守护好这片绿色生态，几年来密云区园林绿化局为滦平捐赠防火物资和森林病虫害防治物资价值近 100 万元。

2020 年 8 月，密云区党政代表团到滦平县付家店乡实地调研潮河生态环境综合整治，就今后潮河发展治理工作提出建议，进一步签订了结对帮扶协议。滦平县付家店乡是滦平县与北京合作开展潮河流域生态清洁小流域治理项目的重要区域，重点实施了"山水林田湖"综合治理。通过治理，曾经满目疮痍的河道已经蜕变成一条景观河、生态河。代营子村是付家店乡下辖的 6 个行政村之一，位于潮河岸边，依据"河长制"要求，村里设有巡河员，每天都要围着代营子村域内的潮河巡视。代营子村干净整洁，穿村而过的小河道两旁筑起了高高的河坝，直通村外的潮河。整齐的街道、高高的太阳能路灯，这些硬件设施都是用密云援助资金修建的。滦平县潮河岸边的大部分村镇都与密云建立了结对帮扶关系，他们利用帮扶资金，修葺村庄、整饬河道，守护着潮河这条北京的生命水源。

滦平潮河湿地公园

行走在滦平流域内的潮河两岸，河道治理整齐宽阔，水平如镜，不时有水鸟从水草丛中游出，或在水面上空盘旋。如今，绿水青山就是金山银山的理念已深入人心，密云与滦平不分彼此，共同守护着来之不易的良好生态环境，擦亮了生态文旅金名片。早在2016年，北京市与河北省就签署了《全面深化京冀对口帮扶合作框架协议》，确定了密云滦平两地结对帮扶关系。

2017年，在密云区发展改革委与滦平县发展改革局对接中，双方为进一步提升结对帮扶成效，共同谋划了将S5线延伸至滦平的宏伟目标。S5线是市民前往怀柔、密云旅游通勤的市郊列车线路，起自昌平，经怀柔至密云古北口，如果能通行到滦平，将会大大提升滦平文旅影响力，推进滦平经济社会发展。如今，滦平正在有序推进S5线延伸改造项目，相信在不久的将来，密滦两地将会书写出文旅融合、共富共享的崭新篇章。

来自密云的"老乡"

2018年4月，时任密云区农业服务中心副主任李铁玉，到河北省承德市挂职扶贫办党组成员、副主任，以及出任承德挂职团队临时党支部副书记，分管滦平和丰宁的扶贫工作。刚到承德工作时，那里还没有形成完整的东西部扶贫协作工作体系。干什么？怎么干？谁来干？成了急需解决的问题。为此，团队多次与市县分管领导进行沟通对接，最终明确了东西部扶贫协作的主体和挂职干部的具体工作，并筹划成立了东西部扶贫协作办公室，使东西部扶贫协作机构实现了从无到有的转变，工作步入良性发展轨道。

东西部扶贫资金使用，需要在规定时间段内建设产业项目，保证项目按要求完工，并建立企业扶贫长效机制，在生产运行后要充分发挥东西部扶贫项目的带贫效果，因此时间紧、任务重、压力大、强度高。"不到实地，就不了解实际情况。"李铁玉提出了"走出办公室、扎根到一线"的工作方法。办公室长期放着一个背包和一双运动鞋，哪里需要他，随时都能出发。在项目建设期内，他几乎每天都在下乡，在滦平和丰宁之间奔波，走遍了所有的扶贫项目点。

随着工作开展，各种问题也逐渐显现出来，如工作流程冗长、业务节点设置复杂和沟通协作效率低等。深思熟虑后，李铁玉提出以扶贫协作办公室为平台，市、县挂职团队以岗位职责为切入点，推动政府和部门开展东西部扶贫协作工作的"12345工作模式"，即构建一支团队、搭建两个平台、强化三大体系、实现四维联动、落实五项制度。"12345"工作模式实施后，扶贫协作效率显著提高，很快在承德地区得到推广。

扶贫协作资金是北京各级财政过紧日子的情况下支持的，每一分钱都承载着北京和密云人民的心血和汗水，李铁玉感觉到担子很重，"只有把这些钱都花在最需要的地方，让百姓致富，让产业振兴，才能不辜负首都人民！"

李铁玉和同事想尽办法，不断推动产业项目对接，提升产业协作层次。2020年5月，他们协助承德市与北京市国资委共同举办了"百家京企进承德"扶贫产业协作对接活动，19家北京企业对承德市90个项目提出合作意愿。活动覆盖了承德"3+3"特色产业，彰显了挂职干部的工作能力和水平，实现了精准对接、精准落地、精诚合作，跑出京承产业扶贫协作的"加速度"，走出一条"团队推动、政企对接、项目唱戏"的新路子。随后，北京联成集团、腾讯集团北京总部等龙头企业相继与承德签署投资协议。这些项目的落成，为京承两地大范围、深领域的产业合作奠定了坚固基础，实现了双方优势互补、精准对接。同年，通过他所在的承德市扶贫办积极协调，密云和滦平共同投资1100万元建设的滦平高新技术产业开发区建成落地，为两地协作发展谱写了新篇章，为滦平经济注入了密云活力。

北京和承德，对李铁玉来说都是家，他充分发挥"一手托两家"的优势。在他们的努力下，以北京双创中心为依托，同中国农业银行共建网上扶贫商城，全面推动消费扶贫行动，促进产销对接，大力推动"承德山水"消费扶贫产品进入北京市场。几年来，北京地区共销售滦平等地区农特产品超过8亿元，直接带动8600多名贫困群众实现增收。

在李铁玉等人积极协调下，京承两地不断拓展协作广度和深度，推动结对帮扶向乡镇、村延伸，向教育、医疗等领域拓展。两地共签署各类携手奔小康协议142份，涵盖了镇与乡、村与村、村与企、村与社会组织、学校与学校、医院与医院不同领域。其中，滦平县"兴春和"扶贫示范园区创立的"一园四带"扶贫模式，获得"大国攻坚决胜2020"精准扶贫案例产业扶贫组第一名，被财政部列为典型扶贫案例，并入选"河北省产业扶贫十大典型模式"。

既要发展经济，更要保护生态。李铁玉和同事们紧抓东西部扶贫协作机遇，与北京开展生态共建。通过在滦平等地造林绿化，实施了京冀生态保护水源林建设合作，共建首都北部生态圈，为区域生态脱贫打下坚实基础，在生态建设中进一步强化带贫作用。同时把项目帮扶作为主要抓手，紧盯贫困群众稳定增收这一关键任务，引导北京企业落户开展扶贫，援建扶贫车间，组织对接会议，举办劳务培训，开展"就业扶贫岗位开发、职业培训提质增效、就业服务扩展"等行动，使当地有劳动能力、有就业意愿的贫困群众实现了充分就业。京承东西部扶贫协作工作在2019年、2020年连续两年在国家单独考核的20个市州中名列前茅，滦平、丰宁脱贫摘帽，21.28万贫困人口全部脱贫。

挂职快要结束前，组织希望李铁玉能够延长挂职时间。李铁玉毫不犹豫地答应了："北京的一杯水，半杯源自承德。承德人民为首都作出了重大贡献，饮水要思源，为他们做事，我义不容辞！"更令他感动的是年迈的母亲得知他选择继续留在承德工作，不但没埋怨他，还鼓舞他："你这个选择是正确的，脱贫攻坚是国家大事，我支持你，家里谁不同意我去跟他谈！"老母亲说到做到，为了能让他安心工作，家里的事一般都不打扰他，这让李铁玉没有了后顾之忧，全身心地投入工作。不仅如此，在疫情期间，老母亲还特意拿出省吃俭用的钱让他代捐给疫区。

李铁玉荣获北京市扶贫协作先进个人

艰苦扶贫路，难断两地情。口音、饮食、生活习惯和承德人差不多的李铁玉，很多人都以为他是本地人，干脆喊他老乡，由衷地信任他，愿意和他聊家常、说真话。即使后来得知他是来自密云的扶贫干部，大家还是愿意把他称为老乡，情感没变，说话没变，关系反而更加亲密了。挂职期间，李铁玉获得承德市级嘉奖两次、二等功一次，被推荐为北京市级"脱贫攻坚之星""最美扶贫新闻人物"。回忆那段时光，李铁玉说："扶贫工作给了我也教会了我很多，承德人民能把我当老乡，是件特别幸福的事！"

不负信任 当好"三员"

2018 年 1 月份，王江波从密云东邵渠镇到滦平挂职，任滦平县委常委、副县长，分管扶贫和协同发展工作。作为扶贫协作领导小组的一员，王江波深深体会到扶贫工作任务艰巨、困难很多，必须努力提高自己，全身心投入到工作中去。他和同事们吃住在一起，仔细研究当地情况、摸索工作方式和明确帮扶思路。

密云和滦平虽山水相连，但这种力度的帮扶工作还是第一次，怎样才能使两地更快更好开展对接？必须要走出去、请进来，互相了解、取长补短——仅用半年时间，王江波和同事们努力牵线搭桥，促成了两地党政主要领导多次联动互访及十多个部门深度对接，随后又引进了阿里巴巴、百年栗园、蜜蜂大世界等企业到滦平助力精准脱贫。

"到了滦平，就得为滦平谋事办事，为百姓真干实干。"他要求相关部门每周汇报工作进度，及时反映问题，每半个月开一次调度会，切实解决实际问题。他主动下基层走访，同贫困户交谈，了解真实情况，帮助解决问题，用半年时间走遍了滦平 60 余个贫困村，把来自北京的温暖送到了滦平的田间地头。

第一次到贫困户家走访的情景，王江波至今记忆深刻。那户家庭生活条件十分艰苦，没有一件像样的家具。王江波边详细解读扶贫政策，边认真记录他们的困难。到了晚上五点，还没见他们生火做饭。就顺便问了句，得到的回答只有两个字：省钱。简单的回答却令他大吃一惊。不吃晚饭就为了能省下一点钱，在滦平的偏远农村，不是亲身经历，绝对想象不出竟还有这样的贫困户！那一刻，王江波心里非常难受，久久说不出话来。

通过调研，王江波发现微型菇房在当地农村具有一定发展前景，操作简单且经济效益高，能很快帮助贫困户实现增收，非常适合推广。于是他把微型菇房作为第一个扶贫项目进行推广，反复查看土地情况，苦口婆心地劝老百姓转变观念，接受这些新鲜事物。付营子村民老郑，一直种植蔬菜，虽收入不高，但基本稳定。王江波多次上门动员，老郑死活就是不同意，一怕没技术种不好，二怕卖不出去。看他们来了，就大门紧闭躲起来。眼见为实！为打消村民顾虑，王江波决定先做给他们看看。他请人在村里建起了样板间，让百姓亲眼目睹蘑菇种植简单易懂，还组织贫困户去外地参观学习，同时承诺企业保质量、保价格、保销售。一些贫困户终于动心了，开始尝试种植。很快蘑菇种植成功，且收益可观。老郑再也坐不住了，主动打电话：王县长，我要种蘑菇！在王江波的帮助下，老郑不但学到了技术，还成了微型菇房的一名基层管理者，每天都乐呵呵的，干劲十足。微型菇房在当地得到推广，使许多贫困户实现增收，王江波的心终于踏实了。

"帮扶资金就是要起到雪中送炭的作用！"为了用好这些帮扶资金，王江波多次与相关部门研究策划，制定管理办法，确保了帮扶资金专款专用，提高了帮扶资金带贫成效。作为产业扶贫帮扶项目，承德兴春和农业股份有限公司申请并获得京冀对口帮扶资金1000余万元，企业很快发展壮大，直接带动当地贫困人口和建档立卡户快速走上致富路。"现在好了，我和媳妇都在这上班，方便照顾老人孩子，不用去外边打工了不说，收入还增加了呢！"曾经的贫困户、现在的农业工人老孙一脸满足地说。

王江波包联马营子乡的扶贫工作，经常县里乡里两头跑，有时一两个月都顾不得回家。2019年的一个夏天，难得回一次家的王江波，还没来得及抱一抱孩子，就接到了滦平打来的电话：马营子乡下了暴雨，部分村庄爆发山洪。放下电话，他看了孩子一眼，背上包驱车直奔马营子乡。那次山洪致使马营子乡受灾严重，王江波与县里领导第一时间赶到现场指挥抢险救灾，避免了更大经济损失和人员伤亡。灾后不久，王江波积极协调密云区国资委，为乡里带来了20万元的救灾款，帮助百姓渡过难关、重建家园。

县里的配套资金出现缺口，一些项目无法正常开展时，王江波急了，他亲自带着三个部门负责人，多次到承德市扶贫办协调争取，最终70多万元的配套资金全部到位，幼儿园、卫生院的项目得以顺利开展。安纯沟门满族乡异地扶贫搬迁安置区落成了，却没有卫生室，百姓看病需要到几十千米外的县城。王江波得知情况后，费尽周折，才争取到北京帮扶资金259万元建设卫生院。建设过程中，门前有几根高压线杆影响

王江波在安纯沟门乡调研对口帮扶幼儿园项目

施工，成了难题。王江波多次协调电力部门，最终线杆被移走，卫生院如期建成。院长回忆说："为了这座卫生院，王县长打了不下100个电话，跑了几十趟，百姓们看在眼里感动在心里！"卫生院的建成，解决了附近乡镇10000多人的就医难问题，王江波用实际行动践行了为百姓真干实干的诺言。

年轻人是脱贫致富的主力军，王江波非常重视他们的就业情况。授人以鱼不如授人以渔，有了一技之长才能找到稳定工作，通过他们积极争取，蔡崇信公益基金会和淘宝大学落地滦平职教中心，开办电商、影视后期制作等专业培训。有很多青年通过培训后找到了工作，实现了一人就业、全家脱贫。

王江波始终把自己定位成滦平大家庭的一名"成员"、密滦两地的"联络员"、老百姓的"服务员"，从两地的实际情况出发，为两地牵线搭桥，为两地百姓服务。他一心为百姓着想，充分展示了首都挂职干部的"精气神"。他参与策划的项目和他的先进事迹被人民日报、北京电视台、学习强国等多家主流媒体报道，多次获得承德市委嘉奖。他真诚地说：百姓灿烂的笑容、自信的目光、幸福的生活，就是对他最大的奖励。

接力扶贫"四兄弟"

从 2017—2021 年，在滦平县挂职扶贫的密云干部中，有 4 位年轻人接过扶贫工作的"接力棒"，成绩优异，受到当地干群的一致好评。

用心"敲门"的人

2017 年，时任密云区城管委垃圾渣土管理所副所长的李昕成为北京市第三批挂职团队的一员，到滦平县挂职，先后任滦平镇党委副书记和滦平县扶贫开发办副主任。

北马圈子村是国家级贫困村，李昕任包村干部时，还具体负责两个贫困家庭的帮扶工作。没想到第一次去贫困户宋大爷家走访时，就吃了闭门羹。宋大爷的老伴尹大妈不仅不让他进屋，还不客气地问："我家有多穷你们应该清楚，像样的东西没一件，这旧电视、旧冰箱还都是我儿媳妇的嫁妆。就直说吧，你能给我们家带来什么好处！"这话像一盆冷水泼在了李昕的热情上。李昕没有放弃，依然微笑着详细介绍县里的扶贫政策。没说几句，又被尹大妈的儿媳妇不耐烦地打断："是签字啊还是按手印？要是不给现钱，以后就不要来啦！"一番话让李昕很是下不来台。

不被信任和拒之门外倒无所谓，关键是让他们能了解党的扶贫好政策，早日致富。李昕拿定了主意：自己这个外来人一定要从村里人的角度出发，办实事办真事，才能走进他们心中，得到他们的信任。他积极协调镇里及驻村工作组，争取到扶贫资金 400 余万元，用于改善村容村貌和村民生活环境。这些明显的变化村民看在眼里，心里也开始发生变化。每次进村时，李昕都会找村里人聊家常，想办法为他们解决困难。慢慢地，村里人改变了对李昕的看法：别看这位北京来的帮扶干部岁数不大，靠谱，干事！

对老宋一家也没有放弃，李昕经常自己掏钱买一些东西登门拜访，像走亲戚一样。终于在8月份，经李昕他们反复引导，老宋以土地入股了一家农业公司，成了股东。9月份，他又推荐老宋担任护林防火员。有了稳定的收入和分红，老宋态度变得积极起来，生活也好了，不仅新盖了3间厢房，还把原来的三间正房也装修了，置备了新家具。尹大妈对李昕热情地说："大侄子，多亏了你呀，搁在前几年，盖新房子我家连想都不敢想啊！"从

李昕（左一）走访贫苦户

一个被拒之门外的"外来人"到被亲切地称为"大侄子"，李昕激动不已：这是多么难得的信任啊。

"扶贫工作让我得到很多锻炼，成长了很多。"李昕说。刚到滦平扶贫办工作的第一年，就赶上国家考核。时间紧迫，很多材料还没准备好，李昕压力很大，李昕和他的同事为了赶速度，经常加班到半夜，困了就在办公室睡一会，考核材料准备得详实具体，最终滦平顺利通过了考核。外来人成了家里人、外地干部成本地干部，越来越多的认可让李昕更坚定了信心。

三年来，密滦两地扶贫协作工作取得了较为显著的成绩，《人民日报》《经济日报》等重要媒体都作了相关报道。在担任滦平镇党委副书记期间，李昕努力学习，各项工作进展顺利。在担任滦平县扶贫开发办副主任期间，他参与协调20余项京冀对口帮扶项目落地，协调两地党政干部互派挂职、

专业人才培训、贫困人员赴京就业、各级结对帮扶关系等一系列工作。当地领导给予了充分肯定和评价。2019 年 10 月份，李昕代表河北省挂职团队，在北京市启动的"北京榜样－扶贫之星"活动中进行扶贫宣讲，是当年在河北省挂职的北京干部中的唯一一个。

挂职工作离不开家人的理解和支持。虽然滦平离密云不远，李昕却经常整月地不能回家。最令李昕愧疚的一件事就是挂职期间，最疼爱他的奶奶走了，家里人怕打扰他工作就瞒着他。等李昕回到家时，奶奶的房间永远地空了，没见上奶奶最后一面，成了他永远的痛。

"口罩县长"带来及时雨

2019 年 12 月，时任密云区高岭镇组织部部长的王雨到滦平县挂职县委常委、政府副县长，分管京津冀协同发展、东西部扶贫、招商引资等工作。一到滦平，王雨就开始了紧张忙碌的工作，跑项目、作调研、下基层、走街串户，经常加班加点到深夜。基层工作人员说：他穿着朴素，说话和蔼，和我们在一起时根本看不出他是个县长！

不久后，疫情突发并蔓延。看到基层干部、医护人员和志愿者，在口罩十分紧缺的情况下，依然坚守在工作一线。王雨赶紧联系密云区相关部门寻求帮助。同样面临着防疫物资紧缺的密云，克服了种种困难，把带着密云温度的 70000 只口罩火速运到了滦平，为滦平送来了一场"及时雨"。

受疫情影响，有很多贫困户不能外出工作，就业成了迫在眉睫需要解决的难题。王雨心里始终惦记着这件事，一次偶然机会，他在朋友圈里看到密云倍舒特企业因转产口罩，紧急招聘 120 名工人的启事，让王雨眼前一亮。他马上联系了这家企业，并协调相关部门进行对接。于是 18 名滦平贫困户劳动力被安排专车送到了密云企业上岗。

因为这两件事都与口罩有关，身边的同事笑称他是"口罩县长"。当地的百姓也知道了这个叫王雨的县长，说他这个名字好，是"及时雨"！

劳务协作是扶贫协作的一项重要内容，因为交通方便、路途短、费用低，密云成了很多滦平人就业的首选。王雨心里盘算着怎样才能让更多贫困人口到离家近的密云就业。王雨得知密云的古北水镇在招工，于是他找上门去，通过多次协商，促成了很多滦平的青壮劳动力就业。

2020年7月1日，长城新媒体、人民日报数字传播《有数青年》和《最美的乡村》剧组，联合策划推出《五级书记话扶贫》之河北脱贫攻坚进行时的主题直播活动，王雨以"好山好水好滦平，好米好茶在等你"为主题，介绍了滦平的特色农产品。直播中他淳朴的形象、幽默的话语、真切的情感、丰富的知识引起了大批网友的关注和喜爱，纷纷下单，带动了滦平特色农产品的销售，提升了滦平的关注度和品牌影响力。同年11月份，"承德山水"消费扶贫产品进京推

王雨参加直播带货

介会在北京举行，王雨向与会代表介绍了滦平的生态优势和扶贫产品优点，包括了生态优势、产业链、保障体系、绿色标准、扶贫政策等，王雨为推介滦平农产品不遗余力，下足了功夫。

回想起挂职经历，王雨感慨地说："脱贫不是目标，而是一个起点，感觉很多事还没来得及去做，时间就过去了，对我来说是种遗憾。"

从"门外汉"到"行家里手"

2020 年 1 月，师瑞由密云区委办公室到滦平县扶贫办挂职，分管东西部扶贫工作。从未接触过扶贫工作，经验少且专业知识不足，师瑞称自己是一个"门外汉"。那么就从零开始，不断学习提高，深入解读政策，把"挂职"当"任职"，把"他乡"当"故乡"。

在很短的时间内，师瑞和同事深入滦平 20 个乡镇街道，走遍了几十个贫困村开展调研和慰问。为掌握第一手资料，他和同事们早出晚归，放弃节假日休息，深入了解群众迫切需求，结合当地资源，制定出有针对性的帮扶计划。积极发挥桥梁纽带作用，主动联络沟通，助推密滦两地领导完成对接、召开联席会议，为全年各项工作的顺利开展奠定了坚实基础。

2020 年是疫情形势严峻的一年，师瑞和同事们始终坚持在工作一线，通过积极协调沟通，东西部扶贫协作帮扶资金 4677 万元全部到位。同时，争取到河北省配套资金 1000 万元。

资金到位了，师瑞和他的同事一丝不苟、缜密安排资金用项：用于产业开发 2148.52 万元；用于改善生产生活条件 1003 万元；用于就业扶贫 292.8 万元；用于残疾人 39.84 万元；用于教育扶贫 12 万元；用于公共事业医疗扶贫 1105.28 万元；用于基层干部培训 18.4 万元。这一串精准数据，是用心血与汗水换来的，是师瑞和同事们加班加点精打细算的结果。项目实施期间，师瑞深入实地调研和督导检查 30 余次，紧盯项目进度，密云区级 27 个项目全部在规定时间内完工。

为进一步做好东西部扶贫劳务协作，促成密滦两地签订了《结对帮扶协作协议》，帮助两地建立就业合作平台，共享就业信息，举办培训班 60 期，帮助 895 名贫困人口实现就业，滦平在京就业贫困人口达到 6000 余人。

扶贫产品和扶贫企业认定是一项重要工作，专业性很强，在师瑞和同事的共同努力下，共认定扶贫企业 24 家、认定扶贫产品 90 个。通过协调，

密滦两地共安装扶贫产品专柜 132 个、建成专馆 9 个、开辟专区 14 个，并开展产销对接 14 次，解决了滦平因疫情造成的产品滞销问题，全年线上线下实现销售额 10.87 亿元。

师瑞和同事动用了所有资源和关系，先后有全国妇联、中华少年儿童慈善救助基金会、中国青少年发展基金会、中华慈善总会大众慈善促进委员会、北京市慈善总会、绿地集团等一大批企业、社会团体和慈善机构加

师瑞在付家店中心校捐赠口罩现场

入帮扶队伍。滦平全年接受的款物合计有 2382.94 万元。

经过扶贫工作的锻炼和学习，师瑞从"门外汉"成了"行家里手"。他说："挂职经历是我重要的精神财富，更是难得的学习机会，使我得到了锻炼和提高。我会牢记那些奋斗的日子，并以此鞭策自己。"

"滦平也是我的家"

2020 年 1 月，疫情最严峻的时候，密云区市场监督管理局二级主任科员王新会，义无反顾地来到东西部扶贫协作第一线，挂职滦平县扶贫办副主任兼发展改革局副局长。对口帮扶就像一场接力赛，接过接力棒那一刻，他和团队只用了 8 天时间就跑遍 20 个乡镇和北京支援项目施工现场，摸

情况，找问题，确保东西部协作援助项目如期推进、顺利开展。

王新会还负责2户贫困户的帮扶工作，几乎每周都要去看望，顺便带一些生活必需品，帮他们干家务活，就像走亲戚一样，"你把他们当成亲戚对待，他们才不会拿你当外人。"很快就摸清了两个家庭的致贫原因。在王新会的帮助下，两个家庭收入得到了提高。

因受疫情影响，两地互派挂职干部和技术人才交流暂时搁置。王新会和团队没等没靠，仔细调研滦平方面需求，准备出一份详尽名单，等疫情好转时，这些人员在第一时间内派出。帮助滦平培养了一批优秀干部，打造了一支技术过硬的专业队伍。王新会特别关注贫困地区的孩子，多次奔波两地，为山区学校争取了价值300余万元的捐款捐物。

王新会有两个孩子，去滦平挂职时，老二才1岁多，老大也刚刚4岁，家里老人身体还不好，照顾孩子和老人的重任全部落到了爱人身上。王新会的爱人是名护士，每隔三四天就要上一次夜班。临行前，王新会几晚都睡不好觉。爱人知道他放心不下，安慰他："到了滦平，要把那当成家一样，好好干，我们支持你。放心，这边的家有我呢！"

到滦平十多天后，王新会才顾上跟家人视频。才十几天的时间，爱人消瘦了许多，眼圈发黑，但脸上却堆满了笑，说家里一切都好。老大抢过手机："爸爸，你怎么还不回来？妈妈生病了，躺了一天，晚饭都没吃！"放下电话后，王新会再也控制不住，大哭了一场。第二天一早，他红肿着眼睛，又

王新会在东西部协作座谈会上发言

准时地出现在项目工地上。

一次在调研时，王新会得知绿康园果蔬合作社需要购买蜜蜂对植物授粉，却没有这笔资金。他们马上联系了密云高岭的一家养蜂企业，双方很快建立帮扶关系。合作社负责人动情地说："太感谢北京的挂职干部了，帮我们解决了大难题！"

走访贫困户时，得知一位瘫痪在床的老人，正为刚大学毕业的女儿工作发愁。王新会马上登门，几天后在他的推荐下，女孩被北京一家企业录用了。孩子的工作解决了，老人激动地拉着王新会的手，不停地感谢：好人啊，真是大好人啊。"一人就业，能带动全家脱贫，有时候我们只要帮上一把，就能为一个家庭带来更多的希望。"王新会这样说。

新硕农业是北京重点帮扶的一个农业项目，该项目解决了附近4个贫困村的就业问题，使300名贫困人口增收受益。2020年6月份一场大雨，造成大棚被淹，企业损失严重，尤其是那些建档立卡的贫困员工，面临着失去工作的巨大压力。得知消息后，王新会和同事们第一时间赶到现场，积极帮助企业开展自救，协调救灾资金。公司负责人张静心说："一定要给北京挂职干部点赞，为我们争取资金，又帮我们渡过难关，真是雪中送炭！"

对口支援
——青海省玉树市

密云与玉树虽远隔千山万水，
但两地人缘相亲、文缘相通。
密云与玉树对口支援，
"密玉"结缘，携手致远——

玉树三江源"牛头碑"

青藏"腹地" 人文玉树

对于大多人来说，玉树是一个遥远而又陌生的存在。"玉树"名称源自《格萨尔王传》。藏语里"玉树"意为"王朝遗址"或"部落遗风"。

玉树自治州东西最长 738 千米，南北最宽处 406 千米，土地总面积 26.7 万平方千米，占全省总面积的 37.2%。玉树藏族自治州辖玉树市、称多县、囊谦县、杂多县、治多具、曲麻莱县等 6(市) 县。

玉树，位于青南高原腹地，素有"名山之宗、江河之源、牦牛之地、歌舞之乡""唐蕃古道"的美誉。

名山之宗 玉树藏族自治州地势高耸，冰峰环峙。北有茫茫昆仑，南有巍巍唐古拉山。两山对峙，间宽 400 余千米，成为自治州南北天然屏障；东为蜿蜒峻峭的巴颜喀拉山，西为缓坡漫岭的可可西里，间宽约 500 千米。玉树是青海地势最高的地方，平均海拔 4500 米。州内海拔超过 5000 米的山峰有 2000 多座，"群山绵延、终年雪冠"。

玉树境内，大片牧场绿草如茵、农田阡陌错落，林木茂盛、鲜花遍野，四周有雪山环绕、蓝天衬托。玉树恰巧处在自然地理标志线"400 毫米降水线"上，气候相对温润，境内有通天河、澜沧江、雅砻江等多条河流滋养，是青海的一块物华天宝之地。

三江之源 唐代大诗人李白在《将进酒》中的"君不见黄河之水天上来，奔流到海不复回"诗句已流传千古，岂止"黄河之水天上来"，逶迤蜿蜒的长江，裂石穿云的澜沧江都是来自青海玉树雪山、冰川的"天上之水"。黄河发源于巴颜喀拉山支脉各姿各雅北麓的卡日曲；长江发源于唐古拉山脉主峰西南侧的姜根迪如冰川；澜沧江发源于唐古拉山北麓的扎那日根山。

这三条著名大江大河，如同一母三胞，肩并肩地从玉树高原奔腾而下、直泻千里，最后，长江上游通天河过境玉树市，澜沧江出玉树市经西藏、云南两省份出境，从越南入南海。玉树地区因此又被称为"三江之源"。

三江源自然保护区面积 36.3 万平方千米，源区最低海拔约 3335 米，最高海拔 6564 米，平均海拔 4200 米，是中国最大的一块高原自然保护区，基本涵盖整个青南高原区域。玉树市占比最大。

三江源区所处的地理位置和独特的地貌特征，也使它具有了生态多样性、物种多样性、基因多样性、遗传多样性和自然景观的多样性。三江源严酷的高寒环境构成了独特的生命繁衍区，许多生物至此已达到边缘分布和极限分布，成为珍贵的种质资源和高原基因库。

世界范围内，湿地与森林、海洋并称为全球三大生态系统。湿地生态系统在水源涵养、减缓径流、蓄洪防旱、降解污染、调节气候、维持生物多样性方面，有着其他生态系统不可替代的作用，因此被誉为"地球之肾"。三江源地区的湿地系统占黄河总水量的 49%、长江总水量的 25%、澜沧江总水量的 15%，是名副其实的"中华水塔"。

宗教圣地 青海现有藏传佛教寺院 670 余座，玉树州占 1/3。藏传佛教现有四大教派：宁玛派、噶举派、萨迦派，以及由噶当派衍生而来的格鲁派。

玉树市内的结古寺

格鲁派创立最晚。宁玛派是藏传佛教最古老的一个教派，它的创始人是密宗大师莲花生。莲花生大师被奉为藏传佛教的始祖。宁玛派在青海的寺院只集中在玉树和毗邻的果洛州内，且都建在山林深处、交通不容易到达的地方。噶举派在藏传佛教中体系庞大，活佛转世起源于藏传佛教噶举派。噶举派在青海共有寺院 105 座，其中 103 座在玉树。公元 13 世纪，萨迦派使青藏高原重新走向统一，使藏传佛教走出雪域高原、深入到蒙古草原和中原大地。萨迦派在青海现共有 28 座寺院，全部都在玉树地区。在玉树，寺院星罗棋布，它们像一部浓缩、奇幻的藏传佛教史。

牦牛之都　玉树地区在古代是西羌的"牦牛种地"，以体大、体质重、负重大、耐力强、产奶量及含脂率较高等特点，优于其他地区的牦牛。玉树牦牛数量多，约占青海牦牛总数的三分之一。

牦牛是玉树的地理标识，市域内以牛命名的山川也比比皆是，如牛心山、牛脊梁、牛蹄弯、牛鼻子山等。

牦牛在藏族同胞生活中，扮演着重要的角色。藏族同胞有句谚语："没有牦牛就没有藏族，而有藏族的地方，就有牦牛的身影。"牦牛与藏族同胞相伴相随。牦牛在雪域牧民的心中，是忠诚、勇敢、力量、踏实的象征。

牦牛之乡

牦牛尽其所能供养着藏族同胞的衣、食、住、运、烧、耕等各个方面。牧民房屋和帐篷外都有一个一米多高、用来挡风的牛粪矮墙，院里都有一个牛粪垛。牛粪砌成的墙，既可防止野兽侵袭，又可以防寒保暖。有了牦牛粪，也就有了牧民的烟火气。

2022年7月20日，首届中国（玉树）牦牛产业大会在青海省玉树藏族自治州开幕。玉树州获得中国肉类协会"中国牦牛之都"授牌，并举行了"世界牦牛之都"申请仪式。

歌舞之乡 青藏高原有一句俗语："安多的马域，康巴的人域。"意思是说安多地区出产宝马良驹，而康巴人则是藏族同胞中最好的。

康巴汉子英俊潇洒的气质，豪放强壮的外形，坚忍不拔、桀骜不驯的性格，以及勇敢尚武、生猛剽悍的作风，的确在藏族同胞中独树一帜。最能体现康巴人风采的，是著名的长篇吟唱英雄史诗《格萨尔王传》。

自古以来，康巴人的血液中一直有着强烈的尚武精神和英雄崇拜观。康巴汉子身上有"三宝"：骏马、叉子枪和腰刀。他们最醒目的发型是"英雄结"，喜爱穿虎、豹等猛兽皮装饰的袍子，喜爱赛马、射箭、角力、摔跤等带有武力色彩的娱乐活动。正是由于康巴人这种尚武精神和英雄情结，催生了《格萨尔王传》这部不朽的英雄史诗。

玉树是著名的歌舞之乡。藏族同胞"会说话就会唱歌，会走路就会跳舞"，青海玉树更是著名的"歌舞之乡"，歌舞成了玉树人生活中最重要的组成部分。玉树歌舞分许多种类和曲调，基本以集体舞为主，也有表现男女爱情的对唱。

歌舞的服饰，艳丽多彩。玉树的康巴服饰是藏族同胞服饰里最华美、最艳丽的。玉树传统服装的基本款式是藏袍，分冬夏两装，有常服、礼服两种。男式藏袍肩宽体阔，后摆留裙褶，袖长而宽，形成一种潇洒大方的造型，穿着起来很有气派；女式藏袍袖短而窄，简洁适身，线条流畅，造型优美，风格典雅秀丽。

康巴人喜爱热闹，他们的节日服装总要配以琳琅满目的装饰。玉树歌舞体现了康巴人热情奔放、勇敢豪迈的民族性格和优雅端庄、高贵虔诚的气质。舞姿既有舒展、张扬的欢快，也有俯身、下腰的谦卑，十分具有艺术内涵和观赏性。

玉树赛马会的历史由来已久，可追溯到吐蕃时代。古代藏族同胞骁勇强悍、善骑好斗，赛马会集中了祭天敬神、选拔人才、竞技习武和昂扬士气多项内容，是他们生活中非常重要的一件事。

唐蕃古道　公元641年，文成公主告别了都城长安，踏上远赴青藏雪域的路程，走上了一条蜿蜒6000多里的古道。如今，沿途还留存着不少旧时的驿站、城池、寺庙、石刻、村舍等，记载着千百年来深厚的历史文化。

唐蕃古道是一条文化之路。这条进青藏的古道，将大量中原文化带入西藏，促进了中华文化的大交融。唐蕃古道在玉树市境内的段落，有许多自然、历史文化景观。

中国面积最大的自然保护区——三江源自然保护区，沿途风光无限，可以看到藏羚羊、狼、狐狸等各种高原动物，以及各种飞鸟。扎陵湖与鄂陵湖，是黄河上游最大的一对淡水湖，湖中栖息着很多珍稀的飞禽，周边的草原碧绿如洗，牧人和牛羊悠哉游哉。

牛头碑：位于青海玛多县扎陵湖与鄂陵湖边的巴颜郎玛山（人称"牛头山"）上，立有表示黄河源头的"华夏之魂河源牛头碑"。

勒巴沟：位于青海玉树通天河畔的群山间，"勒巴"在藏语里寓意美丽、吉祥，沟内有十多处岩画，图案以佛像、菩萨、香客、瑞兽等为主。

文成公主庙：建于唐代，已有1300多年历史，据说文成公主通过唐蕃古道进青藏途中曾在此停留，传授给当地藏族同胞耕作和纺织的技术。

新寨玛尼堆：玛尼石城建于1715年，第一世嘉那活佛于此地捡到一块自然显现六字真言的玛尼石，活佛从此居住在此地。此后几百年历代刻经匠人不断地将经文、真言、佛像、经典等刻在石块上，人们一边煨桑，

　　一边祈祷默诵，把一块块玛尼石堆添到石堆上。天长日久，一座"石经城"拔地而起，愈垒愈高。

　　"玛尼"来自佛经《六字真言经》简称，因在石头上刻有"玛尼"，故称"玛尼石"。这座石堆，高高耸起，宛如一座石头城，被上海大世界吉尼斯总部认定为"世界最大的玛尼石堆"，被誉为"世界第一石刻图书馆"。

玛尼石堆

涅槃重生的玉树

大地震催生新玉树

2010年4月14日，是一个无法被遗忘的时间。那一刻，唐古拉山脉颤抖，珠穆朗玛峰战栗。宁静的三江源头，被无情的地震震碎了祥和。倾刻之间，山崩地裂、桥塌路断、房倒屋垮，美丽的玉树顿时变得满目疮痍，众多鲜活的生命倾刻陨落凋零。

地震发生后，全国人民无私援助玉树，抢救生命，重建家园，谱写了一曲感天动地的抗灾壮歌，创造了一个又一个"玉树速度""玉树奇迹"，建成了一座布局合理、功能齐全、设施完善、特色鲜明、环境优美的有着我国浓郁藏文化的现代都市家园。扎曲河、巴塘河穿城而过，四纵十六横的马路上车辆川流不息。对面的结古寺矗立于半山，静穆于苍穹之下。新玉树焕发出了勃勃生机，今天的繁华和文明替代了昔日的废墟和落后。

新建的玉树市

依托灾后重建，撤县建立了玉树市。城市的路宽了，水清了，草绿了，车多了，人靓了，玉树人民在"大爱同心、坚韧不拔、挑战极限、感恩奋进"的玉树抗震救灾精神感召下，正迈着坚定的步伐与全国人民一道，在奔小康的幸福大道上勇毅前行。

行政区域　玉树市现辖4个街道、18个社区，8个乡镇、62个行政村、260个农牧业生产合作社。全市常住人口户数35866户，常住人口数124503

人。耕地面积3.8万亩，可利用草场面积1778万亩，林地面积35.97万亩。

玉树市共有基层党委11个、党工委6个、党组6个、党支部200个。全市共有党员4329名。

旅游资源　玉树市文化旅游资源丰富，现有国家级文物保护单位5处，省级文物保护单位14处。文化旅游景区20余处，3A级5个。著名的有隆宝滩黑颈鹤国家级自然保护区、东仲林场、江西林场、勒巴沟风景区等自然景观。藏传佛教历史悠久，现有寺院和宗教活动点57座（处），现有僧尼6855人，占全市总人口的6.02%。

财政收入　2018年玉树市实现脱贫任务之后到2019年，完成全市地区生产总值15.4亿元。其中，第一产业6.16亿元，第三产业7.77亿元。完成固定资产投资11.9亿元，完成社会消费品零售总额7.06亿元，全体居民人均可支配收入23667元，其中，城镇常住居民人均可支配收入38296元，农村常住居民人均可支配收入9418元。财政收入7500万元，其中，非税收入1400万元，财政预算支出22亿元。

脱贫概况　经过精准识别和多轮动态调整，2015年玉树市共确定25个重点贫困村和37个一般贫困村，贫困人口9057户34540人，贫困发生率为38.96%。经过4年的不懈努力，到2018年底全面完成贫困人口脱贫的目标任务。贫困发生率从2015年底的38.96%下降到2018年底的3%以内，脱贫户人均可支配收入达7427.59元。"两不愁三保障"全面解决，贫困人口的生产生活条件和经济收入明显提高，贫困村基础设施条件和公共服务能力显著改善，特色优势产业得到培育壮大，基层治理体系和治理能力大幅提升，人民群众获得感、幸福感和安全感明显增强。

独特的玉树市

地理位置独特，战略要地　玉树是青海全省唯一的康巴藏族同胞聚居区,是历史上茶马古道、唐蕃古道、丝绸之路、麝香之路、古盐道的重要节点,是连接东西南北、汉藏文化和物流的枢纽。州府、市府所在地结古地区就是青海、四川、西藏交界处重要的民间贸易集散地,有着举足轻重的位置,具有十分重要的战略地位。

山水资源丰富,生态高地 玉树全境处在三江源、可可西里和隆宝湖三个国家级自然保护区内,玉树市在三江源核心保护区 18 个中占有 10 个,面积为 9.6 万平方千米,占三江源国家级自然保护区总面积的 72%,在整个三江源生态环境保护与建设中处于主体地位。地下水资源丰富,长江、黄河和澜沧江穿境而过,素有"江河之源、中华水塔、万山之宗"的美誉。

鸟瞰玉树

团结氛围浓厚,和谐宝地 "共同团结奋斗、共同繁荣发展"成为民族工作主题,全市各族干部群众同呼吸、共命运、心连心的优良传统,不断发扬光大,平等、团结、互助、和谐的社会主义民族关系在实践中得到了具体体现。2017年在全国人民的支援下,被国家民委命名为"全国创建民族团结进步示范市"。

无疆大爱,感恩之地 经过三年艰苦卓绝的灾后重建,在全国人民的支援下,一座设施完善、功能齐全、特色鲜明的玉树新城拔地而起。玉树人民永远感谢党、国家和全国人民的恩情。在玉树,感恩之情融入了人们的血液之中和心灵深处。由于感恩,这里的人民更加纯朴和善良,在这里可以让人更好地领略大爱无疆的内涵和真缔。

"密玉"结缘，携手脱贫奔振兴

2016年6月，密云开始对口支援玉树州。2017年5月，密云区与玉树市"结对"，正式建立对口支援关系。

玉树市主要以牧业为主，农牧结合的半农半牧地区。贫困面广、贫困程度深、贫困情况复杂，玉树市的贫困人口，分别占全市农牧民总户数的近四成。脱贫攻坚，对于玉树市来说，是一场极其艰难的硬仗。

顶层设计统领

自2017年5月密云区正式与玉树市建立对口支援关系以来，密云区与玉树市始终把对口支援当作光荣的政治任务、义不容辞的责任，两地党政代表团共开展交流对接11次，3

密云区对玉树市的资金帮扶

次签订《对口支援合作框架协议》。制定玉树市《脱贫攻坚三年行动计划（2018—2020）》。共实施密云区对口支援玉树市项目19项，财政总投资1710万元，聚焦产业帮扶、消费帮扶、智力支援、文化援建和民族交流交往交融等多领域精准发力，勇于创新，高质量完成"携手奔小康"各项任务，稳步推进巩固脱贫攻坚成果与乡村振兴有效衔接，成效正在逐步显现。2022 年，全市全体居民人均可支配收入 29215 元，同比增长 5.4%。

资金帮扶

5 年来，密云区紧密结合玉树市所需和密云所能，统筹财政资金加大投入，聚焦精准帮扶，累计投入资金 4058.53 万元，其中：区级财政资金 1710 万元，乡镇街道及各职能部门财政资金 532.1 万元；动员社会力量对玉树市进行公益帮扶，物资折款累计达 1815.43 万元，投入真情实意、真金白银。5 年来，密云区按照向基层倾斜、向农牧区倾斜、向贫困和脱贫人口倾斜的原则，实施基础设施、抗雪救灾、藏羊繁育基地、救火物资储备、公共卫生、自驾游营地、公益岗位就业等项目 20 个，育产业、强基础、惠民生，助力全面小康，推动乡村振兴。

智力帮扶

密云区积极发挥干部人才优势，挑选精干力量支援玉树市，发挥桥梁纽带作用，协调推动对口支援工作。2017—2020 年，先后选派了 5 名优秀党政干部到玉树挂职。选派 18 名专业技术人才到玉树市开展支教、支医工作，在教育、医疗等一线岗位上发挥了"传、帮、带、培"作用。接收玉树市 5 名教师来密云学习交流，接收 12 名医疗人才到密云区医院进行跟岗学习。

加强玉树干部人才培训，组织开展党政干部培训 1 期 60 人次、医疗人才培训 18 期 326 人次、教育人才培训 10 期 280 人次，以及种养殖、农牧业和乡村旅游培训致富带头人 58 人次。同时，密云区妇幼保健院健康教育专家为玉树市八一职业学校等开展了健康知识讲座；密云区青年企业家为玉树市在线开展了电商专业知识讲座 4 场。

结对务实帮扶

建立镇、街结对2对。密云区西田各庄镇、河南寨镇分别与玉树市新寨街道和上拉秀乡建立对口支援关系,同时,建立村与村对口支援关系2对,累计捐赠扶贫资金95.6万元,捐赠羽绒服等抗灾物资折款34.8万元。

建立医院结对1对、学校结对2对。密云区医院与玉树市八一医院建立结对关系,在医院管理、学科建设、人才培养等方面提供支援帮助。密云区巨各庄中学、檀营中心小学,分别与玉树市第一民族中学和玉树市第二完全小学建立结对帮扶关系,开展合作。

建立"万企帮万村"结对25对。团密云区委、区国资委、区文旅局等部门动员14家企业支援玉树,与25个贫困村建立村企结对关系。密云冶金矿山公司,帮助玉树拉则村贫困户进行安冲藏刀加工技能培训,同时为当地学校捐资3.7万元用于贫困学生助学补助金和教材费用;区供销合作社为玉树甘宁村157名生态管护员和环卫工人支付工资补贴及购置环卫设备;团区委促成7家企业与玉树市19个贫困村建立结对关系;区文旅局促成北京云湖时代会议有限公司和密云黑龙潭旅游管理处与玉树市忠德村、禅古村两

玉树市特色产品进京销售

个深度贫困村建立结对对口支援关系。

建立社会组织与村结对1对。区民政局动员新飞扬社会工作事务所、霞光社会工作事务所等4家社会组织与隆宝镇杂年村建立结对关系,为该村贫困户捐赠慰问金4万元。

产业产品、文化品牌帮扶

5年来，构建了项目带动、基地拉动、帮扶联动的产业帮扶模式，通过项目建设带动基地建设和产业发展，促进农牧民增收。实施完成了巴塘乡铁力角村"千只藏羊繁育基地"、仲达乡塘达村"生态藏香猪"养殖基地、巴塘乡下巴塘村自驾游营地等项目，直接带动脱贫监测户1335人增收。

5年来，根据玉树市高原民族特色产品特点，搭建销售平台，拓展产销对接渠道，推动玉树市特色产品进京销售，逐步增加市场知名度和推广度。玉树市的奶制品、藏药等特色产品纳入密云区《消费扶贫产品目录》；将仁青宝藏生态畜牧业销售专业合作社建为密云区扶贫特色产品生产基地。2019年，玉树市特色产品参展玉树州首届高原特色农畜产品北京推介展销会；2020年，密云区供销社与6家企业合作社达成合作意向，荨麻藏茶、牦牛乳饮料等玉树市特色产品入驻密云区消费扶贫分中心新店和消费扶贫专区销售。

开展文化交流年系列活动

密云区与玉树市深化文化旅游合作，推动玉树市文化旅游产业发展，通过合作媒体在北京王府井LED大屏播放玉树旅游宣传片。在密云区的大力支持和帮助下，玉树市参加央视《魅力中国城》节目竞演并成功夺冠。

玉树市工业和信息化局与北京密农人家农业科技有限公司签订《电商支援合作共建意向书》，深化电商消费帮扶；2022年，在密云区建设玉树特色风情体验店筹划推进，电商平台促进玉树市特色产品销售正在搭建。

2021 年、2022 年连续两年组织举办了密云区玉树市"童心向党·同声诵读"联线直播读书活动，受到广泛好评。2022 年组织举办了"璀璨非遗·密玉情牵"非遗云直播活动；策划实施"密玉良缘·携手致远"密云区对口支援玉树市五周年文化交流年系列活动，打造文化援建品牌。

乡村振兴持续帮扶

动员密云全社会各方力量，包括宝城客运、京联益慈善基金会、区供销合作社等 10 余家企业和社会组织累计为玉树市捐赠扶贫资金 98.3 万元，捐赠救灾物资、衣服、公交车、制氧机等物资折款 1024.3 万元。2020 年再次携手玉树共同度过疫情难关，支援口罩 7 万只，总价值 24.5 万元。

根据中共中央、国务院文件精神，聚焦生态保护、产业发展、人才支援等领域，严格落实"三个保持""四个不摘"要求，确保力度不减、标准不降，共同把来之不易的脱贫成果巩固住、拓展好。在统筹谋划、创新有为、项目前期上下功夫；坚持试点示范，开展乡村振兴探索实践，发挥两地智慧力量，在新的发展阶段，实现新成效，提供新经验。

一是援建项目：充分发挥密云区丰富的人脉资源、便捷的信息渠道和先进的发展理念，动员知名企业来玉树市投资兴业，结合玉树市"四个示范市"建设，打造深层次、宽领域、长链条的合作项目。

二是产业合作：发动龙头企业到玉树发展文化、旅游等产业，提升产业带动能力，引领产业发展壮大，带动贫困群众增收致富。

三是人才交流：继续深化人才培养，选派优秀干部双向挂职、两地培训、委托培养和组团式支教、支医、支农等，促进开阔眼界、转变观念，为玉树市的经济社会发展提供更强更有利的人才支撑。

四是劳务协作：密云区与玉树市建立和完善劳务输出、教育培训、就业援助机制，实现玉树贫困人口精准输出、有效接收、稳定就业。

汇聚"青企"力量 助力脱贫攻坚

密云区青年企业家联合会（以下简称青企联），成立于 2018 年 12 月，是由密云区青年企业家自愿联合成立的非营利性社会团体。涉及 23 个行业的 53 家密云区优秀民营青年企业家，平均年龄 34 岁。密云区青企联主要推动公益活动创品牌、会内企业参访等工作。

听从心的呼唤，行走在慈善路上 2020 年 8 月，密云区青企联会员单位企业家响应援青干部的倡仪，迅速加入到为玉树先心病患儿筹集善款行列，协同首都福利企业、爱心人士筹集善款 10 万余元，努力践行企业家的社会责任感和仁爱之心。

2021 年 8 月，区青企联会长梁博聪先生率"两新"组织企业家第一时间看望慰问赴京治疗的先心病患儿，捐赠慰问金 13 万余元；资助患儿和家长往返北京至玉树之间的交通费用。家长和孩子们接过捐赠的善款时不断地说着"扎西德勒"（藏语为吉祥如意之意）。青企联"两新"组织的善举，彰显了密云区青年企业家的社会责任和担当。

青企联在玉树

涓涓细流润心田 密云青企联自成立日起，不断参与区委区政府组织

的对玉树市的扶贫支教活动。2020年8月，密云区青企联会员单位在慰问先心病患儿的同时捐赠近20套儿童读物系列丛书。

2020年9月，密云区青企联企业家参与区团委组织的教育扶贫活动，向青海省玉树市巴塘乡拉乌尕教学点捐赠5万元，改善教学点教学条件，增加了密玉两地的感情。

电商助力，让玉树名片增辉　2018年7月15日，孔博随同河南寨镇代表团赴玉树上拉秀乡进行考察。将自己多年来扎根农村，依托电商从事区域农产品品牌打造及流通的经验与上拉秀乡进行交流和探讨，帮助上拉秀乡探索符合自身发展的特色农牧产品销售模式。与上拉秀乡就电商扶贫等交换了意见，并达成初步共识。

玉树有"牦牛之地""牦牛种源"之称。牦牛肉是国际市场上的高级肉类，它以名、优、稀、特征服了世界各地的消费者。牦牛肉富含蛋白质和氨基酸，以及胡萝卜素、钙、磷等微量元素，脂肪含量特别低，热量特别高，对增强人体抗病力、细胞活力和器官功能均有显著作用。

2019年，河南寨镇北京密农人家科技有限公司依托电子商务平台开始开展"互联网＋消费扶贫"模式。以推广为目的，销售为手段，将玉树地区具有浓郁地域文化产品、零食制品等特色产品在平台上进行销售，在推广玉树地区产品品牌形象的同时，努力拓宽玉树地区产品销售渠道。

打造对口支援电商销售平台，在北京华润万象汇四层密农人家线下设立玉树市专柜，常年销售牦牛肉干、牦牛奶制品及其他畜类食品，拓宽特色产品进京渠道，提升玉树市高原食品名片的知名度，推动玉树市特色产品纳入《北京消费扶贫产品目录》。

云端课堂　2020年9月，北京密农人家农业科技有限公司与玉树市工业和信息化局共建，签订了《电商支援合作共建意向书》，依托电商资源优势，依托北京市场的巨大消化能力，与玉树市开展交流合作。密农人家利用自身的电子商务技术人才和邀请技术专家，专门对玉树市电商营销举办两期线上专业培训课程，每期培训课在线人数均达到5000多人，在线听课总计达到1万多人，达到了促进电商合作交流目的。在消费帮扶、智力帮扶方面实行全方位合作，助力玉树市特色产品企业发展。

名片助"水塔" 根据玉树地区有"中华水塔"之称的三江源等自然风貌和资源风貌，设计宣传海报，依托自身的电商平台宣传资源，在各自平台首页和企业官网首页进行主题展示，累计覆盖达20余万人次，有效带动了玉树地区旅游与自然风貌的品牌宣

北京华润万象汇玉树特色产品展销会

传。2021年玉树市接待国内外游客85.25万人，旅游总收入达到5.54亿元。

闪光的团徽 2021年4月，密农人家团支部助力教育扶贫，参与"我在北京有个家"青少年助学帮扶项目，通过支部团员青年号召引领，共计募集资金6000元，帮扶3个青海玉树民族地区的青少年，让他们感受到党的温暖和社会主义大家庭的关爱。

2021年玉树市团委组织本地电商到密农人家学习取经，密农人家总经理孔博亲自带人传授技术，向玉树电商分享成功的经验。互联网的纽带，让两地心手相连，守望相助，共同打赢脱贫攻坚战，共同谱写高质量发展的新篇章。

上拉秀乡的救灾物资仓储库

青海省玉树市上拉秀乡位于玉树市境西南部，乡政府所在地是玉树市海拔最高的乡政府驻地，海拔4350米。上拉秀乡域面积2531.8平方千米，畜牧业以饲养牛、马、羊为主。2021年底，牲畜年末存栏4.1万多头，其中，牛3.9万头、马115匹、羊0.2万只。上拉秀乡有可利用草场面积345.5万亩，其中，冷季草场160.7万亩，暖季草场184.8万亩。乡下辖7个行政村、1个移民社区、8个牧业合作社。人口为13535人。

上拉秀乡地貌主要为沟谷滩地和山地，域内无河流。气候恶劣、高寒缺氧，昼夜温差大，空气含氧量只有平原地区的40%左右。年平均气温零下5度，当地人称这里的冬天能把铁皮冻弯。因高海拔气压低，在这里水的沸点只能到80℃左右。电子打火机形同废物，要用火石打火机。即使长期生活在这里的藏族同胞，也会出现各种各样的高海拔症状，体能减弱，睡眠不好，身体稍微有点不适就可能会引起心脏机能和肺部疾病。这里的大小超市都会售卖阿斯匹林药片，人们把阿斯匹林药片随身携带，就像吸烟人相互递烟一样，相互递吃阿斯匹林药片，达到扩充血管，增加血液流速作用。甚至在婚庆或其他宴席上，都会摆上一盘阿斯匹林药片供宾客使用。残酷的高原环境，造成了贫困发生率高和贫困复发性增加等诸多不确定因素。

冬天也会有暖阳　2019年1月底，受强冷空气影响，上拉秀乡境内伴随着大风、寒潮而来的是大范围强降雪，积雪厚度达到40～50厘米。持续出现的降雪，积雪难融，道路交通受阻，给上拉秀乡的畜牧业生产、交通运输安全和群众生活带来了很大的影响。

密云区携手玉树共同抵御雪灾，密云区政府、区民政局、河南寨镇政府等，紧急调拨物资，捐赠羽绒服等防寒物资价值45万元，及时送到玉树受灾地区及上拉秀乡。上拉秀乡为把救灾物资及时送到受灾的牧民手里，共克时艰，出动机械数次连续作业，把被大雪反复掩埋的道路修通，把御寒的羽绒服、棉被、粮食等生活必需用品及饲料和牧草，及时发放到牧民家中。受灾的牧民看到救援物资纷纷激动地说："天灾无情人有情，共产党真是咱老百姓的大救星！"，"感谢政府，感谢共产党！"有的牧民握住救援人员的手哭着说"牛已经死了，钱也没剩下，但是看到你们来了，我心里就不害怕了"。由于救援物资的及时抵达，牧民的损失降到了最低，冬日里的暖阳温暖了康巴大地藏族同胞的心。

容纳明天幸福的仓储 雪灾对牧民可以说是火顶之灾，当地流传着"十年九次灾，无灾也有害，雪海无兽迹，雄鹰不敢来"的民谚。一旦草场被厚厚的积雪覆盖，牲畜无处觅食，都会因饥饿而死，刚刚脱贫的牧民就会重新回到贫困，牧民称雪灾是宰杀牛羊的"软刀子"。为解决上拉秀乡在灾难来临时凸显的救灾物资无处存放问题，2019年，密云区政府根据上拉秀乡的实际需求，聚焦于民生痛点、卡点，实施基础设施建设、提升公共服务保障能力。密云区政府拨付人民币150万元专项援建资金，用于救灾物资仓储库的建设。

此项目在施工过程中克服了因高海拔昼夜温差大，施工时间短，高原对人体造成的不适等众多困难。当年

密云区援建的上拉秀乡救灾物资仓储库

建成使用面积 500 多平方米的救灾物资仓储库房。救灾物资仓储库房的建立，真正做到了闲时可为牧民存储粮食、饲料、牧草等，当遇到极端天气的情况下，可存放大量的救灾物资，从而保障了牧民生活必需品和牲畜饲草料的供给和存放，让他们能够安然度过寒冷的冬季。

　　上拉秀乡的答卷　2011 年，上拉秀乡牧民人均纯收入仅为 2960 元。2013 年 11 月，党中央首次提出精准扶贫的重要指示，指出扶贫要由"大水漫灌"改成精准"滴灌"。经过数年的努力，上拉秀乡 2016 年加吉娘移民社区、多拉村、玛龙村脱贫；2017 年加桥村和沙宁村脱贫；2018 年上拉秀乡在密云区和河南寨镇支援下通过加强基础设施建设、设立公益岗等方式的助力，布罗村、日玛村脱贫；至此，上拉秀乡下辖 7 个行政村全部宣告脱贫；全乡人均收入达到 8979.76 元。2019 年，在遭受十年一遇的雪灾情况下，人均收入仍增加到了 9039.5 元。2020 年达到人均收入10842 元。2021 年人均收入上升至 11938 元。 牧民真正做到了"二不愁"真不愁，"三保障"有保障，梦中的幻境化成了现实。

铁力角村的藏羊繁育养殖基地

西藏羊又称"藏羊"，是我国古老的绵羊品种，藏羊是青藏高原独有畜种，是青藏高原宝贵基因库。对高寒地区恶劣气候环境和粗放的饲养管理条件具有良好的适应能力，是位于青藏高原上的玉树的重要畜种之一。

藏羊产区地势高寒，海拔在 3500 米以上，气温和降雨有利于牧草营养物质的积累。玉树地区漫长的冬季和短暂的暖季，满足了藏羊喜干燥、喜凉的生理特性。高海拔的强紫外线形成天然屏障，减少了牧草及藏羊病虫害的发生，是藏羊繁衍生息适宜区。

藏羊体躯绒毛以白色为主，绒毛优质，毛纤维长，羊绒含量高，光泽和弹性好，强度大，绒毛比例适中。因此，由它织成的产品有良好的回弹力和耐磨性，是织造地毯、提花毛毯的上等原料。

脱贫之路 青海省玉树市巴塘乡铁力角村，位于市境东部，海拔 4200 多米，地处偏远、交通不便，全村 654 户 2227 人，是远近闻名的贫困村。

2016 年，铁力角村在精准扶贫政策帮扶下，结合市场前景及产业发展状况，确定"藏羊养殖繁育"为主要产业发展项目。铁力角村通过与玉树市"藏霸喇"种畜场达成藏羊种畜收购协议，按照 1000 元／只的标准，签订了 3 年的收购合同。使用精准扶贫资金 114 万余元，购置藏羊 1310 只（其中，种羊 50 只、母羊 1260 只）；为满足千只藏羊对草场的需求，筹措资金将牧民草场进行调剂、整合，使草场面积达到 5 万余亩，根据季节划为冬季牧场和暖季牧场。草场内除牧草外，还有许多药用植物和食用植物。其中，药用植物有上百种，著名的有冬虫夏草、藏茵陈、知母、贝母、大黄、雪莲、黄芪等；食用植物中的蕨麻、蘑菇、委陵菜等都是营养价值较高的上等食品。当地牧民则笑称："我们的藏羊吃的是冬虫夏草，喝的是矿泉水，拉的是六味地黄丸。"铁力角藏羊养殖繁育基地因草场资源丰富、植物多样性，产出的羊肉肉嫩味美、膻味小，是深受牧民喜爱的肉食品之一。

为方便铁力角村藏羊养殖繁育基地运输，投入扶贫资金59万元，把原有11千米的旧山路进行了拓宽和整平，使通往牧场道路顺畅，沿线架设铁棘刺网，修建了简易的羊圈和牧民居住的房屋。2017年，藏羊经过一年多的饲养，部分藏羊性成熟，母羊进入产仔期，产羊羔170只。

2018年藏羊繁育养殖基地依合同卖给收购单位藏羊300多只，集体收入达到30多万元，人均增收近2000元。

自然环境的改善　近年，由于人们认识到自然环境对人类的重要性，对自然环境保护的力度不断增加，高原的生态环境逐渐恢复，野生动物数量在逐渐增加，作为高原食肉生物链上端的野狼也在不断地繁衍增加。当冬季来临，积雪覆盖了大地，狼的生活空间减少，缺少食物，只能趋于本能去选择袭击羊群，野狼叼食羊的事件每年都会发生几次，而野狼的每次来袭都会咬死几只羊。一只藏羊的价值，已从几年前的千元左右上涨到1500元至2000元。每一只藏羊的死亡对牧民来说都是不小的损失，如果羊死得多了

铁力角千只藏羊养殖繁育基地

可能是一年辛辛苦苦白干。"千只藏羊养殖繁育基地"是巴塘乡铁力角村52户123人牧民脱贫致富的希望。对牧民来说，加高、加固羊圈，使得狼群无法突袭进去，进而保护羊只，是摆在铁力角村藏羊养殖基地面前的唯

一选项。

落在实处的惠民行动 2019 年，密云区聚焦产业扶贫项目，通过项目建设的带动，培育有基础、实施快、见效稳的产业基地。密云区援青干部争取到 50 万元扶贫项目资金，用于支持铁力角村"千只藏羊养殖繁育基地"的援建项目。在紧邻原羊圈处，新建砖混墙、铁门、顶部采用钢架结构铁皮和透明有机玻璃相间的羊圈。新羊圈有两米高的砖砌围墙，为了坚固耐用及美观，墙外露面用水泥砂浆抹面并喷涂防水涂料。由于铁力角藏羊养殖基地距市区路途远，所有建筑材料均需外运。高海拔导致暖季时间短，施工条件艰苦，工程须在确保质量的前提下，在冬季来临前完成，建设过程中克服各种困难，如期完成。

为防止野狼袭击羊群，新羊圈采取加高、加固、封闭等措施。建成后，野狼袭击羊圈的事情再也没有发生过，有效地防止了狼祸发生。在建新羊圈的同时对基地草场周围 10 多千米铁丝棘刺护网的破损处进行修补和加固，牧民再也不用担心野狼对藏羊群的袭击。

2021 年底，藏羊存栏 800 多只（不含新产羔羊）。密云区人民对玉树藏族同胞的大力援助，做到了尽己所能、力所能及，让民族团结之花绽放在了雪域高原的山谷之中。

交流研讨推"双减"

　　北京市密云区巨各庄中学与青海玉树民族第一中学（以下简称第一民中或民族一中）结对开展教育支援合作工作以来，一直将支援合作工作作为学校一项重要工作进行落实，成立了以校长为组长的支援合作工作领导小组，分层对接对口学校干部教师，力争工作富有成效。

　　开展帮扶调研　2019 年 8 月 13 日，在王建东校长带领下一行 5 人抵达支教对口单位青海省玉树市民族第一中学后，双方领导就支教工作作了具体安排。

　　密云信息中心的李小岩主任和李赛老师对民族一中的全体老师进行了密云教育云平台应用培训，因为对口校间帮扶要依托云平台开展一些工作，当天对提供应用的 5 个系统（备课管理、网络研修、培训学习、资源中心、网络社交）进行了初步培训。

　　英语特级教师张秋慧老师与民族一中的英语教师进行一对一的学科辅导；市级数学骨干教师罗海亮及校长王建东、副校长王龙与民族一中的全体数学老师进行交流；区级语文骨干教师柏静与民族一中语文教研组教师就名著阅读与教学展开研讨。通过交流研讨，为今后的支教工作做好了相关学科

英语特级教师张秋慧在上示范课

的前期调研。

张秋慧老师上了一节集音频、视频于一身的高效课堂示范课。孩子们在张老师的带领下，全班 37 名学生，均投入到愉快的课堂学习中。尤其是在活动结束后，让学生以学习小组为单位谈学习收获环节，学生们的认识都很深刻，思维得到了深度训练。在如何用活动激发学生阅读兴趣，调动学生学习积极性方面，张老师为民族一中的英语老师，起到了很好的引领作用。课后，张老师又与上课班级学生建立了微信群，方便以后和孩子们取得联系，对孩子们随时进行英语学科知识的指导。

经过 5 天的体验和沟通，就合作内容、合作形式、困难需求达成共识，以便安排具体合作内容和项目。在此基础上，学校的教务主任、特级教师、骨干教师分别与玉树民族 中的中层领导、教研组组长和任课教师建立了广泛的联系，建立了完善有效的沟通联系网络。

增强帮扶合作　2021 年 9—10 月，巨各庄中学派校骨干教师柏静和青年骨干教师石婷婷分别通过线上直播的形式对玉树民族第一中学全体老师进行了语文和数学两个学科的示范课展示活动；展示活动后，两位骨干教师分别就教材教法、备课、学案设计等和玉树民族第一中学的相关教师进行学科教学的交流；语文骨干教师柏静还与民族一中语文教研组教师就名著阅读与教学展开研讨。通过交流研讨，了解到民族一中学生的语文、数学教学现状及老师们需要的支援合作内容，介绍了一些切实可行的方法，为今后的支援合作工作做好持续推进的准备，并建立了稳定有效的沟通联系方式。

巨各庄中学教师与民族一中数学组交流讨论

共同研讨"双减" 两校老师共同研讨了"双减"政策的相关要求，保证政策落地不仅是减轻过重的课外补习的负担和作业负担，更重要的是建构高效课堂。示范课后的作业布置环节是学生深入理解所学内容的前提，布置的不同层次的作业，能让"吃饱的""吃好的"不同口味的学生都满足，真正做到减少作业量，不降低学习质量和效果，对此，两地教师达成了共识。

以柏静老师的《愚公移山》语文课为例，这篇文言文对于学生而言，内容不是很难，自行理解文章内容没有问题，为了更好地提高课堂效率，让学生在课堂上充分发挥主体作用，教师采用任务驱动方式推动课堂高效运行。任务一为分角色朗读，让学生通过朗读，在语气中读出对于愚公移山的态度；接着完成任务二即"文中都写了哪些人，他们对愚公移山持什么态度"，这个环节是让学生进一步加深理解文中人物对愚公移山所持的态度，并且为下一步完成任务三做准备；任务三是辩论"愚公愚还是不愚"（正方、反方通过在文中找依据，证明己方的观点成立）这个环节是本节课的亮点和突破重点的活动设计，学生通过文中找依据，分析愚公愚或者不愚，在辩论中，更加清晰地明确了愚公移山遇到什么样的客观困难？愚公是个什么样的人？任务四是让学生通过回忆挖掘寓言寓意方法，从而明白这篇带有神话色彩的寓言中蕴含什么样的寓意，因为有方法引领，小组合作的学习形式辅助，所以本节课的难点也就迎刃而解了。最后一个环节是布置作业，作业分成两层：A、B层，即结合生活实际，谈谈学完本文后你得到的启示；C、D层，即通过（什么内容），我明白了什么。作业虽然很少，但是能够检测学生对于本节课的理解和掌握程度，同时也是对本节课重难点知识的巩固。作业布置环节是在学生深入理解了所学内容的前提下，布置不同层次的作业，能让"吃饱的""吃好的"不同口味的学生都满足，真正做到了减少作业量，不降低学习质量和效果的目的。

深化网络教研 巨各庄中学原计划2021年11月派遣骨干教师去玉树开展支援合作工作，由于疫情原因，未能成行。但巨各庄中学积极组织特级教师张秋慧老师通过线上教研的方式，与玉树民族一中的英语教师进行初中英语单元整体教学的研讨。研讨从单元整体教学的背景到对教材的结构和理念进行分析，在英语教学面临多元化、多材料、多角度的现状下，帮助老师们坚持初心，不偏离方向，以培养学生语言能力为目标，走出一条适合自己的路。张老师还和玉树民族一中的英语教研组建立了很好的联系，随时解答民族一中老师在英语教学上的问题。

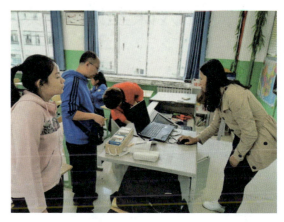

信息中心老师调试民族一中的多媒体设备

　　针对民族一中的实际情况，一两次集中交流解决不了根本问题，所以他们建立起了分层沟通合作网络，玉树的老师和巨各庄中学优秀教师的沟通通过微信、QQ 和邮件等可以随时进行，巨各庄中学的云平台资源也对玉树老师随时开放，学校管理制度、学校文化等相关文件材料随时提供给有需求的干部教师。

赏识课堂照亮教育扶贫之路

2018 年 7 月 23 日，檀营小学（以下简称檀小）正式与玉树第二完全小学（简称玉树二完小）建立对口帮扶关系。自此，开启了檀小对玉树二完小的帮扶工作。2019—2020 学年，按照计划，专业、有效地开展帮扶工作，连疫情期间都没能阻断帮扶的脚步。

精准帮扶，赏识课堂两校同行

整体规划，逐年推进　两校校长经过多次沟通，共同制定了三年支教以"星计划"为龙头，以课堂教学为抓手，以更新干部教师观念为出发点和落脚点，聚焦人的发展，逐步带动学校管理体制的变革、规章制度的完善、教育教学方式的更新，最终实现全面提高办学质量。

牵住课堂，更新观念　经过多次深入探讨，两校最终确定了"赏识课堂实践"这个切入点。2018 年 12 月至 2019 年 6 月，玉树市第二完全小学在檀营小学教学班子的引导下，在卓玛校长的带领下，在 5 位核心干部教师的先锋实践与指导下，开始了课堂教学改革之旅。

2019 年 7 月 14 日，在两入玉树之后，檀营小学派出李连英主任带着青年教师们再到玉树，进行了一周的实地指导。指导前，制定详细的方案，王蕊校长亲自作了指导安排。

仅仅一年，玉树市第二完全小学的老师们接受了新的课堂教学理念，学到了基本模式与方法，师生发生了非常明显的变化。在玉树市 2022 年 7 月举行的教学能手评选及岗位大练兵展评活动中，最终产生 6 位教学能手，玉树市第二完全小学一举拿下其中的3个席位，4位参赛教师也全部获奖。

聚焦队伍，授之以渔 扶贫支教的关键在课堂，而课堂的关键在教师。因此，一年中，王蕊校长和卓玛校长无数次电话、微信沟通，就队伍建设、校本培训、学校各项规章制度的跟进等问题进行交流。只要有需要，檀营小学相对成熟的管理办法、成熟经验等均供其参考。比如赏识课堂构建、课程体系构建、读书节活动方案、全员民族运动会章程、欢乐周活动方案、教师评价办法等。檀营小学的副校长、教导主任、教研组组长以及其他专业教师，也都应玉树第二完全小学的需要，传送很多具体经验和先进做法。比如檀营小学的王婷婷老师执教的《认识三角形》一课，打破了常规教学模式，以学生探究为主线，层层深入地认识三角形。王老师从"画""围"两活动入手，引导学生在自主探究中认识三角形。结合生活情境，激发学生思考：三角形为什么具有稳定性？以此为探究点，引导学生在"推一推""比一比"的活动中，切实感受平行四边形和三角形在推拉的过程中哪些变了、哪些不变，探索其中的奥秘。

学生结合画、围的作品进行交流探讨，对三角形的定义逐渐清晰。结合提出的研究问题，学生们以小组为单位进行合作交流。在动手操作中，直观地感受着平行四边形与三角形的不同，分享对问题的看法。在热烈的讨论中，层层深入地感受三角形稳定性的原因，对三角形的认识更加深入。

相约云端，开启云帮扶共战"疫"

2019年9月开始，两校在区信息中心帮助下，利用云平台开展网络研修活动，学期初进行云平台培训，期中开展研修活动，网络研修助力两校教学质量提升。

2020年，是让人终身难忘的一个学期。因新冠疫情，他们没有和孩子们在校园中相见，但是停课不停学、停课不停教，所有教师都秉承着这个

理念，他们有计划、有目标地进行着本学期的教学。在这个特殊的时期，他们同样没有忘记玉树二完小的所有师生们，他们与他们相约云端，开启线上帮扶，檀小与二完小教师一起携手，共同战"疫"。

信息中心为檀小教师作网络研修培训

在这个特殊时期，为了便于两校师生同享教育资源，檀营小学把几十节党员骨干及青年教师录制的微课，通过微信分批推荐给玉树师生。

他们和玉树二完小携手开展"我是最美朗读者"活动，王蕊校长更是成为玉树二完小第一期"我是最美朗读者"的特邀嘉宾，她的深情朗读使孩子们感受到祖国的强大并为之自豪。檀小还邀请全国小学语文界名师进行朗诵，同时把几期视频也分享给玉树的师生们。

在与玉树二完小领导的沟通中得知，两项活动的受益班级 31 个，受益教师 89 人，受益学生 1736 人。

2020 年 3 月 27 日，檀营小学数学教师与玉树二完小全体数学教师相约云端，开展云端教研。他们交流居家指导小妙招、领导力课程实践应用、集体备课《平行与相交》，每一项内容，两校教师都是积极发表自己的想法，彼此借鉴、彼此学习。在两所学校教师心中，距离不是问题，疫情不能阻挡，他们一

王蕊校长被玉树二完小聘请为"我是朗读者"

直携手同行，铸就属于檀小与二完小教师的联盟。

骨干教师支教，示范引领全情相助

2020 年 9 月 1 日至 2020 年 10 月 30 日，檀营小学派英语学科优秀教师谭立娜到玉树二完小进行为期 2 个月的扶贫支教工作。谭老师克服高原反应，到玉树第一周便在校本研究学术会上进行"小组合作学习——赏识课堂中的一抹亮彩"专题讲座，将密云檀营小学经验，分享给参会教师。第二天还执教 *Mid-Autumn Festival* 英语展示课。谭老师不仅日常和英语老师进行教研，上示范课，还为英语学科后进生进行爱心辅导。谭老师的敬业精神得到支教学校师生的一致好评，并送上锦旗以表感谢。

师生爱心捐赠，书信传递无限深情

了解到玉树二完小仍然有一些极其贫困的学生，檀营小学再次主动献出爱心，继续开展捐赠活动。2019 年 12 月，为玉树二完小两名困难学生捐款助学金 3290 元，并表示对孩子们将进行生活学习的长期帮扶。檀营小学的谭立娜老师在支教期间，对玉树贫困学生一次性捐款8000 元，回校后也没有对任何人提起，直到玉树二完小的校长发来活动美篇，学校才得知此事。他们为有这样品德高尚的老师感到骄傲！

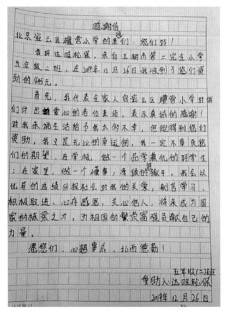

玉树学生的感谢信

另外，檀营小学还在 2020 年 11 月 16 日至 18 日，开展为期三天的"书籍传友谊，爱心献玉树"师生爱心捐书活动，把师生捐赠的书籍和学生亲笔写给玉树二完小的小伙伴们的一封封书信（与最美朗读者第二季相结合），带着檀营小学全体师生的情谊和"共同读书、共同成长"的心愿，发往玉树。

帮扶多所学校，带动玉树教育提升

2019 年 11 月 25 日至 12 月 24 日，玉树市第一、第二、第三完全小学这三所学校教师到檀营小学跟岗学习一个月，参加学校和北京市及密云区组织的各项教育教学活动。学校为其制定跟岗学习计划，开展一对一结对指导，进行课堂教学实践，开展学习总结交流等。

2020 年 10 月 25 日至 11 月 2 日，玉树市第一、第二、第三、第四完全小学等四所学校的教师到檀营小学跟岗学习。学校分别邀请语文、数学、英语学科和戏剧教育的市级专家到校进行指导，使玉树四所学校的教师接受到北京最前沿的教育教学指导，提升了教师综合素养。

几年来，檀营小学与玉树二完小的师生手牵手、肩并肩，共改革、同进步，赏识课堂照亮了教育扶贫之路。他们把教育教学方面的好的经验和做法与玉树二完小的领导老师一起分享，让更多的学生切实收益，让更多的学生学有所成，真正成就教育梦，助推中国梦！

"云"中寄得锦书来

密云与玉树虽远隔千山万水，但两地地缘相近、人缘相亲、文缘相通。两地连续两年携手举办"童心向党·同声诵读"连线直播系列读书活动。活动由中共密云区委宣传部、中共青海省玉树市委宣传部、密云区委网信办、密云区新时代文明实践中心、密云区文化和旅游局、北京少年儿童出版社主办；北京市密云区教育委员会、密云区图书馆、青海省玉树市政府办公室、青海省玉树市教育局、青海省玉树市第二完全小学承办。结合新冠疫情防控形势，拓展全民阅读新途径，活动采取线上线下相结合的方式，引导广大读者积极观看直播活动、参与线上阅读，感受阅读的魅力，引领全民阅读新风尚，营造全民阅读的良好氛围。

2021 年 4 月 20 日，为庆祝中国共产党成立 100 周年，落实立德树人根本任务，密云区与青海玉树市连线举办"童心向党"诵读活动在密云区图书馆五层多功能厅举办。活动中，两地的学生向党旗敬礼，了解党旗的含义和党的光辉历史，接受红色历史的洗礼；朗诵了《党啊，我想对你说》《二十四节气诗词游》《少年中国说》；歌唱了《唱支山歌给党听》《没有共产党就没有新中国》等歌曲。一句句铿锵有力的诗词、一首首悠扬熟悉的旋律，表达了对党的无限敬意

2021 年 4 月 20 日密云区图书馆
"童心向党·同声诵读"联线直播

以及对中国共产党成立 100 周年的诚挚祝福。密云区图书馆向玉树二完小转赠了密云区爱心人士捐出的图书 500 册；活动以书为媒，采用"诵读＋讲党史"相结合的方式，共同见证中国共产党百年风雨兼程，世纪沧桑巨变，为学生们上了一堂形式新颖的党课，引导学生爱党爱国，永远跟党走。同时，弘扬了中华优秀传统文化，充分展现了密玉手牵手、心连心的深厚情感，体现了两地人民始终感恩党、感恩祖国、感恩全国人民的质朴情怀。也为持续深化文明城市创建工作，巩固创城成果，保持创城常态长效进一步夯实了基础，人民日报社等近 40 家中央及省市级媒体报道了这次活动的有关情况。直播活动累计观看 160 万人次。

　　2022 年 4 月 22 日，与青海省玉树市、北京少年儿童出版社携手，共同举办了"童心向党·同声诵读"云读书活动暨密云区第十二届书香中国·北京阅读季启动式诵读直播活动。活动以喜迎党的二十大为主线，进一步唱响主旋律、集聚正能量。按照《2022 年北京全民阅读暨第十二届书香中国·北京阅读季总体方案》和疫情防控要求，活动分为主会场和分会场，主会场为北京市密云区图书馆五层多功能厅，分会场为青海省玉

2021 年 4 月 20 日玉树市
"童心向党·同声诵读"联线直播

树二完小多功能教室。根据校园疫情防控要求和活动视频质量需要，分会场活动为视频录播，并通过主会场进行现场播放。活动中，青海省玉树市、北京出版集团北京少年儿童出版社、北京市密云区委教育工委、北京市密云区文化和旅游局相关负责同志一一为活动致辞。活动还穿插了创建全国文明城区（简称创城）倡议书，播放了玉树市相关单位的活动视频。

　　两地直播连线诵读活动，重点是使双方在文化交流上有更好的接触，加深密玉感情，增进民族团结进步，更进一步推进了书香社会建设和对口支援工作，弘扬中华优秀传统文化，让书香浸润心灵、文化滋润童心、阅读伴随成长，引导青少年从小听党话、感党恩、跟党走，厚植爱国主义情怀，努力成长为中国特色社会主义事业的建设者和接班人。同时在引领大家同声诵读、品读书香的同时，对创建全国文明城区，创建双拥模范城和建设北京市公共文化服务体系示范区的相关内容也进行了宣传。

　　"云"中谁寄锦书来，"屏"上交流两地亲。一次次的对话、一句句的诵读让孩子们之间的情感增进，一张张笑脸给了孩子们童年最美好的纪念。也通过"互联网＋阅读＋诵读"点亮书香密云、书香玉树。

医疗扶贫"把脉""对症"施对策

健康扶贫和人人享有基本医疗是我国全面打赢脱贫攻坚战的一项重要内容。在落实脱贫攻坚、乡村振兴对口支援部署中,密云区北大第一医院密云院区对口支援玉树市八一医院,精准"把脉","对症"施策,以传送医技提高医疗水平和规范医院管理为切入点,以提升扶贫地区群众获得感为目标,取得很好成效。

授之以渔 技术帮带

2018 年到 2020 年,密云区医院共向青海玉树市派遣了 12 名中高级医师对当地医疗单位进行传、帮、带和技术指导。

针对帮扶地区医疗人才队伍普遍缺乏,医疗水平相对滞后,群众就医水平不高等短板弱项问题,制定了"授之以渔,技术帮带"办法,加强对口医院人才培养,帮扶建立人才梯队等强基固本措施。

一是加强对口支援医院队伍建设。规范帮扶医院完善行政、人事、财务、药剂、医疗、护理、文化建设、文件管理及转批、总务后勤、公章使用管理、职工考勤、三重一大决策、继续教育、院感等各项制度 23 项,规范财务、药剂、采购等工作流程 9 个,为对口地区医院建设和可持续发展提供了人才与制度保障。

二是利用密云区医院与北京大学第一医院融合共建资源优势,帮助对口医院实施人才"造血"工程,高起点、高规格加大对口医院的选派医疗骨干培养力度。2020 年,先后接收青海玉树市八一医院共十几名骨干医生到北大第一医院密云院区开展临床科室带教进修学习，包括儿科、骨科、检验、药学、院感、肾内、普外、妇产、放射、超声、护理、财务等10余个专业。为进修人员制定了针对性学习计划，安排专人带教，通过带教查房、病例讨论、参与手术示教、理论授课等多种方式，使进修人员顺利完成了各项进修任务，专业理论水平

专业技术帮带医护人员

和技术能力均得到明显提高。通过技术帮带，进修人员医技水平显著提高，为实现"健康脱贫"目标打下了人才基础。

因地制宜　精准施策

玉树八一医院位于结古大道，其前身是玉树县妇幼保健综合医院，震后经过两年零四个月援建，建成了一所集医疗、战备、预防、教学及科研为一体的二级甲等规模综合性公立医院。建院总投资超过2.2亿元，占地面积18.86亩，全院共设有37个科室，编制床位200张。全院共有306名职工，其中，在编人员132人（非专业人员6人；副主任医师11人，副主任护师3人，中级医师6人，主管护师7人，中级检验师1人，初级医师98人），临聘编外人员174人，占医院职工总数的56.9%（其中，护士89人、财务29人、后勤41人）。基本达到医疗、战备、预防、教学及科研为一体的具有二级甲等规模的综合性的公立医院标准。

密云区医院作为密云区综合医疗服务中心的先锋，在医疗卫生事业上担负着艰巨的任务。自2018年开始，从妇科、麻醉、中医、化验、影像、

骨科、内科等科室抽调精兵强将，对青海省玉树市进行医疗支援工作。其中，影像科更是从 2018 年至今，每年都有对口支援任务。玉树市八一医院是震后重建医院，硬件设施还是很不错的，但科室人员对于仪器的操作及诊断水平不能尽如人意。

2018 年，密云区医院派出了第一批援助医生，放射科王常宝医生就在其列。王医生是放射科青年医生中的佼佼者，业务知识扎实，水平较高。因为是第一年支援，对接工作都需要磨合，现实中遇到了许多困难，但王医生迎难而上，在时间有限、条件有限的前提下，尽自己最大的努力，提升了八一医院放射科同事的普放诊断水平，并带领他们开展 CT 检查业务，虽然主要是 CT 平扫，那也是零的突破。一个月的时间很短暂，但激发出了八一医院放射科同事们的学习热情。

第二年，八一医院强烈要求密云区医院放射科再派人支援，这次去的是李明通医生，他是诊断组组长，业务水平很高，尤其是骨肌专业。李医生前后共去了两个月，经历了玉树的两极气候，美丽的夏季，严寒的冬季。玉树是高原地区，海拔高，气压低，很容易造成高血压、缺氧的症状。李大夫在每天血压 160 并缺氧的情况下，依然保持热情，为八一医院的同仁们开展工作。在他的帮助下，将增强 CT 检查开展了起来，并悉心地教授大家诊断技巧，八一医院的同事，都对这位老大哥赞不绝口。

倾心尽力　搞好传帮带

2020 年 8 月 1 日至 2020 年 9 月 30 日，密云区医院第三次对八一医院影像科进行对口帮扶工作。放射科的刘通医生是科室教学干事，对教学方面颇有心得。鉴于八一医院放射科部分人员专业水平基础较差，当时能担任诊断工作的只有 4 名医生。刘医生在进入八一医院后，迅速调整状态，克服各种困难，抓紧时间与八一医院放射科同事进行深度融洽。在实际工作中，他了解到八一医院放射科目前主要的困难是需要提高全体医生的诊断水平，这是一种挑战。于是刘医生根据每位医生的优势与不足，为他们开展专题讲座、实际操作培训，帮助他们提高业务水平。在玉树期间，刘医生进行了 8 次专题讲座，包括神经系统、呼吸系统、消化系统、骨关节系统等。每一次讲座都会提前备课，精心准备 PPT，以最经典的病例和专业的讲解帮助大家提高业务水平。八一医院放射科的影像诊断水平大幅提高，能独立完成影像诊断的医生由 4 名增加到 10 名。同时帮助他们开展了膝关节核磁的检查及诊断，极大地方便了玉树市的老百姓。

进入乡村振兴阶段以后的 2021—2022 年，密云区医院影像科派出了刘秀华医生。他的任务更是艰巨，他前后两次进青，抛家舍业，为的就是要给予高原地区的人民更好的服务。刘秀华医生不仅延续着密云区医院放射科优秀的援助精神，更是开展了多学科联动诊疗工作，他在八一医院开展头颈部 CTA 检查，这又是一项零的突破。

2021 年 7 月 16 日，密云区医院与玉树八一医院实现了远程会诊，密云区医院专家与玉树当地医生通过网络进行了面对面交流，远距离间可实现实时病例分析、诊断

密云区医院与玉树八一医院进行远程会诊

和治疗意见的提出。远程会诊使玉树患者享受到北京专家的诊疗服务，大大节约了当地患者的就医成本，同时也使玉树当地医生得到零距离的业务指导，进一步提升了八一医院诊疗水平。

玉树患儿的"心"生

在玉树，先天性心脏病高发，发病率约 17‰，受医疗水平和经济条件的影响，未经过治疗的患儿"存量"较大。

2019 年 11 月，密云挂职青海省玉树市委组织部副部长的朱应延到学校调研，发现了先心病孩子们的明显异常。"他们又瘦又小，没精神，心脏像达不到功率的发动机，病情严重的活不过 20 岁。"

为了孩子们的"心"生，这位来自北京的援青干部四处寻求支持，在他的协调下，2021 年 8 月，20 名玉树少年来到北京，接受免费心脏手术。

稍不注意就会得感冒

更松西然是个漂亮的藏族少年，目光柔和，脸上总带着害羞的笑容。在瘦瘦高高的他身上，先天性心脏病似乎隐藏得很深——他没有杵状的手指，嘴唇也不青紫。但病症已露出端倪，13 岁正是活泼好动的年龄，但更松西然过于安静、很少运动，相比其他孩子他更容易患上感冒。

2021 年 8 月 11 日，更松西然被推进手术室。由于手术较复杂，且之前有点感冒，他是所有孩子中最后一个做手术的。陪同他一起来北京的是 24 岁的哥哥金巴然吉。这是兄弟俩平生第一次坐火车走出高原。

更松西然的病是 2019 年学校体检时发现的，全家人都觉得意外。"我一直认为，三弟的身体挺好的，他只是不太运动。"

清华大学第一附属医院心外科主任李洪银说，此次来京的 20 个孩子患的是基本先天性心脏病，包括房间隔缺损、室间隔缺损、动脉导管未闭三种情况。在出现重度肺高压之前，他们自身可能没有呼吸困难等感觉，但如果缺损过大，活动耐量会下降。

"由于心房之间或者心室之间存在着缺损，造成了血液左向右分流，长时间的这种分流就会影响孩子生长发育。他们还会特别容易出汗、上呼吸道感染，稍不注意就会得感冒。"

金巴然吉家住玉树市下拉秀乡，他父母早年辛苦劳作还不到50岁就失去了劳动能力。如今父母和6个弟弟的生活，全靠金巴然吉"跑出租"每月四五千元的收入支撑。"六个弟弟都在上学，只有我在打工。"

给弟弟治病，不仅受制于当地的医疗条件，还有家里的经济条件。很快，他得到学校的通知，有一个项目可以资助弟弟免费到北京治疗。

春天的约定

此次医疗救助的促成人，是北京市密云区援青干部朱应延。2019年，他来到玉树对口支援，现任青海省玉树市委组织部副部长。

朱应延是两个孩子的父亲，由于援青看不到自己的孩子，每当看到藏族的小卓玛、小扎西（卓玛、扎西分别是藏族同胞对女子、男子的称呼），他形容自己"总是馋馋的，就像眼前的孩子是自己的，就想能为他们做些什么"。

一次在学校调研中，朱应延注意到了"先心病孩子"群体。这些孩子明显比健康孩子矮小，有的快走几步就气喘吁吁，更别提奔跑和上体育课。

高原缺氧的环境，使得很多孩子患有先心病。如果不做手术，孩子们不仅生长和智力发育迟缓，寿命也会缩短。即使活到了成年，结婚生子都不行，特别是女孩儿。这个病不根治，一辈子就是个雷，不知道什么时候会炸。朱应延不想看着孩子们力不从心、如履薄冰地生活。

这样的孩子有多少？他询问玉树市教育局局长，局长拉出了51人的名单。他向派出单位密云区委组织部汇报，寻找救治政策和医疗资源。自己也联系在密云区企业的朋友，帮孩子们捐款。

不久，密云区统战部门提供了一个线索，即中华民族团结进步协会医药卫生发展工作委员会正好有免费救治先心病儿童的政策项目。朱应延得知项目一直救助的是云贵川偏远山区的儿童，专家们没有上过高原，彼时正值 12 月，是大雪封山、

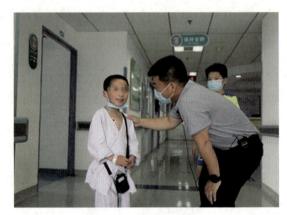

朱应延在医院鼓励孩子

高原最缺氧的时候。双方约定，来年一开春，医疗专家就到玉树进行筛查。

2020 年初过年回京，朱应延专门和协会秘书长张绍国会面，商定救治时间表和路线图。结果计划被突如其来的疫情打断了。"我一直紧盯着这个事儿，2021 年 4 月 30 日，北京突发公共卫生事件一级响应调整为二级。我知道孩子们的机会来了，马上联系了协会，希望马上重启项目。"

女儿的眼泪和小卓玛、小扎西的微笑

每年的 5 月下旬至 6 月下旬是玉树藏族同胞聚居地区挖虫草的季节，收入主要靠这三四十天，所以先心病筛查工作必须在 5 月下旬前进行。五一假期朱应延没有回京，留在高原为专家来玉树义诊做各项准备。

"我告诉 4 岁的女儿，爸爸不能回去的时候，视频那头，闺女哇的一声哭了。我当时心如刀绞，心想为了更多小朋友早点康复，只能委屈你了，未来，爸爸用余生好好陪你。"

玉树的雪山还没有完全消融，协会组织清华大学第一附属医院、北京

顺义区衡山博远儿童关爱中心等多家单位到达玉树，进行儿童先天性心脏病义诊筛查救治。为了让更多患儿受益，筛查范围从玉树市扩大到玉树州，短短两天，专家就在教育系统内筛查出约 210 名学龄患者。

根据个人意愿，首批 20 个患儿踏上去北京的治疗之路。这些孩子所需要的手术费由玉树州医保负担一部分，需要自付的部分由企业家和社会爱心人士资助。"患儿、家属和玉树州人民医院随队医生一共 49 名，北京的爱心企业和人士解决了他们的往返交通费用，清华大学第一附属医院解决了食宿问题。整个治疗过程，患儿家庭不用承担任何费用。"朱应延对这个结果很满意，他说这个不定期救助项目至少会持续三年。

到达北京后，孩子们做完核酸检测，住进医院。

做检查治疗静候手术期间，孩子们迎来了一位同龄人。得知爸爸帮助的藏族小伙伴来到北京，朱应延 9 岁的儿子从密云赶来医院为他们打气。他送给每人一本读物，还写上了

护士在病房和孩子们进行互动游戏

祝福语：希望你像孙悟空一样勇敢、祝你早日康复……朱应延看到，小卓玛、小扎西们的脸上露出了微笑。

带着健康的心脏回到家乡

"这次来得很及时。"随队医生及翻译、玉树州人民医院儿科大夫吉安介绍，跟随孩子来京的家长绝大部分是牧民，不会汉语。"治疗过后，听说有的孩子差点就错过了最佳治疗期，感觉真是万幸。"

李洪银大夫说，正常情况下一个孩子的手术费少则 2 万元多则 8 万元。

这些孩子家里大多困难，这次能免费治疗，为家庭卸下了一个重担。

8岁的男孩江文才仁不爱说话，但有双会说话的眼睛，大而明亮。护士说，孩子刚来时弱弱的、没力气，手术后眼见着比以前活泼爱动了。

改变他命运的是这次北京之行。2021年5月在玉树筛查时，医生听到江文才仁的肺动脉第二音特别响。"这种又叫肺动脉第二音重度亢进，是肺动脉高压听诊的体征，孩子的脉搏氧饱和度只有

护士为江文才仁测量血压

84%～86%，这种情况往往做不了手术。"医生们觉得到了平原地区，江文才仁可能还有手术机会。

果然来到北京后，通过吸氧等调整，江文才仁的肺动脉第二音减轻，脉搏氧饱和度达到了95%以上。"我们通过超声、胸片、查体判断他可以手术。事实证明我们的判断没错，他术后恢复得很好。"李洪银说，如果不做手术，孩子在平原地区生活会再活上10年，在高原生活则不到10年。此次手术祛除了病因，今后他的寿命将和其他孩子一样。

更松西然患的病是对位不良型的室间隔缺损，为避免手术后发生左室流出道梗阻，手术修补时要做特殊处理，手术难度也相应增加。"父母一直很担心，但弟弟手术前，我们已经不再害怕。看着一起来的孩子们手术后很健康，我相信医生。"金巴然吉说。

更松西然的手术很顺利，当晚8点他逐渐清醒，脱离了呼吸机，可以回到病房。玉树的孩子们将带着健康的心脏回到家乡，迎接崭新的生活。

镇村结对　亲情相助

2018 年，是脱贫攻坚三年行动的开局之年。密云区安排有关乡镇和所属行政村与玉树市乡村结对，为玉树市脱贫攻坚整体成效提供强大动力。

河南寨镇与上拉秀乡　2018 年 7 月，密云区河南寨镇与玉树州玉树市上拉秀乡签订了对口协作结对协议，并捐赠资金 10 万元。双方就网络销售农牧特色产品、精准扶贫工作进行了详细磋商。

日玛村是纯牧业村，位于年吉措湖周边，定居点均在海拔 4200 米以上，是全乡草场面积最大的一个村，草场生态脆弱、退化较为明显，是历次雪灾的重灾区。定居点散落在 90 多平方千米的湖边。原有土路因雨雪毁坏失修，坑洼不平。为解决牧民出行难、物资运输难的问题，上拉秀乡政府利用定向资金和河南寨镇政府捐赠资金用于日玛村修建道路。重修后的道路平整顺畅，使当地群众 530 人受益；同时设立公益岗，安置重点贫困户就业以及对退化草场进行治理等，向最后"一公里"发起冲刺。同年底，日玛村全村 593 户全部实现脱贫。

2019 年雪灾肆虐玉树地区，河南寨镇政府闻讯后，协同区有关部门向玉树地区捐赠御寒用品，拨付 5 万元扶持资金，用于灾后恢复牧民的正常

河南寨镇向上拉秀乡捐赠资金

生产生活。

2020—2022 年，新冠疫情期间，三年累计援助资金 45 万元。用于资助 40 名在读贫困大学生；为村卫生医疗室添置医疗器械；增加光伏发电的投入和村办商铺的扩大发展；增设了生态管护员、垃圾分类及环境卫生清洁员等公益岗位；增加牧民的收入。

暖心的公益岗　河南寨镇宁村与上拉秀乡布罗村建立结对关系，每年向布罗村捐赠资金 5 万元，2018—2022 年累计向布罗村捐赠资金 25 万元。罗布村把资金用于生态保护、卫生垃圾分类等公益岗位支出，增加贫困边缘户家庭收入。为巩固布罗村脱贫成果，壮大村集体经济，援建了布罗村综合服务超市，其部分利润分红于村民，对提高脱贫人口收入的持续性，起到了不可或缺的作用。

西田各庄镇与新寨街道　玉树市新寨街道是玉树市的东大门和交通要道，辖区面积 4.364 平方千米，耕地面积 15417.44 亩，常住人口 4767 户 2 万余人，其中，藏族人口 20272 人，占总人口的 96.3%。

2018 年 8 月 30 日，西田各庄镇与新寨街道正式结对帮扶，捐赠 10 万元帮扶资金。2019 年 6 月，西田各庄镇代表团到玉树市新寨街道对口交流，并捐赠了 10 万元产业发展资金。北京利宝公司董事长、北京韦氏服装制造有限公司工会主席就助学帮扶、文旅资源开发、劳务技能培训等进行了深入探讨，并向新寨寄宿制小学捐赠了价值 10 万元的羽绒服。

西智村与卡孜村结对　卡孜村是半农半牧村，农业以种植青稞麦为主，一亩地年收入不足千元。2016 年后，开始兴建大棚，种植大棚蔬菜为主，每亩年收入可达近万元。

西田各庄镇西智村于 2019 年 6 月和新寨街道卡孜村签订了结对帮扶协议。卡孜村位于玉树市东部，唐蕃古道 (214 国道) 缘村而过，扎曲河贯穿村域，距世界上最大的玛尼堆新寨嘉那玛尼石城仅数千米，具有开发旅游的条件。

　　卡孜村利用西智村支援资金和对口专项帮扶资金的支持，在村域内利用河岸荒滩，修建诺布拉赞林卡民俗度假村。度假村占地约百亩，地表铺设人造草皮，防止扬沙。依度假村四周搭建具有藏族特色的夏季帐篷10座，帐篷外饰有吉祥八宝、五福捧寿、白云点狮、六道轮回等类图案。度假村可满足藏族风情的婚礼和节假日的庆祝活动。度假村内有小桥可通向扎曲河边，可供客人游览河边景色。

卡孜村的诺布拉赞林卡民俗度假村

　　2019年和2020年，卡孜村党支部成员两度来到西智村走访，参观了西智村社会主义新农村建设成果和农村新貌并就党建工作等话题展开了座谈。

　　果园街道与结古街道　　结古街道是玉树政治、经济、文化中心，地处玉树市东部，区域面积806.9平方千米。结古街道地处青南高原扎曲河谷地，平均海拔3681米，河谷区面积24平方千米。结古街道域内结曲河、扎曲河横穿镇区，交汇于镇域注入通天河。结古街道有农业耕地面积1.2万亩，可利用草场面积111.7万亩，其中，冷季草场47.5万亩，暖季草场64.2万亩；农作物以青稞、油菜为主，畜牧业以饲养牛、马、羊为主。结古街道是唐蕃古道上青海、四川、西藏三地间重要的贸易集散地，人口以藏族

为主。

密云区果园街道 2021 年与玉树市结古街道对接，签订了对口支援协议。果园街道为结古街道提供援助资金 15 万元，用于支持结古街道办事处修建党员活动室、社区便民服务窗口提升、扩展未成年人活动室等方面。2022 年初为美化城市，在街道辖区范围内制作了文明景观。

上河湾社区与民主路社区 上河湾社区与结古街道民主路社区建立社区结对，在加强党建引领、社区管理和服务能力提升方面开展交流。组织辖区党员以一对一的方式，对急需资金支持的困难学生 5 人，每人捐赠 700 元；同时捐赠资金 5 万元，用于民主路社区的办公条件改善、办公设备更新、社区智慧化管理等方面。

2021 年 9 月 27 日，结古街道办事处党工委书记到果园街道走访，双方就工作进行了交流，继续加强交流和资金捐助。

东邵渠镇与巴塘乡 巴塘乡平均海拔近 4000 米，畜牧业是其支柱产业，以饲养牛、马、羊为主；耕地面积 10096 亩，可利用草场面积 257.3 万亩，其中，冷季草场 127.9 万亩，暖季草场 129.4 万亩。巴塘乡农作物以青稞、小麦、马铃薯、豌豆为主；建有蔬菜基地温室大棚，种植白菜、萝卜、生菜、韭菜等；巴塘乡通过实施新型农牧民职业技能培训和种植技术的推广，栽植的苹果树已挂果，是玉树唯一生长果树并挂果的地区。

2021 年 9 月 5 日，东邵渠镇代表团赴玉树市巴塘乡进行对接，向巴塘乡捐赠了帮扶资金 15 万元，用于巴塘乡人民政府党群活动中心、便民服务中心的修建及购置相关设备，以及提高结对乡教育和医疗等方面支出。双方对加强扶贫对接领域沟通协作，精准对接产业项目，在企业产销方面进行合作。

界牌村与相古村 东邵渠镇界牌村与巴塘乡相古村建立结对帮扶关系。每年捐赠村级帮扶资金 5 万元，用于改善村委会办公条件及定居点的环境美化，营造优美的人居环境，提升村容村貌等基础设施建设。

高岭镇与隆宝镇　　隆宝镇地处玉树市境西部，镇域面积 1728.4 平方千米。隆宝镇属盆地地形，平均海拔 4100 米。隆宝镇受青藏高原冷气压和东南暖湿气流影响，气候变化剧烈。年温差小，多年平均气温零度以下；日温差大，日照长，辐射强，自然灾害频繁。雪灾是三年一小灾，五年一中灾，十年一大灾。年降水量 730 多毫米。隆宝镇域内的国家级鸟类自然保护区隆宝湖，总面积 1000 公顷，海拔 4050～4200 米，是世界上海拔最高的保护区之一，栖息着黑颈鹤、天鹅、绿头鸭等珍禽。隆宝镇是纯牧业镇，经济收入以畜牧业为主，牧民的副业收入主要是 5 月至 6 月采挖虫草；可利用草场面积 432.1 万亩，其中，冷季草场 217.2 万亩，暖季草场 214.9 万亩。

2021 年 9 月，密云区高岭镇与玉树市隆宝镇建立共建帮扶关系，使帮扶做到精准化、常态化，为脱贫攻坚与乡村振兴实施有效衔接。

高岭镇向隆宝镇捐赠 15 万元镇级帮扶资金，助力隆宝镇乡村振兴战略高质量发展。隆宝镇利用帮扶资金为村集体超市新购置小型冷冻设施，解决牧民在暖季宰杀牲畜后无处存放的困难。高岭镇还向脱贫不稳定户和突发困难户的牧民家庭，提供慰问金 1 万元。

石匣村与措多村　　高岭镇石匣村与隆宝镇措多村签订结对帮扶协议，捐赠 5 万元帮扶资金，应用于集体超市购置粮食加工机器和超市必需的冷藏柜等硬件设施。

天高云低知何处 冷暖相携在玉树

2017 年 5 月,密云区与玉树市"结对",正式建立对口支援关系。

2019 年 7 月,密云区选派了 3 名党政干部到玉树挂职。密云区委宣传部副部长薛云波是其中之一,任玉树市委常委、副市长。

薛云波说:来这里我们自称是"康巴汉族"、新玉树人。玉树是中华水塔、三江源头,密云有密云水库,是首都大水缸,这是天生的云水缘。高原之上,古羌之地,援派干部,脱贫攻坚,苦熬不如苦干;个体群体,援建共建绝不是高高在上的给予,而是一同创造建设。

他说,寻踪唐蕃古道,亲临高山牧场,四面都是草原敞开的怀抱。沿着文成公主曾经走过的山路,在海拔 4400 米的勒巴沟垭口撒起满天的风马,你就会感受到,只有遵循自然,敬畏生命,才能真正理解高原的高度。

玉树市生态环境非常好,在草滩上,牧民常会看到狼的身影,棕熊会来到人们的居住地,在垃圾箱中翻找食物。

由市区出来下到乡里,处处是美景,远处是巍峨的山峰,常见金碧辉煌的寺庙,绿草如茵的草滩,连接起起伏伏的山峦,满眼的绿色,星星点点的百花,远处起伏的山峦浓绿舒展之间时隐时现的黑色牦牛,以及公路两边草滩上支起的帐篷,在河水边草地上翻滚嬉戏的孩子……这些画面是藏族同胞真切的生活,这一切都是慢慢的,在慢节奏中和大自然紧紧相连。

在这里随便望一眼这些援青干部和当地干部群众,他们的容颜基本一样,大都是黑红的脸庞,紫微微的嘴唇。高原回馈了美的同时,也给予了人们感受美的考验。

兴奋期许之后,有那么多的实际工作等着你。

让投入的资金每一分都用到实处，从项目立项论证，到项目实施落地，援青干部们一次次奔走在坎坷的高原路上，出来就是一天。

下巴塘村位于巴塘乡中部，距离乡政府 2 千米，下辖沟群达、邓卡寺、岔能扣、达青等 4 个社，属纯牧业村，全村共 550 户 1928 人，全村特困供养人员 22 名，精准扶贫建档立卡户 230 户 830 人，其中，易地扶贫搬迁 12 户，危旧房改造 2 户。

2020—2021 年，利用北京市、密云区及玉树市旅游扶贫项目资金在下巴塘村实施了自驾游营地建设项目，项目实施地在邓卡寺社。

2020 年，用对口支援市区两级资金 200 万元于一期项目建设。2020 年"十一"期间试运行。2021 年密云区对口支援资金 180 万元用于二期项目建设。主要建设有生态木屋共 8 处、民族帐篷 15 顶、木栈道 180 米、铁质拱门 2 座、木桥 3 座，配套藏族民俗设施。

2021 年 7 月至 9 月正式运营，总收入 23.45 万元，除去各类成本，净利润 13.92 万元。分配比例为草场入股分配净利润的 35%，即 4.87 万元，受益村民 50 户；其余净利润的 65% 即 9.05 万元，受益村民 550 户。

上拉秀乡离玉树市有近 80 千米，乡政府所在地海拔 4350 米。这是薛云波及援青干部们经常要走的路。

上拉秀乡乡长扎巴兰周说：密云区援建的储备库给我们解决了很大的实际困难。我们乡共有牦牛 6000 多头，年出栏 200 多头，每头牦牛能卖到 1 万多块钱。我们的牦牛吃的是冬虫夏草，喝的可是矿泉水。

薛云波副市长对所有的援建项目都了然于胸，小到一块砖头、一袋水泥，大到材料的购置、施工中遇到的困难，看似简单的一次搬运，在高原上都充满了艰辛。

在哈秀乡甘宁村有密云区援建的具有民族文化装饰的 11 盏太阳能路灯，涂着绿装的铁皮垃圾箱，垃圾箱的铁皮实际上是厚铁板，在上拉秀、哈秀的冬日，极寒常使各种金属制品变形。在集体开设的便民商店里，有

密云区援建的已投入使用的 27 立方米冷库，还有先进的加工青稞的磨面机。

玉树市有着独特的雪域高原风貌，还有很多具有地域特色的工艺品和土特产，以前很难走进更广阔、高端的市场。面对玉树发展遇到的困境，薛云波看在眼里，具有丰富宣传经验的薛云波一方面和当地管理部门进行有效沟通，为特色产品做资质认证、产品认证，另一方面尽心尽力地帮助他们，拓宽推广销

密云区扶持哈秀乡甘宁村的垃圾箱

售渠道。在哈秀乡甘宁村帕卓巴合作社，有来自北京、上海、四川、杭州等大城市的设计师、志愿者，正指导牧民进行手工编织。各种毛绒制品挂在墙上、摆在桌上，礼帽、挂毯、编织的手提包，无不具有浓郁的民族风情，牧民在专家指导下学会擀毛毡，一团团的牦牛绒毛，正神奇地幻化为实用的艺术品。

2021 年，密云区根据玉树市特色产品的高原民族特点，结合消费帮扶实际，以搭建销售平台为重点，拓展产销对接渠道，推动玉树市特色产品进京销售，逐步增加市场知晓度和推广度。

举办玉树市特色产品（北京密云）展销会。搭建展销平台，通过密云挂职玉树干部团队协调联系，有关部门大力支持，由玉树市组织 8 家玉树市特色产品经营企业、合作社，于 2021 年 9 月 27 日至 29 日在密云区华润万象汇举办了玉树市特色产品展销会，展示销售玉树牦牛肉、牦牛风味乳等农畜产品及民族手工艺品，取得了较好的展销效果，并达成深入投资合作意向，促进消费帮扶。

发展文化产业是乡村振兴的重要环节，密云区与玉树市携手打造文化援建品牌，在加强交流互访的同时，积极组织参加线上线下相关活动，增进两地文化交往交流交融。

2021年、2022年连续两年组织举办了密云区玉树市"童心向党·同声诵读"联线直播读书活动，受到广泛好评，媒体竞相报道。

策划实施"密玉良缘·携手致远"密云区对口支援玉树市五周年系列活动暨"守望三江源·密玉一

牧民在专家指导下擀毛毡

家亲"文化交流年系列活动，打造文化援建品牌。2021年6月，组织举办了"璀璨非遗·密玉情牵"非遗云直播活动，增进了文化交流。同年7月，在玉树市召开了密云区玉树市对口支援五周年座谈会。

薛云波说：三年援青，援在青海，缘在玉树。实实在在的三年时光，受益匪浅。援青之初，怀揣着支援西部发展、舍小家为国家的家国情怀。当时在想，没有梦想的青春是苍白的，没有挑战的人生是不完美的，趁着还算年轻，要为国家多出一份力，为百姓多做一些事，为社会多尽一份责。援青之中，深切地感受到高原上的不易，同时也被高原上的精神所鼓舞和激励。"缺氧不缺精神、艰苦不怕吃苦、海拔高境界更高"成为援青干部扎根高原、扎实工作、无私奉献的精神标尺。

是的，他是这样说的，也是这样做的。三年来，薛云波始终把对口支援当作光荣的政治任务、义不容辞的责任和分内之事，他协调签订《携手奔小康结对帮扶协议》，联络两地党政代表团互访调研6次；各有关部门、乡镇（街道）、企业开展交流对接40余次。协调对接落实北京市和

密云区财政帮扶资金 1560 万元，实施基础设施、公共服务、藏羊繁育基地、自驾游营地等项目 14 个，促进了玉树市高质量发展。

薛云波接受电视台采访

依托北京市和密云区人才培训项目，通过"请进来＋走出去"方式，强化智力支援。重点推进了玉树市党政干部能力提升培训、致富带头人培训等项目。玉树市干部 2020 年赴浙江大学、2021 年赴全国市长研修学院培训共 200 人次，同时分别到浙江安吉余村、北京市密云区等地学习考察。邀请了国防大学公方彬大校、西藏自治区党校孙向军常务副校长等学者到玉树讲座，促进玉树干部进一步拓宽视野，提高能力，助推高质量发展。

积极发挥自身作用，帮助玉树市编辑了机关公文处理工作汇编、"461"联心共建上拉秀乡乡村振兴行动计划，指导玉树市宣传部门制定工作计划，完善工作制度。

深化结对帮扶，促成新增玉树市与密云区的乡镇街道结对 10 对、村和社区结对 10 对，实现玉树市 12 个乡镇街道结对全覆盖；对接村企结对 3 对；新增部门结对 6 对。积极协调对接社会力量帮扶，三年来，密云区社会各界累计捐赠帮扶资金 400 万元，捐赠物资折款 200 万元。新冠疫情期间，协调完成密云区支援玉树市一次性口罩 7 万只。创新提出了"共建＋"模式深化对口支援，高层互访、结对通联、培训考察、创城共建、展销推广等，深化了多领域全方位合作，增进了民族交流交往交融。

薛云波作为玉树市全国文明城市创建领导小组的 4 个副指挥之一，他负责的网上申报材料分值占全国文明城市创建测评总分值的 40%。他在工作中勇于担当做好材料把关，与创建办的同志们加班加点审改创建材料，430 多张图片、120 份文字材料，逐字逐图地审改了两遍。经过全市的共同努力，2020 年 11 月，玉树市荣膺全国文明城市，实现了首创成功。

认真落实市委工作安排，带领市委"不忘初心、牢记使命"主题教育第三巡回指导组，完成对 11 个单位巡回指导。带领第四考核组，完成对 10 个单位的实地考核。完成萨迦法会期间到代莫社区蹲点工作。在短暂分管政务服务监督管理工作时，带队到西宁市政务服务大厅考察学习，积极推进玉树市政务服务大厅整合。较好地完成了领导交办的相关工作。

他表示，作为一名北京援青干部，把挂职当任职，把异乡当故乡，不当高原上的过客，也不当雪城上的看客。

他说，援青需要持之以恒、久久为功的坚韧毅力。三年援青，在思想上得到淬炼，在工作上得到历练，在品格上得到锤炼，变得更加坚定与坚韧。三年援青，收获了玉树当地干部群众如亲人般的情谊，更加深刻地体会到脱贫攻坚、乡村振兴对于加强和促进民族团结和铸牢中华民族共同体意识的重大意义。

南风知我意 情牵玉树州

张磊是个博学的人，他对神奇而又美丽的玉树有着很深的研究，地广人稀、草滩连绵、河流纵横的玉树，是野生动物的天堂。在玉树乡与乡相连的草滩路旁灯杆上，常有扁铁绑缚的箩筐一样的东西，人们管它叫招鹰架。张磊对这些都有细心地观察和研究。

张磊说，以前草原上最重要的工作之一就是灭鼠，老鼠破坏植被是次要的，严重的是它传播鼠疫。过去用药物灭鼠，被药死的老鼠如清理不彻底被鹰吃掉，鹰就死掉了。老鼠被藏狐吃掉、藏狐死后再被棕熊吃掉就形成了恶性循环。鹰是老鼠的天敌，而玉树很难有大树，这几年鹰少了，我们在连接村与村之间的电杆上隔几百米就安装一个招鹰架，让它有歇脚的地方能俯瞰草原，既灭了鼠，又保护了生态环境。张磊喜欢读书，从人类学到动植物方面的书，他均有涉猎，他还能讲清藏传佛教脉络，他已和玉树紧紧相融。

张磊任职北京青海玉树指挥部项目部部长、州发展改革委副主任，三年来他带领项目管理部，会同州对口支援办、州乡村振兴局及项目单位等部门，每月至少召开一次项目调度会，对项目前期工作、工程进度、资金使用等方面开展调度、统筹和协调，保证项目顺利、有效实施。他熟练运用项目综合管理系统（APP），掌握项目进度、资金完成情况，同时收集项目实施过程中的问题并及时予以解决。

按照上级要求，他带领项目管理部到州级各直部门及市县开展深入调研，收集整理各部门各领域"十四五"总体思路、具体措施、工作任务，圆满完成了《北京市"十四五"对口支援青海省玉树州经济社会发展规划》

编制工作，在智力支援、产业支援促进就业、保障和改善民生、促进各民族交往交流交融、文化教育支援等五大领域作出有针对性的部署和安排，完善规划项目表及备选项目，为"十四五"时期北京市做好对口支援玉树州确立了依据和遵循原则。

聚焦"精准扶贫，精准脱贫""巩固拓展脱贫攻坚成果同乡村振兴有效衔接"，对援青干部而言，最重要的就是做好在当地的本职工作。张磊所负责的项目部，主要工作就是与当地主管部门密切配合，做好北京市和结对区援助资金项目的实施和管理工作。

"在玉树工作和在北京工作有非常大的不同。"在北京实施项目受季节、温度影响不大，但在玉树实施项目时高寒天气成为主要影响因素，同时暴雨、暴雪、冰雹等高原极端天气也时有发生。

他介绍，玉树州施工期为每年 5 月或 6 月至 9 月，督促和指导项目单位在此之前必须把开工前的各项工作做扎实、做到位。

2020 年，是脱贫攻坚和"十三五"援建项目收官之年，坚持首善标准，高质量完成援建任务，是北京市对援青工作提出的明确要求。

张磊介绍，经过对近年来援建项目管理经验的总结，项目部建立了"三检查四协调"的工作流程。通过四批"援青人"与玉树州相关部门通力合作，全力推进援建项目建设。三年来，北京市安排援青计划内外资金共 15.9 亿元（其中，市级计划内资金 14.15 亿元，市级计划外资金 1.75 亿元），实施对口支援项目 210 个，助力包括"一市五县"104 个贫困村，3.4 万户、12.97 万贫困人口脱贫摘帽，实现巩

张磊在玉树

固脱贫攻坚成果同乡村振兴有效衔接。

聚焦民族团结 三年累计投入援青资金 3120 万元，实施"结对子、走亲戚、交朋友、手拉手"系列品牌活动 24 个，组织京玉两地各界人士开展交流交往交融活动共 36 批 1193 人次。一是加强两地政府和各部门之间互访交流。促进了工作，交流了感情，增进了友谊。二是建立两地师生常态化"三交"机制。形成了"感恩祖国·圆梦北京""感恩祖国·研学北京"主题教育活动品牌、"京玉少年手拉手"民族团结一家亲融情夏令营活动品牌。三是丰富医疗卫生领域"三交"活动。对接北京知名专家和医疗团队到玉树开展各类义诊活动，组织玉树基层医疗卫生人员赴京参与交流活动，选派优秀医疗卫生人才赴京业务培训和专业进修。四是推进妇女界和统战人士"三交"活动。对接北京市妇联开展女性创业就业培训 10 场，受益妇女 610 余人，厚植了两地妇女群众姐妹情谊。组织玉树州民族宗教及寺管干部赴京开展交往交流交融活动共 2 批 76 人次，激发了统战代表人士爱党、爱国、爱社会主义的情感。

聚焦引才赋能 三年累计投入援青资金 4020 万元实施项目 8 个，培养培训党政干部 2172 人次，村级干部 1046 人次，专业技术人才 2361 人次，本土中高级专业技术人才 60 名，未就业毕业生 1000 人次。重点支持玉树州基层干部学院实施千名基层干部培养培训工程。打造一批"听党话、有本领、敢担当、能干事"的基层干部队伍，目前基层干部学院学员已成为村"两委"班子主体，充实了基层一线工作力量。系统加强全州干部人才队伍建设。设置北京培训班、州级示范培训班、省委组织部委托州委组织部培训班和玉树州干部人才大讲堂培训班等四大板块，实现干部人才培训全覆盖。重点支持玉树州开展"330"（每年 10 人，3 年共 30 人）优秀青年人才孵化工程、"345"（每年 15 人，3 年共 45 人）本土专业技术人才培训工程。已为玉树州培养本土管理型、实用型、技术型等高级专业技术人才 60 名。实施玉树州八一职校办学内涵提升项目。

聚焦培育和发展特色产业　　三年累计投入援青资金 2.66 亿元,实施项目 38 个,有力推进了"绿色有机农畜产品输出地"和"国际生态旅游目的地"建设。支持玉树生态畜牧业发展。实施良种繁育项目,提高优良畜种比例,改良牦牛种群结构。实施科技化养殖项目,推动传统自然放牧向标准化、专业化、规模化转变。改造和新建屠宰加工厂,扩大牲畜屠宰加工规模,提升市场供应能力。创建玉树牦牛区域公共品牌,通过举办玉树牦牛节、品牌发布会等活动,扩大品牌影响力。安排专项资金支持首农玉树供应链公司发展。支持玉树文旅融合发展。实施玉树地区旅游基础设施建设,举办 10 项文化旅游宣传活动,打造"三江之源·圣洁玉树"核心品牌,提升形象,拓展市场。扶持玉树州 20 余家文旅龙头企业及合作社提升自身发展能力。设立"玉树州非物质文化遗产体验中心",全方位推进非物质文化遗产传承发展,展示非遗传统魅力。支持县级就业技能实训基地建设,面向各市县职工、就业重点群体、建档立卡贫困劳动力开展职业技能提升行动,为农牧民就业创业、乡村振兴注入活力。

如果以上是张磊的本职工作,那么有关生态和绿化则成为他职责之外关心的又一件大事。

玉树怎么能没有树呢?玉树市此前做绿化项目,多以购买外地树种为主,但它们并不适宜高原生长,成活率比较低。后来,州林草局通过调研,选择了藏柳作为全州绿化的主要树种。苦于缺乏资金,州林草局向北京援青指挥部求助。考虑到玉树地处三江之源,指挥部决定拿出 500 万元援建资金,专门用于培育藏柳,张磊是具体负责人。

德卓滩本来是一片遍布鹅卵石的河滩地,有了资金注入,如今建起了玉树高原千亩林木良种繁育实验基地。2020 年 2 月开始,经过 45 天的连续奋战,平整土地、换土、挖树坑、栽植培育,首批 100 万株藏柳顺利种下、长势喜人。张磊多次到这里实地踏勘、协同解决建设过程中的难题。

张磊说,藏柳是玉树本地树种,适应高原的生长环境,耐寒耐旱、抗病虫害能力强，而且培育方式简单，扦插即可成活。藏柳的树龄一般可达 600 ～ 800 年，有的甚至能存活千年，是高原上名副其实的"神树"。

"选取 20 到 30 公分长的一个枝条，用营养液泡制后，栽植到湿润的土壤里。经过一个多月，它就能够长到 40 公分，到了气候比较适宜的季节，成长的速度更快。3 年以上树龄的藏柳可以长到 5 米左右，就很美观了，经过剪枝可以作为城市绿化和景观用树，它的枝杈还可以当作树种种苗培育。"对于如何种植藏柳，张磊已经是行家里手。

这 100 万株藏柳不仅将用于玉树州一市五县未来的绿化，还提供了高海拔地区育苗的先进经验。2020 年 8 月 28 日，青海省国土绿化现场会在玉树召开，与会代表们来到德卓滩，进行了实地观摩、学习。

"玉树能有这么好的人造树林，这在以前是谁也不敢相信的！"玉树州林草局局长昂江多杰预测，5 年后这批藏柳投入市场，北京帮扶的 500 万元将产生 3 亿元的经济效益。

不用再等 5 年，直接效益已经实实在在产生了。许多农牧民通过在育苗基地打工，提高了收入、摆脱了贫困，他们喜笑颜开。而从机场通往市区的道路两旁，一株株藏柳正迎风招展、欢迎八方来客。

张磊心里有一个梦，亭亭如盖的藏柳染绿整个玉树，这里变成了森林城市，人们骄傲地说，德卓滩是这片高原绿洲的发源地。"通过我们这一代人和玉树当地老百姓共同的努力，为玉树披上绿色，让玉树真正拥有'玉树'！我觉得我们做的这一切，就非常有意义。"

冰心一片在玉树

朱应延的热情和果断让人记忆深刻，他下乡时会戴一副墨镜，防烈日防风的同时顺带遮挡一下脸颊上的高原红。他说，我们这里基本上是冬季和大约在冬季，在高原城市，有时一天就可以经历四季。

朱应延跑乡入户，人们常看到他和牧民朋友亲热寒暄的场景。去哪儿？找谁？看什么？都是经他分分钟搞定，让人们时时感受到玉树的时间和速度。常常他和某个牧民聊着聊着，就已和当地的村干部开始解决起正在进行时的某些问题。他中等身材，步伐有力，总是精力充沛的样子，似乎有用不完的劲。他雷厉风行的同时，又有着事无巨细的耐心。朱应延十分注重察民情、访民苦，在了解到玉树地区儿童先天性心脏病高发、存量较大的情况后，积极联系北京优质医疗资源，争取到先心病儿童免费筛查救治项目，连续三年成功开展青海玉树儿童先心病免费筛查救治活动，并协调医保基金、接收医院及爱心企业等解决患儿和家长的治疗、食宿及交通费用，构建起"全过程免费"的赴京治疗机制，80 名患儿到京接受免费手术治疗，为患者家庭解决各项费用近 300 万元。他还积极推动北京援青指挥部和项目组委会建立长效机制，协调清华大学第一附属医院、北京同仁医院开通绿色通道，玉树籍的先心病患儿无论何时前往都可享受免费手术治疗。同时，借助华夏银行、密云区通成网联等爱心企业捐款共计 50 余万元，在密云区红十字会设立"青海玉树先天性心脏病儿童免费救治基金"。此项工作 2020 年被北京市对口支援办和北京日报评为"最美扶贫故事"。

朱应延是 2019 年参加的援青工作，来到玉树市担任市委组织部副部长一职，分管全市人才工作。

作为分管人才工作的副部长，朱应延始终把人才工作摆到突出位置，统筹各级各类资源，扎实做好干部培训和人才培养工作，为建设健康、现代、幸福新玉树留下一支带不走的优秀人才队伍。他重在制度设计上下功夫，积极对接北京援青"十四五"项目安排，制定出台《玉树市深化"京玉"两地交流交往交融工作方案》等文件，每年编制《玉树市人才工作要点》，有效填补玉树市人才工作的制度空白。

朱应延接受青海电视台采访

他协调密玉相关部门设立《玉树市党政领导干部能力提升项目》，组织党政干部人才赴浙江、北京等地开展进修培训；针对疫情影响迅速转变培训方式，积极协调北京教育资源开办线上培训课程，近3年来共有1000余名党员走进党校接受教育。

朱应延在青海省委组织部立项争取20万元培训经费，统筹北京援青资金，组织90名教育卫生领域骨干力量，赴密云区教育卫生相关机构开展贴岗交流和培训，提高玉树全市医疗卫生和教育水平。同时在人才引进上下功夫，积极协调密云有关部门每年向玉树市相关学校和医院选派教育卫生人才开展支援工作；聘请4位正高职称教授为玉树市特需专家人才，每年到玉树帮助培养本土人才；聘请北京人才专家库专家 2 人，为玉树市智慧城市建设建言献策。

朱应延充分运用组织工作经验丰富的优势，积极参与玉树市委组织部其他各项工作。在"不忘初心、牢记使命"主题教育中，牵头制定《玉树市"不忘初心、牢记使命"主题教育实施方案》，开设农牧民党员初心课堂，成立"圣洁玉树、十色服务"党员志愿者队伍，切实提升主题教育实效。在党史学习教育中，全面构建"1+5+N"工作机制，

朱应延在玉树检查疫情防控工作

举办建党百年系列庆祝活动，着力加强党员干部教育培训力度，全市藏族党员干部群众拥护"两个确立"的思想更加自觉、行动更加坚定。

充分借鉴密云党建工作创新做法，研发上线全国首个藏汉双语版智慧党建多媒体管理平台，协助构建城市基层党建"红色联盟"工作体系，并从密云区委组织部争取 100 万元资金，协助打造 2 个红色物业试点和 1 个商圈党建试点，有效提升基层党建工作水平。

再有是优化队伍管理。借鉴密云区关于干部管理的经验做法，牵头制定《玉树市市管干部请销假管理办法》，规范重要事项报告流程，并制订县处级干部乡村振兴"461"联心共建工作机制，有效优化全市干部管理体系。

朱应延统筹组织资源和个人资源，组织密云爱心企业积极捐款捐物，帮助玉树农牧区小学改善学习生活条件；每年组织玉树 20 名青少年到北京开展游学活动，增强藏族青少年中华民族共同体意识；协调北京企业实

体落地玉树，开展经济合作和信息化建设，助力地区经济发展等。

正因为朱应延同志三年援青工作期间的突出表现，玉树市委专门致函密云区委，请求继续留任朱应延同志在玉树市接续乡村振兴工作。秉着对援青工作的一腔热忱和对玉树人民的深厚情感，朱应延欣然留在玉树市，作为北京市第五批援青干部，朱应延在市委副书记、市人民政府副市长的岗位上再次披上征袍，又开展新一轮的援青之旅。他经常挂在嘴边的一句话是"玉树市是我的第二故乡，我一定要把全部的精力投入到这里，为老百姓干成一些事情，决不能务虚功、留骂名"。

2022年7月底，薛云波和张磊已完成了援建工作，他们回到了密云区奔赴新的工作岗位，玉树对于他们已成为难以磨灭的历史，短暂而又漫长的三年玉树会深深地印记在他们的脑海中，他们带回玉树精神，留下了浓浓深情。朱应延还和第四批、第五批援建干部坚守在那里，他已走上更重要的领导岗位，他们将和玉树人民一道在小康的路上前行。

一样的步履，同一块土地，不一样的是人们的心境，唯有仰视与膜拜，才能表达对玉树的敬意。玉树很远，玉树很近，玉树是遥远高原，生命的传奇；玉树是近在咫尺的兄弟城市，在党中央、各省份、中央部委和北京市及密云区人民的支持和帮助下进一步续写着辉煌。

南水北调对口协作
——湖北省竹溪县

密云·竹溪，因水结缘，
从精准扶贫、对口协作到乡村振兴已近十年，
踏石留印、抓铁有痕的协作历程蕴含其中……

密云区对口协作项目竹溪县龙湖湿地

形胜秦巴地 自然中国心

竹溪，这是《诗经》产生的地方之一，是《楚辞》滥觞的源头。古国山城，诗意田园，似梦似幻似相识，其美丽自然、充满传奇、生机勃勃。

竹溪地处秦巴山区，祖国版图的中心地带，因山青水秀，溪流众多而得名。曾是楚人"先世避秦时乱"的世外桃源。竹溪县位于湖北省十堰市的西南部，鄂西北的边陲，鄂、渝、陕三省交界的秦巴山区。西临陕西省平利、镇坪、旬阳三县，南接重庆市巫溪县，东交本省竹山县；北枕汉水，是我国汉江最大支流堵河的源头；是连接华中地区、面向大西北、出入大西南的重要交通通道，具有承东启西、通南贯北的独特优势。

竹溪县处于中国版图雄鸡的心脏部位，有"自然中国心"之美誉。以竹溪为圆心，半径250千米以内有重庆、西安、十堰、安康等大中城市，处于襄渝铁路、安康铁路、汉十高速、武当山机场等交通枢纽的网络之中。

县域总面积3310平方千米，森林覆盖率达76.8%，植被覆盖率达83.9%，人均森林面积174.7亩。竹溪县现辖有15个乡镇，2个街道办事处，302个村，4个社区，15个农林特场。全县总人口36.8万。

湖北省竹溪县鸡心岭自然中国心碑

竹溪县地处东经 109°29′～110°8′，北纬 31°32′～32°31′。县境南北 104 千米，东西 51 千米。属北亚热带季风气候，四季分明，光照充足，雨量适中。全县年无霜期平均为 238 天，年降水量 1000 毫米。全县山多呈纬向褶皱形，由西南向东北梯向延伸。竹溪县西南高东北低，西南部葱坪海拔 2740 米，东北部烂泥湾海拔 276 米，相对高差 2464 米。全县山脉与地层走向一致，海拔 800 米以上的高山占总面积的 64%，河谷曲流发育好，峡谷与山间盆地相间错，构成了丘陵、盆地、低山、中山、高山等多种地貌。全县耕地面积 51.4 万亩，基本农田面积 37.1 万亩。

竹溪，西周属古庸国，东周楚庄王三年（公元前 611 年）初，楚灭庸，置上庸县，竹溪为上庸属地。明成化十二年置县，因境内有竹溪河而得名竹溪县。

1949 年竹溪解放，隶属陕南军区两郧行政公署。

1950 年划归湖北省郧阳行政专员公署管辖。

1994 年，国务院批准郧阳地区行政公署与湖北省十堰市合并，实行以市带县体制。竹溪县隶属湖北省十堰市。竹溪河是汉江最大支流堵河的源头，国家南水北调中线工程核心水源之一。

竹溪县作为南水北调中线核心水源区、秦巴生物多样性生态功能区、限制性开发区，生态保护压力大，新上项目门槛高，资源环境刚性约束紧，以及机制改革难度大等重要因素，致使竹溪县的发展面临重大挑战。

1994 年 3 月，国务院扶贫开发领导小组办公室公布国家级贫困县 592 个中有竹溪县。2014 年 3 月 19 日再次公布国家级贫困县 832 个，仍有竹溪县，也是湖北省 9 个国家级深度贫困县之一。

2017 年 1 月 24 日，党中央发出了脱贫攻坚的动员令：消除贫困，改善民生，实现共同富裕，是社会主义的本质要求，是我们党矢志不渝的奋斗目标，打好脱贫攻坚战，是全面建成小康社会的底线任务。

密云承担起对口支援湖北竹溪县的扶贫任务，通过对口协作，加大外部扶贫工作的推进力度，激活内部原动力，使竹溪稳步走上了社会经济发展的快车道，甩掉了贫困县的帽子，实现脱贫目标，竹溪县呈现出生机勃勃的发展景象。

2020年4月，73个贫困村出列，3.6万户11.1万建档立卡贫困人口脱贫，如期实现脱贫摘帽。全县建档贫困人口人均纯收入平均水平11761元，比2014年的5626元增加6135元，年均增幅8.7%，基础设施全面改善。"十三五"聚焦"两不愁三保障"，开展"五项重点工作"，全县推进"十个到村到户"项目3669个，发展特色产业基地41.2万亩、扶贫车间（作坊）3033个，建成集中安置点908个，易地扶贫搬迁19972户58271人。

2020年，地区生产总值84.5亿元、地方一般公共预算收入5.26亿元、社会消费品零售总额49.3亿元、城镇常住居民人均可支配收入28246元、农村常住居民人均可支配收入11044元。

2021年开启乡村振兴新征程。竹溪县发展进入了快车道。2022年，竹溪全县地区生产总值达125亿元，增长18%；固定资产投资131亿元，同比增长20%；规模以上工业增加值12亿元，同比增长54%；社会消费品零售总额87亿元，同比增长15%；地方一般公共预算收入扣除留抵退税完成6亿元，可比增长20%，税收占比75%，创历史最好水平。城镇和农村居民人均可支配收入分别达到33970元、13950元，同比增长9%和10%。

特色鲜明的竹溪

竹溪生态环境十分优良，历史文化底蕴丰厚，具有鲜明的竹溪特色。

水域竹溪　竹溪县地处秦巴山区腹地，水资源十分丰富。域内主要有竹溪河、汇湾河、万江河三大河流。汇湾河是汉江的源头。竹溪的河流基本都汇入汉江，流入丹江口水库。全县有河流191条，泉河、竹溪河的下游和汇湾河可行2～5吨的木船。竹溪河年流量2.98亿立方米，沿途建有水库4座。汇湾河年流量2.14亿立方米，沿途梯级开发水电站8个。在竹溪县有名的山洞有19处，其中泉河流域的长河洞长3400米，宽4米，洞内常年有水流出。

竹溪河

竹溪还有茶叶、魔芋、黄连之乡的美誉。生漆、楠木、香米贡品自古有名。现存有最大的野生金丝楠木林，树龄最长的达500多年。全县有山垭、关隘82处，其中，关垭是出鄂入陕的要塞。

风味竹溪　竹溪人的热情好客源于丰富的饮食文化。竹溪人很喜欢酿造苞谷酒、高粱酒、红薯酒，也喜欢做黄酒和甜酒等。这些酒有江西特色的，有湖南特色的，也有巴蜀特色的，久而久之就演变成竹溪特色了。

竹溪不仅酒文化丰富，而且茶文化也极具特色。竹溪梅子贡茶非常有名，在此茶的基础上，竹溪人又研制出了剑茶、龙峰茶、乌龙茶等，使竹溪县成为"绿茶之乡""有机茶之乡"。竹溪的酸菜、泡菜、干菜和豆制品也堪称一绝。因地处三省交界，竹溪菜得鄂西北菜肴之精髓，萃取川湘菜系之优点，形成了兼具酸、辣、咸、鲜的特色。"竹溪蒸盆"是民间美食文化的代表，它以独特的烹调方式将各种原料集于一盆，采用特产食材，分批装料，两蒸一焖，成为了竹溪特色菜和十堰招牌菜。

人文竹溪 竹溪是陶渊明笔下世外桃源的原型。古盐道、古民居、古山寨、古驿馆星布城乡；两大名窑、竹溪三贡、四大古寺、竹溪八景、多座古桥闻名遐迩。特色的人文掌故，独有的风物，成就了竹溪旅游、餐饮文化、民俗文化、庸巴文化等个性鲜明的特色，如今已成为"全国旅游示范县""中国生态自然景观最佳目的地"。2019年以丰厚的旅游资源和良好的生态环境为评价核心标准，竹溪县入选"中国最美县城"。

竹溪县地处鄂、渝、陕三省份交界处，自古就有"朝秦暮楚地"之说，是躲避战争和拓荒的好地方，因此外来人口多。据《竹溪县志》载：竹溪县以汉族为主，少数民族有回、满、壮、苗、布衣族和俄罗斯族。其人口有十大来源：远古土著后裔；庸人后裔；巴人后裔；濮人后裔；蜀中流民；三秦流民；荆楚流民；豫中流民；流放士族后裔。从而形成了独特的竹溪人口文化。多种文化的碰撞和交融，滋养出竹溪特有的民风。

生态竹溪 2700年前，楚人在以关垭为中心的崇山峻岭中，建造了绵延180多千米的长城，与秦人上演了"朝秦暮楚"式的兼并争夺战，留下的古寨堡遗址70多座，古文化生态遗迹丰富多彩。

竹溪县是连接华中腹地，面向大西北，出入大西南的重要枢纽地区。近几年兴建的"百里绿廊"景观示范区，对麻（城）竹（溪）高速公路竹溪段沿线的裸露山体进行绿色修复，打造"一线三带"生态绿廊，使之成为集观光农业、生态旅游、休闲度假、居家养生、水上娱乐、科研、医疗、教育、美食、购物为一体的县域综合体，提升县域城市品牌。

竹溪县已建成偏头山国家森林、龙湖国家湿地、十八里长峡国家自然保护区 3 个国家级公园。龙湖国家湿地公园位于汉江最大支流堵河的源头，总面积 221.34 公顷。龙湖所在的秦巴山区是我国生物多样性重要功能区，亦是南北生物分界交汇处、候鸟迁徙补给站，物种异常丰富。

文化竹溪　竹溪县共有中小学校 169 所，在校学生 43260 人，幼儿园 45 所，在园幼儿 9230 人。经过密、竹两地协作教育事业发展迅速，密云小学、蒋家堰中学、民办国语学校等教育重点项目投入使用。荣获"全国义务教育发展基本均衡县""湖北省县城义务教育发展基本均衡示范县"。

竹溪县图书馆、文化馆和全民健身中心，总建筑面积 16749 平方米，总投资 7000 余万元，均是县重点的文化项目。新建农民体育健身工程 25 个、全民健身路径 14 个。

竹溪有一批特别的非物质文化遗产。山二黄迄今已有近 300 年的历史，是湖北省现存的稀有地方剧种之一，被录入《中国戏曲大全》。著名汉剧大师陈伯华誉其为"汉剧之母"。2008 年 6 月，山二黄被列入第二批国家级非物质文化遗产名录。

竹溪县山二黄演出现场

向坝民歌是竹溪县地方传统音乐，存有曲目 6000 多首，是汉文化的活化石，为楚辞之源。2013 年 10 月 22 日，向坝民歌被列入湖北省第四批非物质文化遗产名录。

进入乡村振兴发展战略后，竹溪县聚焦"全省山区绿色发展示范县"目标，全力推进绿色产业引领区、生态城镇示范区、省际物流集散地、旅游休闲目的地建设，经济社会呈现良好发展态势。

阳光洒满扶贫路

竹溪县是湖北 9 个国家深度贫困县之一。2014 年，竹溪县有总人口 31.37 万，贫困村 73 个，占行政村总数 24.17%，建档立卡贫困户 33500 户，贫困人口 110249 人，贫困发生率 35.14%，高于全省 27.03 个百分点。

2017 年脱贫攻坚开始时，竹溪县有贫困村 50 个，且都是边远深度贫困村及移民村，占行政村总数 16.56%；建档立卡贫困户 15326 户、贫困人口 45083 人，贫困发生率 14.24%，因灾因病致贫、返贫现象也很突出。基础设施薄弱，发展后劲乏力，脱贫攻坚任务艰巨。

密竹联姻 总体规划

2013 年 5 月，国务院批复了《丹江口水库及上游对口协作方案》，明确北京市对口支援湖北省十堰市，北京市政府安排密云县对口支援竹溪县。

2014 年 8 月，密云县发展改革委主任王建民受密云县委、县政府委托，率教委、农委、卫生局、开发区等领导一行赴竹溪县考察对接，就落实"1+4"结对协作方案进行了前期调研。同年 10 月，密云县与竹溪县签订两县对口协作协议，并明确"1+4"对口协作模式，两地对口协作正式启程。

2016 年 10 月，密云区与竹溪县建立脱贫攻坚对口协作关系。2021 年 5 月，密云区与竹溪县建立乡村振兴对口协作关系。

2015 年初，密云与竹溪对口协作的重要任务是编制完成《丹江口库区及上游地区竹溪县对口协作总体规划》《竹溪县对口协作"十三五"规划》，共策划农业、工业、科技、商贸、文化旅游、人力社保、生态环保、教育

卫生等 8 个类别 151 个对口协作项目，项目总投资 457 亿元。

2018 年春，密云区先后引进北京旅游学院教授等资深专家和旅游投资企业到竹溪献智献力，在认真调研基础上把整个竹溪县作为一个 5A 级景区、一个浓缩的盆景和一个田园综合体进行总体规划，努力打造"全域景观、诗意田园"，建成"漫山金丝楠、满眼红豆杉、遍地中药材、百里花果香、千片翠竹林、万顷养生茶、数条清溪流、轻舟画中行、云雾山间绕、广舍炊烟飘"的旅居胜地、康养天堂。

2022 年编制完成《竹溪县"十四五"对口协作发展规划》。

情系竹溪 全力支持

密云、竹溪自结对协作后，像兄弟和亲戚一样密切往来。密云情系竹溪，全县上下，尽力支持竹溪经济社会的全面发展。

主要领导亲为　2016 年 5 月开始到完成脱贫攻坚任务的 2020 年，密云区的几任区（县）委、区（县）政府的主要领导每年都携带资金和项目（如华彬高端矿泉水项目就是时任县长引进），先后来到竹溪，开展对口协作工作，有力地推动了工作的顺利进行，并取得实效。

2021 年乡村振兴开始，密云区委书记带领党政代表团到竹溪县开展对口协作工作。表示密云区将从项目援助、管理干部和专家交流培训等方面进一步加强协作，助力竹溪乡村振兴。密云区还为竹溪县捐赠了 500 万元对口协作资金。

多部门联动　进行对口协作以后的 2014 年 12 月，密云县教委同竹溪县教委签订对口协作协议。

2016 年 5 月，密云区经济开发区来竹溪县考察园区建设等工作。并捐赠工程车 2 台，价值 30 万元。

2018 年，密云区总工会赴竹溪县对接协作帮扶工作；密云区农业服务中心与竹溪县农业局召开对口协作对接会，对竹溪农业发展提供技术支持；密云区委统战部、区工商联率商超企业到竹溪县开展对口协作工作。

密云与竹溪对口协作座谈会

2019 年，密云区委社会工委和三家社会组织负责人赴竹溪县开展对口协作。向竹溪县社会福利中心慈善协会捐赠善款；密云区文旅局与竹溪县文旅局签订结对协作框架协议，全力支持其文旅融合发展。

2021 年，密云区妇联和竹溪县妇联签订《乡村振兴对口协作协议》，并捐赠 5 万元对口协作资金。

镇村结对　2020 年 12 月，密云区河南寨镇、圣水头村与竹溪县水坪镇、塔二湾村就党建示范区创建进行工作对接。为水坪镇政府捐赠 10 万元，圣水头村为塔二湾村捐赠 5 万元，支持其镇村发展。

2021 年，密云区太师屯镇与竹溪县龙坝镇开展镇村结对，开展对口协作工作，就蜂产业与文旅产业进行协作，并向龙坝镇捐赠资金 10 万元。密云区檀营乡与竹溪县县河镇举行两地乡村振兴研讨交流，并向县河镇捐助乡村振兴资金 10 万元。

社会力量支持　密云区充分发挥北京各界人才等方面的优势，大力开展社会帮扶。北京奥金达蜂产品专业合作社、北京山里寒舍文旅集团、密云司马台雾灵山管委会、密云云蒙山国家地质公园管委会等积极参与推进竹溪文旅产业，协助支援合作地区开展文旅资源推介，推动两地文旅企业合作。

　　截至 2022 年，密云区主要领导 7 次赴竹溪县进行政务对接，竹溪县主要领导 8 次赴密云区进行政务对接；密云区共有 15 个部门、15 个乡镇及村与竹溪县有关部门、乡（镇）村对接开展对口协作，开展协作交流 20 余次。两地高效统筹推进，踏石留印，抓铁有痕，留下了让竹溪人民看得见，摸得着，感受得到的对口协作成果。

脱贫攻坚　成果丰硕

　　对口协作以来，密云县选派 7 名处级干部到竹溪任挂职副县长。竹溪县先后三批次 110 余名干部赴密云区学习考察城市管理、社区建设、乡村旅游等工作；先后选派 20 余名干部在密云挂职学习。密云区选派多部门专家、技术骨干走进竹溪，实施项目援建、培训等。密云区教委先后选派 26 名优秀教师赴竹溪学校讲课交流，组织培训当地学校教师 1000 余人次；竹溪县先后选派中小学教师 18 人赴密云跟岗学习；密云职业学校为竹溪职业学校先后培养 196 名高职学生。2017 年统筹整合资金 1000 余万元对建档立卡贫困户子女义务教育阶段实行救助全覆盖，惠及建档立卡贫困家庭学龄人口 12419 人。2018 年累计发放 2550.75 万元，惠及学生 34089 人次，实现建档立卡家庭学生资助全覆盖；当年义务教育均衡发展通过国家复查验收。密云医疗卫生派到竹溪对口支援 6 批次 39 人次。竹溪县医疗卫生派到密云医院学习 6 批次 22 人次。密云区先后支持竹溪县医疗卫生建设资金（含医疗器械）442 万元，有力促进竹溪医疗卫生事业发展。

　　密云先后接受 6 批 190 人次竹溪专业技术人才来密云培训。密云区为受援地区举办技能培训、创业培训，累计培训建档立卡贫困人员 7000 余人。密云区联合受援地区培训当地创业致富带头人 1011 人次，其中 349 名致富带头人创业成功，带动贫困人口的内生动力、脱贫能力得到全面提升。

　　2018 年竹溪华彬 VOSS（芙丝）水项目正式投产；湖北竹溪龙湖国家

湿地公园正式通过国家验收；竹溪金铜岭工业园落成。

2019 年由密云区引进的北京老爷车博物馆红色记忆博物馆正式开馆。

2020 年由密云区引进北京山里寒舍文旅集团运营管理的桃花岛夯土寒舍开业；桃花岛夯土小镇油磨坊博物馆免费隆重开馆；竹溪密云小学建成投入使用。

密云区援建的竹溪希望小学——密云小学

对口协作以来，先后支持竹溪县对口协作资金 1.65 亿元。每年安排 2000 万元协作资金，用于精准扶贫、脱贫攻坚、乡村振兴。

2020 年初，竹溪县建档立卡贫困人口全都实现脱贫。经有关部门严格验收通过，湖北省政府批复同意竹溪县脱贫摘帽。

密云与竹溪高层"高频率"考察和商务对接、"挂职"干部心系竹溪"穿针引线"、成员单位结对帮扶、爱心企业倾力相助，成为密云与竹溪深化合作、结对帮扶的成功模式，为助力乡村振兴拓宽了渠道。

2021 年开启乡村振兴新征程，春风化雨入"溪"来，乘风借力好扬帆。密云区与竹溪县再携手，心手相牵向未来，踔厉奋发，勇毅前行，朝着共同富裕的奋斗目标稳步前进。

高端矿泉水诞生记

2014 年密云竹溪对口协作后，为帮助竹溪工业企业突破困境，把竹溪资源优势转化为发展优势，是密云挂职干部们一直萦绕心头的大事。

密云派往竹溪的第一位挂职副县长郝红旭经过大量走访得知：竹溪县拥有大量丰富优质山泉水在崇山峻岭之中。于是，郝红旭便与竹溪县商务局等职能部门干部一道翻山越岭，对全县各种水资源分布情况进行调研，发现县域内蕴含多处优质矿泉水源。欣喜之余又生困惑——当下政府财力不足，开发只能搁浅。但寻求发展的脚步一直没有停歇。

20 世纪 80 年代，著名泰国侨领、实业家严彬先生在泰国、中国香港等地组建了华彬集团。凭借绿色健康发展理念，快速成长为一家实力雄厚的跨国公司。产业涵盖绿色大健康产业、战略性投资产业、金融租赁等多个新兴领域。经营的五大健康饮品行销全球。多年来，华彬集团以创造产值 2500 亿元、就业岗位数万个、向国家纳税 368 亿元的实绩赢得盛誉。近些年来，身价百亿的华彬集团侧重产业本地化经营，把投资目光转向了生他养他的祖国，"反哺"社会。

VOSS（芙丝）——产自北欧挪威的一个高端饮用水品牌，享誉世界。2016 年，VOSS（芙丝）被华彬集团收购，并将其引入中国市场。

密云区与华彬集团有着良好的合作关系，密云区主要领导经多渠道获知：华彬集团有意在国内开发投资高端矿泉水项目，始终没有找到理想的矿泉水源。深谙"饮水思源"之道的密云自然忘不了因水结缘的湖北兄弟——竹溪。区主要领导倾尽全力"铺路搭桥"，努力促成华彬集团和竹溪县的产业合作。看到当地水源的监测报告，双方一拍即合。

2015 年 9 月，竹溪县与华彬集团签订了《竹溪县桃源乡丹霞山高端矿泉水开发项目投资合作协议》。同年 10 月，竹溪华彬 VOSS 水项目由华彬投资（中国）有限公司与竹溪县人民政府签约投资兴建。

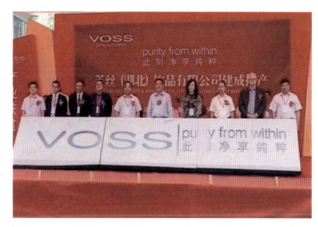

竹溪华彬高端矿泉水投产仪式

桃源乡中坝村的丹霞山被华彬集团选定为投资开发的矿泉水水源，成为挪威境外 VOSS 产品在全球唯一的矿泉水水源地。经国家权威部门检测鉴定，该水源水龄 12020 年，具有富锶、低钠、弱碱、软水的特性，而且完美匹配 VOSS 品牌高端天然矿泉水的纯净、清冽口感。各项指标均符合国家相关标准。竹溪水源与 VOSS 进行品牌对接，同时引进德国先进的克朗斯全自动超净无菌系统生产线加盟，可谓珠联璧合。

2016 年底，华彬矿泉水项目在竹溪县桃源乡中坝村奠基，并正式开工建设。2018 年初，在进口设备安装调试、锅炉房天然气点火后，华彬 VOSS 矿泉水竹溪生产线成功试生产，第一瓶国产 VOSS 矿泉水亮相。

2018 年 6 月，华彬 VOSS 高端矿泉水项目——芙丝（湖北）饮品有限公司在桃源乡中坝村正式建成投产。该项目总投资 10.4 亿元，占地 177 亩，建筑总面积 9.2 万平方米。项目一期投资 6.57 亿元，设计年产能 25 万吨，年产值近百亿元，年创税 6.5 亿元，可提供 200 余个就业岗位。目前全厂具有 10 条生产线，可生产多种规格天然矿泉水饮品。项目二期于乡村振兴战略提出的第二年开工建设，配备两条每小时 48000 瓶的德国克朗斯全自动超净无菌 PET 瓶生产线，购置设备 85 台（套），2022 年建成生产。

项目建成投产后，华彬集团在武汉宣布：VOSS（芙丝）矿泉水中国新品正式上市。VOSS饮用天然矿泉水将陆续在武汉、北京、上海、广州、深圳、成都等全国24个城市率先铺市。

2018年5月，华彬芙丝天然矿泉水项目被正式列

竹溪华彬VOSS高端矿泉水生产车间

入国家脱贫攻坚项目库，亮相外交部湖北全球推介会，成为2018年湖北武汉华侨华人创业发展洽谈会官方用水，被确定为第七届世界军运会指定用水。华彬集团致力打造现代化、花园式、高环保的"产、学、研"一体化新型综合工业园区的愿景正在变为现实。

乡村振兴之后，华彬集团研发推出"375"玻璃瓶装水，进一步拓展了发展空间。华彬集团每销售一瓶水就捐出一分钱投入精准扶贫基金。项目就业人口中，95%为本地的贫困人口。同时在产品供应、物流、基地厂区、生活保障区物业等方面带动当地800人就业。在此基础上，水厂每年拨款80万元支持当地政府基础设施建设；每年拨款30万元用于当地任教老师的生活补贴。竹溪县政府从密云区支援的资金中拨款20万元为水厂职工建立阅览室，成为政企合作和谐发展的典范。

VOSS（芙丝）项目的落地投产，有力拉动了当地基础设施、物流运输、农产品商贸产业行业快速发展，丹霞山优质水源的发掘利用，让竹溪人拓宽了视野，开启了心智，更新了理念，也收获了接连不断的惊喜。

金铜岭工业园提质升级

金铜岭工业园位于竹溪县水坪镇金铜岭村，面积5.67平方千米。它的前身即湖北竹溪工业园，始建于2003年3月，是竹溪县筹建最早、规模最大、入区企业最多的工业园区。2014年，金铜岭工业园入园企业21家，企业总收入占全县工业收入的67.5%。2018年6月，在原基础上重新规划建设。由于资金紧张等多方面原因，园区道路、排水、绿化等基础设施破损严重，基本保障滞后，造成发展后劲不足。

密竹两地建立对口协作关系以来，密云区始终把支持金铜岭工业园建设发展当作份内之事抓紧抓实。主要领导每到竹溪考察对接工作，都要亲临园区视察或

竹溪金铜岭工业园

亲自过问，近距离了解掌握园区进展情况，与当地领导共同谋划，破解难题，先后投资6000万元，支持园区产业发展和设施建设。

2019年8月8日，金铜岭工业园密云大道全线贯通，道路长4.85千米，共投入对口协作资金2485.33万元。经过多方努力，以交通主干道——"密云大道"全线贯通为标志的工业园基础设施得到提升完善。整个园区通行

能力和运输承载能力大幅提升，投资环境进一步优化，整体形象明显改观。

经密云挂职干部积极协调联系，一批在京的知名实力企业先后在金铜岭工业园落地注册。2020年底，园区入园企业达到34家，比2014年增加13家，直接就业8000人，带动6000多名贫困人口就业。工业园区总收入占全县工业总收入的89.2%，比2018年增加21.7个百分点，经济效益和社会效益不断显现。

逐步将金铜岭工业园打造成为密云竹溪对口协作的示范园区，针对入园企业的运营状况和园区发展实际，竹溪县政府瞄准市场需求和市场走势，据实调整产业布局，拓展市场空

金铜岭工业园钰邦电子（湖北）有限公司的自动化生产车间

间，将原有工业园区规划设计为化工产业园、电子产业园和综合产业园三大板块，有效发挥园区板块效能，吸引一批实力企业入园投资兴业。

2019年9月落户电子产业园的钰邦电子（湖北）有限公司，是台湾钰邦电子科技有限公司大陆旗下公司之一，项目总投资3.9亿元，主要为华为、松下等生产电器专用铝电解电容等产品。在此基础上，进一步延伸产业链条实现产业升级，为华硕、联想、技嘉等世界知名品牌配套生产专用电容器及相关电子元器件，争取把竹溪建成全球最大的固（液）态电容生产中心。理想的工作环境、工资待遇和企业发展前景，吸引了一批原来在沿海省份从事电子产业、具有一定从业经验的本地中青年人返乡进入钰邦公司工作，成为企业发展的骨干力量。

三十出头的李慧和高静，是在广东东莞打工时结识的同乡闺蜜。为照顾家庭，2019年姐妹俩不得不辞掉同一家外资电子产业的"白领"工作，回到家乡竹溪另谋职业，但一直没有找到适宜稳定的工作。2021年，金铜岭工业园举行大型人才招聘活动，凭着从事电子产业技术专长和工作经验，二人顺利进入钰邦公司工作，在仓管和设备助理岗位上得心应手。月薪稳定在4000元，加班加薪，假日上班工资翻倍；每天骑车上下班，不上夜班，回家能照顾老人小孩。公司的企业文化和后勤保障都很到位，李慧和高静对自己的工作十分满意，对公司发展信心满满。

密云区的协作支持，为金铜岭工业园注入了动力、激发了活力，使其成为竹溪经济发展的新引擎、新业态和新亮点。

"小车间" 助力 "大扶贫"

密云竹溪携手脱贫攻坚以来，积极推动当地探索"小车间"给力"大扶贫"模式，出台优惠政策，从财政补贴、银行贷款、技术培训、设备购置等方面对扶贫车间给予扶持，吸引大批能人返乡建设扶贫车间，让贫困户就近就业。

扶贫车间主要形式　扶贫车间主要依托手工制作、来料加工等庭院经济，将劳动密集型企业或农民专业合作社的生产车间建到村组，吸纳建档立卡贫困群众，特别是留守妇女、老人和残疾人从事简单加工生产，由龙头企业包销产品。这种产业模式的优势是让贫困群众通过"短、平、快"项目就近就业，实现挣钱、持家两不误。竹溪县因地制宜建成了 200 多个服装、编织、刺绣、文化石等扶贫车间，1000 多个家庭扶贫作坊，30 余

文化石扶贫车间的女工们正在粘制文化石

个扶贫工厂，组织不便外出打工的中老年人、留守妇女、残疾人等贫困人口，利用农闲时间在家门口进行生产加工，带动1万多名贫困群众脱贫增收，走出了一条群众增收、产业发展、企业壮大、多方共赢的脱贫新路子。

文化石扶贫车间　位于天宝乡蔡坝村，是密云区对口协作资金支持的精准扶贫项目。2019年引进竹溪县天之韵文化石公司入驻扶贫车间经营管理。其生产的文化石、板砖等产品在建筑装饰领域前景看好。投产以来，已带动37户112名贫困人口就业。他（她）们当中的绝大部分是家住附近、拉家带口的贫困村民。工作内容主要是负责石材的采集、分类、加工、粘贴、包装和销售，技术含量低，劳动强度小，每人每月稳定增收近2000元。就近就业，便于解决路途、食宿问题，还能照顾家小，真正做到了"挣钱顾家"两不误。车间上班的村民难以抑制内心的喜悦心情，因为他（她）们除了从"种地农民"到"车间工人"身份的转变，还有渐渐鼓起的"腰包"和逐步走向富裕生活的美好现实。

香菇生产扶贫车间　位于丰溪镇界梁村，为密云区对口协作资金支持的精准扶贫项目。其由该村党支部领导的大型专业合作社——喜友食用菌种植专业合作社创办，采取"支部＋党员＋合作社＋扶贫车间＋农户"发展模式，实行统一管理，壮大集体经济，带动农民增收脱贫。扶贫车间由制菌棒车间、香菇生产车间、烘干车间和分拣包装车间组成。2020年扶贫车间年制作食用菌棒100余万个，生产并销售香菇200余万斤，实现销售额1000余万元，带动务工80户，其中贫困

农民在扶贫车间分拣香菇

户 50 余户，户均增收可达 1 万元以上。"在家门口的'扶贫车间'就能挣钱，还方便照顾家人。"这是界梁村贫困户李红菊的心里话。她说的"扶贫车间"就是村里的食用菌种植专业合作社的香菇生产车间。过去她一直在外地打工，2019 年回到村里务工，年收入达 1.8 万元，实现了全家脱贫致富。

对口协作期间，共投入资金 2.1 亿元，密云区捐赠扶贫专项资金 140 余万元投入到"百企帮百家"精准扶贫活动中。参与活动的市场主体 433 家，其中，企业 57 家，农村专业合作社 376 家，支持筹建扶贫工厂 27 家、扶贫车间 247 个、扶贫作坊 165 个。吸纳贫困劳动力就业 3777 人，带动全县 1.9 万人脱贫。

2020 年，竹溪县荣膺国家"万企帮万村"先进集体、全国 100 个精准扶贫行动组织工作先进集体等荣誉称号。"扶贫车间"——这一中国特色的摆脱贫困的专用代名词也将因其肩负的历史使命而载入史册！

樟扒沟的变迁

竹溪县中峰镇樟扒沟村有 8 个村民小组，280 户 1087 人。全村共有耕地面积 1110 亩，其中，水田 540 亩，旱地 570 亩。2014 年全村人均纯收入 5000 元。2015 年，全村建档立卡的贫困户有 89 户 275 人。村里的青壮年大多外出务工，全村无主导产业，耕地大多低价租赁或托人代种，部分土地、山场闲置荒芜。水稻种植是村里的传统农业项目，因为多年分户经营，品种"多、乱、杂"，产量不高。

定向发展　2016 年下半年，密云挂职竹溪县副县长的纪海明与竹溪电视台包村干部进驻樟扒沟村精准扶贫。通过了解民情，发现该村土地肥沃、水源充足，特别适宜种植水稻、水藕等作物。随后邀请农业专家、贡米产业企业家、文旅行家对该村的脱贫发展把脉问诊，查找"病根"，进行"靶向"治疗。最终确定了"两水一鸡"——即水稻、水藕种植和土鸡养殖的经营发展模式。把在外发展的"能人大户"请回村里，对全村的土地采取"长期租赁"的方式进行流转整合，雇用村里的贫困户种植管护水藕、水稻。再将荒芜的山场进行流转整合，由村委会租给养殖大户饲养土鸡，所得租金再由村委会每年按山场面积大小分配给承包农户。

建立"贡米"基地　樟扒沟村所在的中峰镇土壤、水质、气候特别适宜水稻种植，是"竹溪贡米"的主要产区。由于多种原因，水稻生产规模小、产量低，一度发展缓慢。密云与竹溪县对口协作后，将"贡米"生产作为优势资源进行深度开发，有效整合土地、稻种、水源、机械、资金等各种农业资源，形成以中峰镇为中心的万亩"贡米"种植基地。成立专业合作社，对生产环节实行统一管理，注册商标，打造品牌。该镇已建成高标准有机贡米基地5000亩。刘仁合成立的双竹生态食品开发股份有限公司，是一家集有机贡米、魔芋研发、生产、加工、销售于一体的民营股份制企业，经过政策扶持，已发展成为湖北省农业产业化重点龙头企业、国家绿色食品及有机食品示范企业，年产有机贡米3万吨。在他的带动下，樟扒沟农户种植的水稻品质和产量都有了提高，不同程度地增加了收入。

开发种植荷藕　樟扒沟村300亩荒废稻田进行土地流转，发展荷藕种植，开发种植融观赏性、食用性、保健性于一体的彩藕并成立专门合作社，建成彩藕深加工扶贫车间。开发注册了"克马石"商标的泡椒藕带、荷叶茶、袋泡茶、莲米、莲芯等五个系列十多个品种的生态饮品和食品，提高了产品的附加值，带动全村人吃上了"莲藕饭"。2019年，以土地流转、务工、订单收购、入股分红等形式，参与该项产业的贫困户70户210人，每户最低年增收3000元，最高达2万元。从荷藕到彩藕研发种植，带动了特色旅游业的兴起，改写了樟扒沟村农业发展的历史。

樟扒沟村的彩藕基地

扶持饲养"土鸡"　根据"土鸡"营养价值高、市场销量好的实情，扶贫干部积极联系客商，一次性引进5万元的优质土鸡苗，提供给村贫困户和养殖大户选购饲养。通过发展饲养土杂鸡，贫困户户均增收1500元，规模养殖户年增收1万～2万元。刘义安是村里出名的贫困户和上访老户。包村干部联系养殖合作社，帮助其解决了建鸡舍和购买鸡苗所需的钱款困难。刘义安养的土杂鸡开栏销售，当年增收8000元。46岁的村民梅乐军，

5 年前靠种杂粮、卖"山货"供两个女儿上学，生活拮据。产业结构调整后，村干部为其争取贴息贷款，支持他在房前屋后散养特色土鸡，帮助联系销售渠道，年收入达到 5 万元，感动得梅家人逢人便说"国家政策好、扶贫干部好"。

拉动特色旅游 "两水一鸡"产业规划的顺利实施，带动了樟扒沟村特色旅游业的兴起。密云区积极支持竹溪的农旅融合发展，协调投入协作资金 500 多万元，为樟扒沟村硬化了 9 千米村路，扩建硬化 3 千米长、5 米宽的水泥路面，使过往人、车能够通组达院。修建克马石文化广场，为村民和游人提供了理想的健身、休闲、驻足、赏景场所。每到夏秋季节，到樟扒沟村赏荷花、品贡米、尝土鸡的游客越来越多。村里农家乐、荷花客栈、农特产品及电商销售等一批商旅服务业随之红火起来。

包村干部广开思路和渠道招商引资。2020 年引进武汉森入环境科技有限公司投资，成立樟泉饮品有限公司，进行天然饮用山泉水加工生产包装，带动当地贫困劳动力 100 多人次就业，一年多来已发放工资 170 多万元。

春夏之季，小山村阳光明媚，绿油油的稻田，接天莲叶无穷碧的荷塘，景色如画。游客们和村民们的笑容交织在一起形成一道独特靓丽的风景……

扶持特色农业产业

密云与竹溪对口协作以来，一直扶持竹溪特色农业产业发展，取得了很好的成效。

小蜜蜂大产业

养蜂是竹溪县的传统农业项目，养蜂户遍及全县各个乡镇。改革开放初期，由于一家一户零散养殖，加之经营方式原始，致使养蜂业规模不大、发展平平。密云挂职副县长郝红旭一面走村串户了解情况，一面与密云有关部门进行信息沟通，探讨路径。李定顺就在密云水库北岸的高岭镇成立了北京奥金达蜂产品专业合作社，入社蜂农达700多户，遍及密云许多乡村并辐射河北省丰宁、滦平、承德等县，合作社旗下的"花彤"牌蜂蜜获得国家和北京市多个高端荣誉奖项。在郝红旭的积极推动下，李定顺亲自为竹溪蜂农们传经送宝。

2014年12月，李定顺随密云县商务考察团来到竹溪，结识了当地创业成功人士——竹溪顺达农业专业合作社当家人华德辉。竹溪植被茂盛、气候温湿，蜜源植物种类繁多，特别适宜中华蜂（土蜂）的养殖。凭借10年经营蜂产业的经验，李定顺看到了竹溪养殖中华蜂的理想前景，决定全力支持当地的蜂产业发展。两个合作社当即签订了帮扶协议，在竹溪共同建立养蜂基地。自此之后，李定顺接连"四下"竹溪，对顺达农业合作社进行全方位的产业协作帮扶。2015年，他邀请中国农科院蜜蜂研究所、浙江农业大学10名专家教授赶赴竹溪，对蜂农们进行为期2天的授课培训，参加培训150人，遍及竹溪县各个乡镇。在原合作社的基础上，成立野迪商贸公司，专门经营蜜蜂产业。

2015 年 6 月，北京奥金达蜂产品专业合作社与竹溪县顺达农业专业合作社蜂业基地建成，同时成立竹溪县蜂业协会，华德辉为会长，李定顺受聘名誉会长。协会负责蜜蜂产业开发、引进技术、信息服务、难题破解、蜂农维权等相关事宜的组织与帮扶。协会带动 12 个贫困村 500 多人致富。

2017 年 5 月，奥金达合作社为顺达蜂产品监测人员、加工技术人员来奥金达车间进行实地专业培训。帮扶协作关系确定以来，奥金达共为顺达捐赠种王 100 只、蜂箱 300 套、书籍 300 册、光盘 100 套，总价值 10 余万元。每年为顺达收购、加工蜂蜜 500 吨，直接带动更多贫困人口脱贫。

顺达合作社已发展成为竹溪县发展林下产业的龙头企业之一，"甜蜜"事业风生水起。几年来吸纳 800 多户农民加入养蜂产业，养殖蜜蜂 1 万多箱，年产优质原生态蜂蜜 250 吨，带动养蜂户年均增收 1 万元以上。

竹溪桃源乡中坝村养蜂基地一角

合作社全力打造品牌产品，提高市场竞争力。旗下推出的"野迪"牌蜂蜜，受邀参加全国革命老区农特产品展览会，备受青睐，被湖北省某公司一次性订购 5000 公斤。"森林蜂蜜"被十堰市评为"我最喜欢的农特产品"。蜂产业已发展成为竹溪农业的主导产业之一，呈现"蜂"拥而起的良好态势。现在成立了 4 个专业合作社，推出了"竹溪土蜂蜜""野迪""坝溪山宝"等知名蜂蜜品牌，为全县脱贫攻坚打造了一个新亮点。

建立示范基地与示范村

洋芋示范基地　位于竹溪西北部山区的泉溪镇海拔 800～1200 米，环境优良，山间谷地土质肥沃，特别适宜高山土豆（又称"洋芋"）种植。这里出产的高山土豆享誉秦巴地区，其色泽金黄，蒸熟醇香，切片晒干便于久用，是竹溪蒸盆的主要食材之一。

对口协作以来，密云积极争取资金全力支持泉溪镇创建洋芋产业基地。2017 年该镇洋芋产业基地规划 8000 亩。2018 年，镇政府鼓励种植大户组建洋芋专业合作社，给予政策奖补和贷款支持。2019 年，合作社洋芋种植规模发展到 3500 余亩，通过引进新品种和依托电商平台，合作社线上线下累计销售额达到 1800 万元。截至 2020 年，泉溪镇发展洋芋专业合作社、家庭农场 20 余家，种植洋芋 10000 余亩，平均亩产 3000 多斤，年产值 5000 万元，带动 800 个建档立卡贫困户脱贫致富。64 岁的塘坪村村民周必成，在合作社的帮助下靠种植高山土豆实现脱贫，家里供出了两名大学生。

2021 年乡村振兴开始，泉溪镇积极建洋芋良种基地，保障生产的高山土豆品质优良。2022 年投资 400 万元，在塘坪村流转土地 200 亩，建立秦巴山富锌土豆良种繁育基地，带动 400 多农户种植土豆原

密云区调研组实地走访泉溪镇洋芋示范基地

种，实现产值 2400 万元。繁育的优质洋芋良种，既保障该镇大面积洋芋种植稳产，又富裕了村民。

中药材示范村　　密云区借助对口协作平台，支持竹溪县发展中药材特色产业，助推农村经济发展。地方政府出台政策，在土地使用、基地建设、仓储加工等方面给予资金奖补和减免税收支持。截至 2022 年，全县培植中药材种植专业村 200 余个、100 余家中药材种植专业合作社，种植中药材 15 万亩，与全国 20 余家制药企业签订供货合同，年综合收入达 10 余亿元，带动 5 万多农户在中药材产业链上增收致富。

辽叶村是偏远山村，平均海拔 1500 米以上，自然条件适合中药材生长。全村 124 户几乎人人识药、家家种药。2017 年组建辽叶中药材种植专业合作社，从事中药材种植、加工、销售业务，推行"药农 + 药企 + 合作社"经营模式，实行统一管理，并示范带动周边 7 个村 120 多户 200 余村民从事中药材种植，年中药材总收入突破 2 亿元。与此同时，对 4 种中药材实行标准化种植，并获得"中欧国际有机认证"。辽叶合作社被授予"全国农业农村信息化示范基地"，被中国中药协会授予"中药材信息中心"。

2021 年辽叶村带动周边村种植中药材 8850 亩。全村仅黄连一项收入近千万元。昔日远近闻名的贫困村成了名副其实的"中药村"。

密云与竹溪协作以来，依托资源优势，发展优质特色农业和特色产业，形成了"一乡一特、一村一品"的产业格局。竹溪县建起中药材基地 15 万亩，茶叶基地 31 万亩，贡米基地 8 万亩，高山蔬菜 10 万亩。全县涌现 1300 多个专业合作社，建起 3033 个扶贫车间（作坊），吸纳 3 万农民就地转移为产业农民，农民成了真正的"上班族"。

春末夏初的竹溪，微风拂面，群山叠翠，万木峥嵘。行走在山水之间，看到的是满眼绿色、一片繁忙、一片生机……

培植与推广特色品牌

对口协作以来，密云派驻竹溪的挂职干部一棒接着一棒干，在有机生产、创建品牌、开发平台等方面开动脑筋，让树上结的、地里长的、水里养的尽快与城里人的米袋子、菜篮子、果盘子、药方子实现产销对接，为竹溪农业产业发展、特色品牌建设起到积极的引领作用。

发展贡茶产业

贡茶是竹溪县特产。其特点为干茶条索紧结，在茶汤中显毫、秀美、匀整，色泽翠绿光润，外观鲜嫩；品之甘醇鲜爽，清香持久。茶叶内有机质高，具有止渴生津、去暑消食、提神益思、怡情悦性的功效。据权威部门检验，竹溪茶氨基酸含量高达 2.95%，茶多酚含量达到 35.94%，超过同类茶叶 1.4 倍。

竹溪产茶历史悠久。尤以汇湾镇梅子垭出产的茶叶最有名气，素有"长江三峡水，楚地梅子茶"的美誉。相传武则天品尝后大加赞赏，钦定为贡品，"梅子贡"茶因此得名。2004 年竹溪县就被农业部和国家林业局分别授予"中国有机绿茶之乡""中国茶叶之乡"称号。

对口协作以来，密云区投入资金，重点扶持竹溪贡茶生产。当地政府推行"龙头企业＋基地＋农户"的经营模式，培植骨干企业和高端品牌，"龙王垭""龙峰""梅子贡""竹溪贡茶"是其企业和品牌代表，在茶企茶农中起到了示范引领作用。

截至 2020 年，竹溪县茶叶基地总面积 31 万亩，采摘面积 18.5 万亩。

其中，有机茶认证基地 3.5 万亩，综合示范基地 2 万亩。全县 310 个村有 290 个村种植茶叶。从事加工、销售人员近 4000 余人，成为农业产业

竹溪县油坊梁村贡茶扶贫车间

发展的新业态。2021 年 10 月，在第十七届中国茶业经济年会上，竹溪县被授予"2021 年度茶业百强县"荣誉称号。

助力生漆产业发展

生漆是一种我国特有的天然树脂涂料，因其固有的特质和行业地位，被称作"涂料之王"。竹溪县是我国主要的生漆产地。竹溪生漆，是中国五大名漆之一，也是传统的出口产品。据《竹溪县志》记载：该地生漆生产工艺始于殷商，兴于汉唐，明清时代达到鼎盛时期。1976 年 4 月，全国生漆会议在竹溪召开，竹溪县从此被誉为"中国生漆之乡"。20 世纪 80 年代中后期，化学涂料逐步取代了生漆的市场地位，加之其他人为因素影响，竹溪县的生漆产业渐入低谷。

随着生态环保理念的提出，生漆市场开始回暖升温。对口协作以来，密云区先后投入资金 500 万元，大力支持生漆品牌打造和产业基地建设，助力竹溪脱贫攻坚和乡村振兴。

2020 年 7 月，竹溪生漆博物馆和竹溪国际漆艺村的建成开放，对生漆产业发展起到了促进作用。当年竹溪县成功举办一系列国家和省市级生漆主题会议和活动，展示推介漆艺产品。还与北京、陕西著名企业签订合作

协议和投资协议，提升了竹溪生漆的市场影响力和竞争力。

在生漆产业中，竹溪县推行"合作社＋龙头企业＋基地＋农户"的生产经营模式，收益良好。截至2020年，全县建成生漆基地13万亩，从事生漆种植的专业合作社和种植大户达到56个，带动5000多户1.5万多人增收致富，人均增收1500元以上。

2021年，密云投入对口协作资金45万元，支持举办国际生漆产业论坛和生漆产业培训班。2022年，又投入对口协作资金455万元，支持竹溪县东方大漆产业园主干道路硬化、消防设施、供水、供电等配套设施建设，提升园区档次，扩大就业规模，巩固脱贫攻坚成果。

推广"蒸盆"饮食文化

蒸盆为竹溪县特有的传统菜肴，因做法和"色香味"独特，几百年来经久不衰。

在过去，竹溪蒸盆作为团年饭的主菜，家家户户都制作。但每年只有大年三十才会将苦心搜罗到的各种最好食材汇聚一起，用尽心思和手艺,蒸制一盆,享用一次，为的是给团聚的家人味蕾最好的体验和最美好的回忆。

竹溪蒸盆

竹溪蒸盆是民间美食文化的创新，它将多种食材分时分类放入土制陶盆中通过水汽蒸制而成。本菜汇合了土鸡肉、猪蹄、香菇、蛋卷、土豆等竹溪本地20多种食材，红绿相映、香气袭人、味道鲜美、营养丰富，能满足多种不同口味人群的需求，是一道老少皆宜的菜肴。

对口协作以来，密云助力竹溪饮食文化建设。2014 年 12 月 30 日，"竹溪饮食文化研究中心"正式挂牌成立。2015 年，竹溪蒸盆被湖北省评定为第五批省级非物质文化遗产，在年度最美"十堰味道"评选中荣获特等奖。2016 年的大年初一，远在白雪皑皑南极的中国第 32 次科考队队员吃上了热气腾腾的竹溪蒸盆。2017 年，中国文明网网络直播栏目组走进竹溪县中峰镇同庆沟村，直播"指尖上的春节——竹溪蒸盆"，全国网友好评如潮。2018 年 9 月 27 日，竹溪蒸盆登上央视财经频道《回家吃饭》栏目。

"十三五"期间，竹溪蒸盆产业实现 50 亿元旅游收入。

乡村振兴战略实施后，2021 年 1 月，秦巴电商产业园的竹溪蒸盆饮食文化中心网上接单不断，网售竹溪蒸盆 4000 余盆，创收 100 多万元。

2022 年 4 月，首家竹溪蒸盆旗舰店在武汉揭榜挂牌，同时首批竹溪蒸盆连锁旗舰店在十堰、襄阳、武汉、北京等地开工建设。竹溪蒸盆将不断开发新品，加快产业化进程，助力乡村振兴。

农特品牌进京城

竹溪有很多特色产品，因为信息不灵、渠道不畅而卖不出去。把产品变为商品是脱贫攻坚的一项重要任务。

密云区扎实开展扶贫产品"进机关、进企事业单位、进学校、进医疗养老机构、进社区、进商超、进批发市场"的消费扶贫"七进"活动。

2017 年 5 月，北京奥金达蜂产品专业合作社为竹溪顺达合作社收购、加工、销售蜂蜜 500 吨。密云国泰百货、鑫海韵通百货等与竹溪天翔茧丝公司、双竹生态食品公司、竹溪高山食品公司、竹溪顺溪豆制品公司等建立长期的商品供销关系，实现了两地农副产品产销的密切合作。北京天实众品茶叶有限公司在密云银河花园小区建立了竹溪特色农产品直销店。竹溪的茶叶、魔芋食品、蜂蜜、娃娃鱼等多个产品进入北京美廉美、物美、易初莲花等 3 家大型超市，年总销售额超过 1000 万元。知名电商企业"北京密农人家"在华润密云万象汇商场建立了扶贫产品销售专区。

2018 年，今麦郎饮品等 28 家北京知名企业与竹溪达成合作意向。同年，密云帮助竹溪县与北京市西城区非遗中心、北京易普迅龙科技有限公司签订了《生漆产业非遗精准扶贫战略框架合作协议》。

2018 年 12 月，北京市消费扶贫双创中心密云分中心建成开业后，在消费扶贫活动中起到了"领头羊"的作用。旗下的农业科技发展研究有限公司与竹溪顺达农业专业合作社建立了稳定的供销合作关系，营销竹溪的特色产品。竹溪特产受到密云及北京地区消费者的认可和青睐。

2019 年 8 月 3 日至 9 日，"扶贫特色产品展销十堰主题周"活动在北京延庆世界园艺博览会国际馆东广场举行。具有浓郁地方特色的竹溪名特优品牌亮相世博会，参展的竹溪企业收到了众多订单，收获满满。

2019 年 8 月 26 日，密云区在北京朝阳举办文化旅游推介会，首都旅行社、旅游企业、新闻媒体代表共 300 多人参加启动仪式。竹溪作为南水北调对口协作单位，应邀参加活动。竹溪以农特优品牌为主的旅游生产企业 20 多家出席推介会并设展台参展品牌商品。

乡村振兴以来，密云双创分中心与竹溪顺达合作社的合作更加密切务实。2021 年，竹溪农特品牌积极参加密云双创分中心与建行密云支行联手开展爱心扶贫卡消费服务活动，以及密云区举办的各类相关文化节活动。2022 年上半年，双方克服疫情带来的物流不畅影响，竹溪特产销售营业额达 62 万元，社会效益和经济效益实现了"双赢"。

水源区的保护、治理与利用

对口协作以来，在密云区大力支持下，竹溪县严格遵循"保护优先、科学修复、合理利用、持续发展"的基本原则，启动龙湖国家湿地生态保护项目建设。积极打造堵河生态示范村、生态家园、生态文明片区，实施"六大工程"建设，实现水源区及周边地区水质优化、环境改善、生态和谐、造福于民。

助力建成国家级湿地公园

竹溪县龙湖国家湿地公园是鄂西北地区较大的人工淡水湖和重要湿地公园之一，更是国家南水北调中线工程的重要水源区。该湿地公园位于竹溪县城西7千米的龙坝镇域,位于汉江支流堵河上游,其主体是竹溪河水库。是一座以灌溉、防洪、城镇供水为主，兼顾发电等功能的中型水库。库区总面积221.34公顷,总库容量2348万立方米,承担着竹溪县城10万人供水、县城防洪及库区下游2万亩农田的灌溉任务,是竹溪县城的生命之库。

2013年1月,国家林业局正式批准建立湖北竹溪龙湖国家湿地公园试点。2014年密云竹溪两地对口协作以来,始终把湿地建设作为重点工程强力推进,先后投入建设资金1亿元,用于龙湖湿地修复保护项目建设。

湿地公园管理局科学安排资金投向。投资130万元,设置水质自动监测站,并与国家、省、市、县联网,对湖区水质进行全天候监测。先后投资3000万元,建成16千米环库生态保护围网、700平方米科普宣教中心、3000平方米生物标本馆、1万余平方米生态净化塘、全域视频监控系统、

生物预警观察池和观景台等必要设施。实施裸露山体治理、退耕还林工程，引导节水农业，控制化肥农药使用量。设立保护管理站、监测站，定期对湿地内的动植物种类及其种群数量变化进行监测。

在湿地生态保护与修复工作中，对湿地周边126户农居实行生态移民搬迁。会同湿地邻近的龙坝镇、中峰镇和林业部门栽植油茶、桂花、竹柳、树莓等景观树木14.5万株，实施退耕还林3395亩。

龙湖国家湿地公园一角

同时对湿地实施植被恢复、植绿补绿，完成植树造林2100亩，实现龙湖湿地公园规划区内植被全覆盖。疏浚清堵，建设污水管网近70千米，建设环库隔离游步道及景观工程7067米，改栏改厕270户。安排人员巡查看护，筑牢绿色生态屏障。

2018年10月，竹溪龙湖国家湿地公园（试点）顺利通过验收，正式成为国家湿地公园，为竹溪县再添一张"国字号"生态名片。

建成科普宣教中心馆

位于龙湖湿地公园东侧的科普宣教中心馆，是集现代科技于一体的多功能科普设施。2019年密云区争取协作资金260万元支持该馆建设。科普馆占地700平方米，由标本展示馆、宣教馆和宣教放映厅组成。

生物标本馆　分设竹溪珍稀动植物展厅、中医药标本展厅、动植物标本展厅等。共藏有鄂西北及周邻秦巴山地区植物标本3000余副，重点标本包括中药标本280余副、竹溪县珍稀动植物标本240余副。湿地现有维管束植物 139 科 447 属 870 种，脊椎动物 28 目 8 科 237 种，其中，包括国家重点保护鸟类金雕、鸳鸯等多种珍稀野生动植物资源。

宣教馆大厅 包括触摸屏、幻影剧场、魔幻展柜、互动答题、互动滑屏和拍照留言等功能设施。采用先进的声光控制系统营造极强的视听效果，让人近距离了解湿地及其分类、分布、作用。

龙坝镇廖家岭小学学生在龙湖湿地科普馆放映厅观看科普片

宣教放映厅 面积约 80 平方米，配置专用休闲座椅，供游客休息、观看宣教片、地方戏曲等，寓教于乐，提高湿地保护意识，实现人与自然和谐相处，共建人类美好家园。

科普宣教中心馆现已成为鉴定、保存中药标本和集科普、科研、教学、对外交流为一体的多功能综合性专业馆所。2019 年湖北省科协批准成立湖北龙湖国家湿地公园管理局院士专家工作站。同年 6 月被十堰市生态环境局和教育局授予"十堰市中小学环境教育社会实践基地"。

治理石板河与竹溪河

石板河治理 石板河位于竹溪县西北部泉溪镇最南端，全长 15 千米，因河床布满形状、色彩各异的石板而得名。20 世纪末，石板河两岸煤矿和石材矿的开采，成为村民主要的收入来源。但过度开采，也使石板河流域的生态环境受到了严重破坏。

治理石板河是密竹对口协作的重点工程。2015 年，依托密云区对口协作的政策和资金支持，泉溪镇大力开展石板河治理。关闭河两岸小煤窑和采石场；通过政策扶持，引导村民种植山藤子、漆树等绿色经济植物，岩石裸露的河岸山坡慢慢披上了绿装。2017年密云区投入协作资金250万元，用于石板河上游2千米重点河段的河床加固、两岸筑堤、岸边小路硬化、围栏管网安装等建设工程。

乡村振兴开始后，泉溪镇启动石板河下游段治理工程，总投资额1318.92万元，治理河长12.4千米。主要建设为左、右岸新建浆砌石挡墙护岸及坡式护岸，河道疏浚清障，新建生态跌水堰。

治理后的石板河，将绵绵青山、幽幽河水和逼真的石板画融为一体，形成一道独特风景，吸引各方游客纷至沓来。石板河被评为国家3A级旅游区，带动了石板河村民宿、农家乐及农产品销售等产业的发展。

竹溪河分段治理　竹溪河是堵河的北部支流，东南向流经竹溪县城南。河段的水质直接影响居民生活、旅游和水源安全。

2021年竹溪河治理列入密竹对口协作重点工程。密云援建资金400万元、竹溪出资100万元，进行竹溪河向家汇段生态环境修复工程。2022年启动竹溪河县城南段人居环境综合整治。建设主要内容包括河道清淤、修建引水渠、筑拦河堰、建污水管网及河岸滑坡治理、步道、绿化美化等。工程提升和保护了竹溪河水质，优化了两岸环境。竹溪河岸边树立着一块公示

治理后的竹溪河

牌，"北京市密云区对口协作项目"字样耀眼醒目。竹溪河水清岸绿、鸟语花香，引来无数过往游人驻足观赏，流连忘返。

两地中学的交流

2014 年 12 月，密云县北方交通大学附属中学密云分校（以下简称北交大附中密云分校）校长程学军随密云教育代表团到竹溪县开展对口协作，来到竹溪县城区实验中学详细了解该校的办学理念、教学管理等并进行研讨，随后签订了对口协作协议，还命名了校园中通往教学区长满茂盛翠竹和名木的小路为"密竹小径"。

北交大附中密云分校有 40 多年历史，时有 32 个教学班，1268 名学生，教职工 149 人，其中，中学高级教师 14 人，县级以上骨干教师 13 人。学校有物理、化学、生物、音乐、计算机等 21 个专用教室。教学设施已率先进入现代化，为密云县重点初中学校。竹溪县实验中学，有 30 多年历史，时有 39 个教学班，2693 名学生，有教职工 158 人，其中，高级教师 31 人，省市骨干教师 30 人。虽为"十堰市示范学校"，但办学基础条件较差，生均校园、校舍面积还未达标，仅有物理、化学、音乐等专用教室，教学设施现代化还刚刚起步。两校结对后，密云分校每年都选派优秀教师到实验中学交流，实验中学也选派教师到密云学习。

2015 年 10 月，竹溪县实验中学教师李传悦、付修丽、张晓琴到北交大附中密云分校学习。他们是两地对口协作后第一批到密云学习的实验中学教师。作为实验中学副校长的李传悦参与了密云分校每周行政例会及教育教学活动，并跟随密云分校校长程学军一起参加了密云区教委及海淀区组织的教育教学活动，在视野、管理理念、教学改革等方面都受益匪浅，至今铭记于心。数学教师付修丽，当时拜师分校初二（1）班班主任马俊霞老师学习，先是每天随堂听课、评课、参加集体备课，后在马老师指导

下上课。马老师的指导和引领，她非常受启发。物理教师张晓琴，在体会中写道："每天都是在新奇、紧张而又忙碌中度过，每周一次的集体备课，我上了汇报课《压力与压强》，大家畅所欲言的犀利点

密云中学高级教师马军红参加全国
第七届阳光教育论坛

评让我非常受教。我还代理了三周的班主任，每天与孩子们一起出操、聊天、活动。我学到了很多，尤其是幸福教育理念，教师教得幸福，学生学得幸福。短暂的一个月却是我人生中特别难忘的一段历程。"

2016年10月28日，密云区中学高级教师马军红参加在竹溪县实验中学举办的全国第七届阳光教育论坛。论坛有全国中学语文精英教师100余人和竹溪实验中学教师参加，主要开展中学语文同课异构展评活动。马军红和湖北省竹溪县实验中学孙雅莉、蕲春县白河中学吴锦绣分别执教梁衡的《夏》，课堂教学点评由武汉市任家路中学特级教师蔡淑卉担纲。同课异构、仁者见仁、智者见智。蔡淑卉点评三位老师上《夏》一课，都非常成功。特别是马老师的课堂如沐春风，教学流程清晰、合理科学，以读促学，书声琅琅；学生自主合作与自主学习相结合，重视学生学习方法和习惯的培养，润物无声且不留痕迹，在读写听说中培养学生发现美、创造美的能力，是名副其实的阳光课堂。马军红的精彩授课赢得全体同仁的热烈掌声。论坛结束后，马军红老师与实验中学教师进行了有关阳光教学的进一步研讨。马军红介绍了以构建有意义课堂为抓手，积极践行阳光教育理念，引领课堂教学改革实践探索，受到实验中学教师的高度赞赏。

2017 年 7 月，密云区第二中学与竹溪县第一中学签订了对口协作协议。密云区教育团队在竹溪实验中学教学大厅，还先后为竹溪县举办了教育管理干部和骨干教师培训班。密云区教委有关人员对实行校长负责制和骨干教师学科带头人的选拔与培养进行了专题讲座。首师大密云附属中学高级教师赵琳就培养学生核心素养作专题

密云首师大附属中学高级教师赵琳
在竹溪县教师培训班上作讲座

讲座。赵琳出神入化的讲座，受到竹溪教师的热烈欢迎和好评。

2020 年受疫情影响，北交大附中密云分校与实验中学制定了有关两地网络教育教学计划措施，通过网络教研和在线讲课的形式架起"空中培训班""空中课堂"。

对口协作期间，密云先后有百余名教师前去竹溪实验中学开展教育教学交流，其中有 9 名教师登堂讲课。竹溪先后选派 6 名教师来到密云分校等地学习。北交大附中密云分校提前制定人才带岗计划，提供专业一对一结对指导，对来学习的教师进行科学、系统的培训，让他们学习体验密云现代化教学，了解和感悟了北京地区的前沿教育教学理念，使实验中学在地区中学教育中发挥了旗舰引领作用，有力推动了竹溪中学教育改革和教师队伍建设，促进了竹溪县教育发展。

职业中学的育人

2014年12月，密云县职业学校与竹溪县职业技术学校对口协作后，两校交流活动不断。先后有两批竹溪学生来密云职业学校进行一年期学习，都以优异成绩结业。

校长邀约

2014年12月2日，密云县职业学校校长贾长营随密云教委考察团一行来到竹溪县开展对口协作工作，与竹溪县职业技术学校签订了对口协作协议。

2015年，密云职业学校有3名高级教师赴竹溪职业技术学校作短期讲学。2016年，有16名竹溪学生到密云职业学校进行5天游学。2017年，密云职业学校有2名高级教师赴竹溪职业技术学校作短期讲学。2018年，有4名竹溪学生到密云职校进行5天游学。两校每年教育教学重点交流活动不断。

2020年春，贾长营校长再次来到竹溪调研，在讲学研讨的同时，更深入镇村和当地企业进行了走访。他深深感到两地交流协作多是短期培训，难以解决当地正在兴起的乡村旅游、电商经营等产业人才急需。密云职业学校则具有这方面的专业优势，于是贾校长向竹溪方盛情邀约，请当地产业急需培养的人才直接到密云职业学校学习。尝试探索合作办学新模式，即"1+1+1"基本模式，就是学生一年级在竹溪职校参加基础知识学习；二年级应邀到密云职校强化专业技能培训；三年级愿意就业的可在竹溪或北京实习，愿意参加技能高考的则回竹溪职校备考。

2020年9月2日，根据协议，竹溪县职业技术学校选派三个专业84名学生（含建档立卡贫困学生48人）来密云区职业学校，进行为期1年的实用技术培训，分别涉及旅游服务与管理、电商、电子技术三个专业。两地学校为了确保学生真正通过学习提升本领，充分研究竹溪人才实际需求和这批学生的特点等，多次进行线上交流，精心设计课程，推进菜单式教学，加强实训技能的训练。密云区职业学校对竹溪学生来校学习高度重视，详细制定方案，配备优秀教师，为他们量身打造专业课程。密云区职业学校专业班与竹溪职业学校访学班还结对子，让两地学生在共同学习过程中成为朋

密云区职业学校与竹溪县职业学校合作办学开班仪式

友，携手共进。密云区职业学校还精心安排住宿、饮食等，十一、五一、端午等节假日，学校都安排老师陪伴这些孩子，并设计特色活动或开展社会实践，让竹溪学生感受到家一样的温暖。学生们在密云学习，专业上孜孜以求，业余生活丰富多彩。

每当贾校长看到这些乐观向上的竹溪学子，都油然地从内心感到：当初盛情邀约是有意义的，这一年的学习定会积极影响这些大山里的孩子，也许会给他们带来一生的转变！

一个"姐姐"两个"妈妈"

"姐姐"叫齐月明，是1914竹溪电商班班主任，课下竹溪学生都称她"齐

姐姐"。两个"妈妈",一个是 1916 竹溪电子班班主任王月琴,学生称她"王妈妈",另一个是 1913 竹溪旅游(酒店管理)班班主任冯丽华,学生称她"冯妈妈"。三位教师都是密云区职业学校有丰富经验的优秀班主任。

1914 竹溪电商班班主任齐月明　她青春阳光,孩子们成天围着她转,一会儿问这,一会儿问那,不仅佩服她博学多才,更由衷折服于她电商业务那么通达。电子商务对应职业(岗位)有电子商务师、计算机操作员、计算机网络管理员、计算机网络技术员等。专业(技能)方向为网络营销、电子商务物流、客服管理、商务网站维护、网站推广等。"不能让那么远的孩子白来,一定要让他们学到一技之长!"她废寝忘食地工作,就是要培养这些孩子全面发展且具有良好职业道德与人文素养;培养他们掌握电子商务相关专业理论知识,具备电子商务网络营销、活动策划、平台运营等能力;成为从事电子商务平台运营及数据分析、视觉营销、网络客服等技能型人才。作为专业教师,齐老师不仅有扎实的电子商务基础理论功底,更具有不断更新电子科学理论和技能实战实操的功夫。齐老师的课堂充满魔力,充满了乐趣,齐姐姐以睿智的头脑、以满腔爱心与热情赢得学生们的信任和喜爱。

1916 竹溪电子班班主任王月琴　她始终坚信:只有付出足够的爱心、耐心、细心、真心,才能让学生感觉更温馨,才能得到学生的信任。她对家庭困难的学生给予经济支援,对于失恋的学生她牺牲休息时间耐心陪伴疏导。一个周六下午,她正在家中休息,突然一阵急促的手机铃声响起。原来一个在密云城区随学生小组游玩的学生掉队,怎么也找不到回学校的车站了,十分焦急。她急忙放下手中的活,边跑边安慰这孩子,告诉其打开手机定位开关,她通过位置共享找到了孩子,并把他送上回学校的公交车。王老师在主题教育方面也做出班级特色,充分发挥主题班会课的思想教育主阵地作用,引领学生思想进步成长。召开的主题班会《让"舌尖上的节约"成为习惯》获得校级一等奖。王老师把每个竹溪的学生当成自己的孩子看待，请学生到她家吃饭、给学生缝衣服、陪学生过生日等。在理解、尊重学生的基础上与学生多沟通、勤示范、细观察，以自身的人格魅力给予学生正能量的指引。她告诉孩子们，北京有个一直祝福他们健康成长的"王妈妈"。

1913 竹溪旅游（酒店管理）班班主任冯丽华　冯老师是教学经验丰富的长者，她把教学管理与活动实践相结合。孩子们将来要从事旅游行业，旅游企业整体形象的塑造需要的是一个团队全员努力。冯老师不仅在教学中传道解惑，更注重在日常培养孩子们的团队意识。组织竹溪学生中秋乐、十一游故宫、周末参观密云水库等，每次主题实践活动，她都要求学生自行设计主题，自行组织活动，团队既有分工又有合作。2020 年 12 月 24 日，1913 竹溪旅游班召开了网上网下同时进行的班会，冯老师全程指导，学生干部沈峰主持。参加班会的除现场的 26 位竹溪学生外，还有网上参加的该班学生家长。班会大家纷纷发言，竹溪学生封荣斌第一次参加这么新颖的班会，还有些羞涩，他说："来北京学习真好！密云每月给我们每人发 1000 元生活补助，还发 300 元伙食补助。冯老师像妈妈一样细致入微关爱我们每一个人……"学生段瑞的家长说："经常通过手机视频了解孩子情况，段瑞自从到密云上学，性格开朗了，知道学技能了，特别感谢密云的老师们！"这次活动的前期策划、准备、具体运作、活动后总结等都是在冯老师指导下由学生自主完成的。在"冯妈妈"的精心呵护下，孩子们茁壮成长，具有团队精神的良好班风在密云职校独树一帜。

学习结业

2021 年 7 月 2 日，"沿着校园熟悉的小路，清晨来到树下读书，初升的太阳照在脸上，也照着身旁这棵小树……"在欢快歌曲声中，密云区职业学校与竹溪县职业技术学校合作办学结业仪式举行，密云区教委及职业

密云区职业学校校长贾长营（左一）给竹溪学生颁发结业证书

学校领导、专业教师和来自竹溪县职业技术学校的学生参加了此次结业仪式。84名竹溪学生都以优异的成绩获得一年期结业证书，有的还被评为"密竹小工匠""礼仪使者"等荣誉称号。这84名学生犹如84棵小树，在阳光下亭亭玉立。"小树……和我共享阳光雨露……直到长成参天大树！"在欢快的校园歌曲中，竹溪学生在密云职业学校学习结业仪式礼成。这84名学生怀着恋恋不舍的心情就要返回竹溪参加乡村振兴大业了，他们是一棵棵稚嫩而挺拔的小树，他日定会在竹溪大地上扎根生长，开枝散叶，连片成林，结出累累硕果。

"密云小学"的建设

2016 年初，竹溪县中小学"基础设施标准不高，功能不全，教学容量不够"，特别是县城区学校仅有 4 所小学，大班额现象十分严重，一个班要挤 70 多个学生，教育吸纳能力无法满足需求，在城里务工子弟上学就更难，教育发展受到了严重制约。

密云与竹溪因水结缘，2016 年 5 月，密云区得知竹溪县教育发展难题后，决定在竹溪县援建一所"密云·竹溪希望小学"。

2017 年初，密云区全力推动密云·竹溪希望小学项目在竹溪县落地。密云区挂职干部积极参与学校选址的调研论证。竹溪县以山区为主，平原区域面积小，且村落多呈散点状分布，经过多次实地勘察调研，最终确定了选址城关镇守金店村，这里为城乡接合部，既便于接受城里孩子就学，也可以照顾山区来县城务工子弟就学。

密云·竹溪希望小学为两地对口协作重点项目，也是十堰市重点民生工程，竹溪百姓对此非常关注。2018 年初，密云区拨付该项目前期建设所需资金 1750 万元到位；该项目规划、选址、用地等前期工作已完成；临时围墙和挡土墙等前期附属工程已完成设计、

密云·竹溪希望小学

预算和投资评审，招标等工作；同年 5 月，项目三通一平工程完成。2018年 6 月 4 日，密云·竹溪希望小学项目招投标，同年 12 月动工，工程严格按标准精心施工。2020 年 1 月，密云·竹溪希望小学建设项目主体工程封顶；同年 8 月 20 日，密云·竹溪希望小学建成投入使用，并正式命名"密云小学"。密云小学成为北京市对口协作十堰市项目标杆。

密云小学占地面积 20667 平方米，建筑面积 14400 平方米，总投资5896 万元，其中，争取中央资金 396 万元，争取北京对口协作资金 5200 万元，密云区捐助资金 300 万元。学校共有 5 栋建筑，分别命名为"明德""润德""启德""智德""慧德"，意在"明德启智慧"。学校基础设施配套齐全，教学设施现代化，教学楼除普通教室，还设有古筝、手工、双师、音乐、舞蹈、计算机、心理健康、图书阅览、科学实验等 10 余个专用教室，并设有学术报告厅。可设 36 个教学班，能容纳 2000 多名学生就读。

2020 年密云小学有教学班 30 个，学生 1542 名，教职工 111 名。

密云小学以"智慧校园、博雅学校"为目标，开展"一个健康三个好"主题系列教育活动，让孩子们徜徉在知识的海洋。宽敞明亮的教室时时传来朗朗的读书声。功能教室更是亮点纷呈，古筝教室在老师的悉心指导下，孩子们动作统一，一招一式有模有样；科学实验室，老师正组织学生进行小组合作探究，学生们个个专注认真，出色地完成了实验……教学楼前，5000 平方米塑胶操场，深红色椭圆形跑道像一条鲜艳的红领巾，操场中间塑胶地毯

竹溪密云小学古筝教室

如一片绿油油的草地，操场上孩子们正开展跳绳比赛，一个个弧圈是自信、活波、开朗的精彩亮相。综合楼内标准化的食堂为教师和学生提供安心服务。密云小学真正成为孩子们的乐园。学校日常教学课程丰富，创造了完备的教学载体，学校还十分注重对功能室精细化管理，充分发挥其为教学服务、为教师服务、为学生服务的作用。密云小学培养了一批批多才多艺的优秀学子。

密云小学的建成，使得县城区教学班由过去大班额平均 70 人降至 40 人，极大地改善了城区教育格局，更给山区来城里的务工子弟提供了就学机会，有效缓解了竹溪学校大班额、村组孩子上学难的困境，对竹溪县高标准、高质量地均衡九年义务教育具有关键作用。

在乡村振兴中，2021 年 5 月 27 日，为进一步优化密云小学的教育教学，密云区第三小学与竹溪县密云小学建立了对口协作关系，通过开展教师交流培训，互派学生参加夏令营等活动，实现以合作促共赢、以交流促提升，互融互通，为两地教育事业高质量发展赋能添翼。

2022 年，密云小学先后荣获竹溪县书香校园、德育工作先进单位等荣誉称号。

医疗专家的奉献

2014 年 10 月，密云医疗卫生支援竹溪正式启程。2015 年 6 月、8 月，密云县中医院与竹溪县中医院、密云县医院与竹溪县人民医院签订对口协作协议。密云中医院和县医院都高度重视，结合自身特点和院诊实际，选调精锐医疗专家赴竹溪县全面展开对口协作工作。

专家传经

2015 年 6 月 15 日，密云县中医院有三位专家到竹溪县中医院协作支援。主任医师桑俊福擅长治疗老年慢性疾病、老年痴呆、心血管疾病、心律失常等。在中医外科病房，他亲自巡诊，为病人把脉治疗，并向当地医生传授临床治疗经验。副主任医师高永前擅长糖尿病及其并发症等内科疾病的治疗。在竹溪中医院内科，高主任结合病例传授有关糖尿病的预防及并发症的有效治疗经验。主任医师席占东擅长中医理疗，其论文《颈椎病骨牵引复位法活血通络中药疗法》，发表于《北京中医》且为中国科技论文库收录。在竹溪县中医院推拿科，席主任结合病例做整脊手法治疗，并向竹溪医生传授治疗经验。

2017 年 9 月 8 日，密云区中医院两位专家赴竹溪中医院对口支援。主任医师任绍兰擅长高血压、心脏病、冠心病、心衰、糖尿病等常见病、多发病的中西医治疗。在内科病房巡诊，结合病例向竹溪医生传授内科常见病、多发病的预防和治疗经验。主任医师刘晓华主要从事普外科疾病诊治和相关手术，尤其擅长乳腺类、甲状腺、各种疝的无张力修补术等治疗。

刘主任在竹溪中医外科坐诊，结合病例向竹溪医生传授甲状腺等疾病的诊治及预防经验。

名家坐堂

对口协作期间，密云区医院、区中医院每年都选派专家赴竹溪县开展对口支援，这些医疗专家有的在竹溪一个月，有的三个月，都深受竹溪百姓欢迎和同行的赞赏。

刘超推拿　2016 年 7 月，密云区中医院主任医师刘超擅长推拿，坐诊竹溪中医院康复科。当时正是中医讲究的冬病夏治好时节。北京推拿专家来了，针灸康复科门诊异常火爆，很多人慕名前来，不仅看病，还特别享受了一把北京专家的推拿治疗。"这个专家推拿得太好了，力道柔和，身体特别舒服！"一位患者如是说。刘主任是这么说的："推拿

密云中医院主任医师刘超在示范推拿治疗

方法大同小异，持久、有力、均匀、柔和，从而达到深透，这是对手法的一般要求。除了手法以外，我调整了一些技巧，一般推拿多用腿部顶住，我换成用前胸顶住，这样患者稍微舒服一些，感觉要好受一点，其实功效达到最主要。"刘主任用心的推拿"小技巧"，给患者带来的体验"大不同"。在刘主任传帮带下，竹溪推拿科每位医生都悉心学习、创新小技巧蔚然成风。

宋丽俐制剂　2016 年 7 月，密云区中医院主任医师、中药师宋丽俐坐诊竹溪中医院药剂科。宋主任毕业于北京联合大学制药工程专业，她从事

中药制剂十余年，擅长中药制剂的研制及检验。到竹溪后，宋主任结合当地地理环境、患者情况，亲自调配研制冬病夏治的小儿三伏贴剂。她精选当地优质中药材，在中药成分、剂量等细节方面一丝一毫都不放过。竹溪中医院推广使用她研制的小儿三伏贴，患者治疗效果特别好，一时供不应求。期间，宋主任还在中药制剂配方、煎煮等方面对竹溪医生开展培训，用心传授自己制剂过程中的感悟和用制剂治病时应注意的问题，竹溪中医院药剂科全体医生学习得非常认真。在宋主任建议下，竹溪中医院还引进了一批新的制膏药设备。宋主任利用新设备，研制多款竹溪中医制膏药，使竹溪广大患者享受到更好更便捷的中医药服务。

刘红雷碎石　2018年3月，密云区医院主治医师刘红雷坐诊竹溪县人民医院泌尿外科。他擅长治疗泌尿系结石、泌尿系肿瘤。参与研究的《经直肠超声引导下前列腺水囊扩开术治疗良性前列腺增生分析》论文被中国科学引文数据库收录。3月23日，刘主任白天坐诊接待了一位30多岁的小伙子，患者就诊时面色苍白，腰佝偻着，手使劲按着腹部，说"刀割一样痛"，还不时恶心呕吐，坐卧不宁，非常痛苦。刘红雷根据多年经验，判断这小伙子可能得的是泌尿系统结石，从表象看病情很严重，延误治疗可能肾功能会受损害，也可能诱发心脑血管意外。征得病人同意，刘主任给紧急安排了住院治疗。进行泌尿系统X片检查、CT及静脉尿路造影，确诊这小伙子得的是输尿管结石，结石处于输尿管下段，大小有3块。因结石所处位置，体外碎石已不可取，确定采用输尿管软镜下钬激光碎石取石术。这是较先进的一种碎石方法，不需要常规那样在患者的腰部做切口。但竹溪县医院泌尿科目前还没有医生做过这类手术，刘红雷责无旁贷挑起这一重担。因病情急需马上安排手术，晚上19:00在无影灯下开始手术，19:56手术顺利完成。从术前准备，到术中每一步操作，再到术后护理指导，竹溪泌尿科的同仁都全程进行了观摩。刘红雷还将手术操作的每一重要节点、术后特别应注意的问题等分享给大家。大家因手术成功而高兴，更为刘红雷的传道而感动。

王冰治综合征　2019 年 8 月，密云区医院主治医师王冰坐诊竹溪县人民医院泌尿外科。他擅长治疗肾上腺疾病、泌尿系统感染、尿结石等。这天一小伙子因尿血而住院，入院后做了一系列的检查，可仍未查出尿血的原因，住院后近两天仍尿血不止。这里的同仁都把目光投向新来的王冰。王冰询问病史及查体后，又仔细观察眼前这个小伙子，见他面色苍白，个子瘦高，佝偻着腰，根据多年经验，王冰觉得这小伙子很可能得的是胡桃夹子综合征。胡桃夹子综合征多在瘦高的年轻人中出现，最常见的临床症状是血尿、蛋白尿和左腰腹疼痛。小伙子这些典型症状明显，病情很重，不马上治疗很可能引起其他病变或带来生命危险。王冰立即协调影像科在增强 CT 基础上对小伙子完成肾血管的二维重建，确诊小伙子患的就是胡桃夹综合征。王冰很快为患者进行了规范的手术治疗。术后没两天，小伙子就下地活动了。"帮助当地医生梳理常见病以及少见病的诊治方式，确保他们遇到紧急情况不要慌，做到心里有数，这是我们来到竹溪县的重要任务。"为此，王冰时时记在心上。在王冰的全力指导下，在前期密云专家支援的基础上，竹溪人民医院泌尿科的医生已经初步掌握了膀胱镜、输尿管镜、肾镜、电切镜等医疗技术，这在湖北众多基层医院是很少见的。

医院管理

2015 年 6 月 21 日，密云县中医院院长白广深到竹溪县中医院开展管理业务协作，就竹溪县中医院发展、医师水平提高、绩效管理等开展了交流、探讨。白院长认为医院人才培养是关键，引进人才能快速提升医院学科实力，对医院长远发展有积极的推动作用；绩效管理要根据医疗、医技、护理、药剂、后勤等岗位的不同特点，实行分类考核。白院长还提出了加强中医特色科室建设的发展思路。这些先进理念和具体实施指导得到了竹溪中医院院长和管理团队的高度认同和赞赏。

2015 年 8 月 3 日，密云县医院副院长吴瑞森来到竹溪县人民医院进行研讨交流。对口协作内容是：密云区医院将根据竹溪县人民医院具体情况开展有针对性的协作工作，从临床技术上给予指导，对医务工作者进行业务培训，重点是提高医师医疗、医技水平，通过安排各种形式的协作活动将北京的新技术、新成果带到竹溪县人民医院，帮助该院开展新业务、新技术。

2017 年 9 月 10 日，密云区中医院副院长陈光带队到竹溪县中医院开展业务协作。护理部副主任王海雁、财务科科长王筱红、信息科科长崔综知、医务科科长刘晓华等就有关专业进行了培训和专题讲座。陈院长一行还深入竹溪

密云中医院副院长陈光和竹溪县中医院同人
进行专业研讨

中医院有关科室帮助他们建立新信息操作系统，并就管理运作进行指导。

对口协作以来，密云区医院、区中医院每年都派专家赴竹溪县开展帮扶工作。在管理、技术、人才培养等方面给予指导和支持。截至 2020 年，密云医疗卫生派到竹溪对口支援 6 批 39 人次。竹溪县人民医院和中医院派到密云医院系统学习 6 批 22 人次。

密云与竹溪的对口协作使其医院管理水平、特色科室建设和医疗技术方面有了明显提升，极大提升了为百姓健康保驾护航的能力。

竹溪老百姓在家门口就能享受到北京专家高水平的医疗服务，这在过去是连想都不敢想的。一提起北京密云中西医专家，大家都交口称赞。

打造独特的文化品牌

2014年10月，密竹两地对口协作开展以来，竹溪县文旅产业发展取得了重大突破，为竹溪脱贫攻坚注入了强劲动力。

为山二黄注入活力

山二黄是湖北省现存的稀有地方剧种之一，被录入《中国戏曲大全》《中国戏曲音乐集成》等。山二黄剧种是汉剧的一个支派，又名汉调二黄，流行于鄂西北地区，迄今已有近300年的历史。著名汉剧大师陈伯华誉其为"汉剧之母"。1956年"竹溪县剧团"成立，1982年更名为"竹溪县山二黄剧团"，是全国唯一一个创作演出山二黄地方戏曲的专业剧团。2008年6月，山二黄被列入第二批国家级非物质文化遗产名录。2012年，山二黄剧团更名为"竹溪县山二黄剧种保护传承展演中心"。据《竹溪县志》记载：清代乾隆、嘉庆年间，荆、襄移民带进山的楚调与鄂西北方言语音、民间音乐逐渐结合流变，后形成此地特有的一种地方剧——山二黄。

山二黄角色分十大行：一末、二净、三生、四旦、五丑、六外、七小、八贴、九老（旦）、十杂。在表演上，山二黄重唱功，唱腔讲求字正腔圆，通俗纯朴。山二黄以传统本戏为主。传统剧目有400余个，其中，列国戏、唐代戏、宋代戏居多。中华人民共和国成立后，竹溪剧团对传统剧目"推陈出新"，整理改编和移植了山二黄优秀剧目100多个，代表作有《革命自有后来人》《贵客临门》等。

密云与竹溪对口协作以来，进一步加强对山二黄的挖掘保护和传承。

先后创作了《村官拜师》《茶嫂择婿》等系列戏；并精心创作展演了山二黄大戏《爹爹你挂墙头》《山茶花》和山二黄小戏《茶乡情缘》等；打磨了乐舞《竹溪欢迎你》《撸起袖子加油干》等一批反映时代风貌的作品。这些作品接地气，深受百姓欢迎。2016年7月，山二黄小戏《带着公爹改嫁》

上演，它以竹溪县丰溪镇带着公爹改嫁的农村妇女王大芝为原型改编，演绎了一位山里女人内心"真、善、美、孝"的人间大爱，反映了精准扶贫给贫困山乡带来的巨

竹溪县山二黄演出剧照

大变化，更阐释了精神脱贫重于物质脱贫的深刻内涵。该剧为新编山二黄代表剧，由国家一级编剧忽红叶创作、北京专家导演团队执导。该剧充分展示了山二黄的戏曲音乐特色，一上演就场场爆满，非常受百姓喜爱。

对口协作以来，还不断为山二黄剧团发展注入活力，每年都召开两次山二黄专题工作会，连续3年先后投入400万元对口协作资金，用于复排传统剧目、新编剧目和改造建设展演中心排练厅等，惠民演出活动年均200余场次。2019年8月8日，北京延庆世界园艺博览会是竹溪县主题活动日，竹溪山二黄传承人周毓成演唱了山二黄选段，精彩的表演让观众连连叫好，山二黄登上了世博会舞台，成为湖北竹溪最靓丽名片。2020年5月16日，央视17频道播出竹溪山二黄乐舞《十堰祝福你》，展现了竹溪山二黄传统戏曲的独特魅力。

助推向坝民歌

向坝位于竹溪县西南边陲，向坝民歌是竹溪县地方传统音乐，它有山歌、田歌、情歌、薅草锣鼓、船工号子等表现形式。2005 年，向坝乡被湖北省民间文艺家协会命名为"民歌之乡"。2013 年 10 月，向坝民歌被列入湖北省第四批非物质文化遗产名录。

向坝民歌源远流长，许多民歌记述着远古楚民的精神风采、道德情操、宗教信仰等。

向坝民歌的演唱形式，大多以山歌、情歌对唱为主，对唱主角一般为女性，并以女性口吻为主歌唱，多为七言结构五句体。向坝民歌代表作品中关于爱情的浪漫歌谣占有相当的份量，

向坝民歌广场

《探郎歌》《掐菜苔》《五更情歌》等都是向坝民歌中广为传唱的代表作。

为了让民歌传承有场所，密云积极争取对口协作资金 100 万元，在向坝村建成 1500 平方米民俗文化广场，其南侧建有戏台，西侧塑有一对男女民歌表演雕像，东侧建有一向坝民歌亭子，为当地百姓搭建了唱歌演艺的舞台。截至 2020 年 6 月，向坝民歌已发掘整理 6000 多首，当地 60% 的成年人都能随时随地熟练演唱民歌。每到夜晚，向坝乡民俗文化广场灯火辉煌，以向坝民歌为主旋律的群众歌舞热火朝天。

2019 年 8 月 8 日，向坝民歌登上北京延庆世博会的舞台。

2020年9月，竹溪向坝经典民歌《掐菜苔》登上中央电视台音乐频道"歌声里的中国"，其由全国著名作曲家王原平谱曲，中国铁路文工团女高音歌唱家、国家一级演员龚爽倾情演唱，这首向坝民歌随之火遍大江南北。

夯土小镇

夯土小镇所在地为竹溪县水坪镇向家汇村，这里靠近古武陵县城遗址，将桃源风光、夯土民居等建筑特色沿袭保留下来。原先散落在竹溪河边丘陵间的夯土民居，多散乱分布，有的已断垣破落。2018年，密云与竹溪对口协作中，决定结合人居环境改造，对夯土结构民居进行保护性修复，培育成为乡村度假养生的高端民俗体验业态，开发建设十堰市级对口协作重点工程——夯土小镇。

2018年11月，密云区引进北京山里寒舍文旅集团到竹溪，并与竹溪县签订支持旅游发展协议。山里寒舍文旅集团将夯土小镇建设成为以农耕文化、田园风光、健康养生为主题的国家级特色文化小镇。

竹溪水坪镇向家汇村的夯土小镇

2020年7月建成，总面积12.3平方千米，建筑面积2万多平方米，总投资11.8亿元。该工程集夯土特色小镇、文旅康养小镇、扶贫示范小镇于一体，小镇以建设夯土寒舍、油磨坊博物馆、红色记忆博物馆为核心，形成了"文旅＋康养＋田园综合体"文旅融合模式。

北京山里寒舍文旅集团负责夯土小镇运营管理，对竹溪夯土小镇品牌进行整体打造、策划宣传、引进客流。优先选拔当地村民，尤其是建档立卡贫困户人员担任安保、服务等工作人员。密竹全力协作打造的文旅融合品牌——夯土小镇热火朝天地发展起来。

夯土寒舍　坐落于夯土小镇核心区，项目总投资 1.2 亿元，占地 3.5 万平方米，建筑面积 1 万平方米，建有民宿 22 栋及游客中心、综合楼等。

这里房屋、城墙、城堡和雕塑全部采用夯土工艺。夯土寒舍是带有西北秦巴特色的建筑，冬暖夏凉，历史悠久。分土寒舍为生产、生活和生态三生相融。土城墙内，馆堂成列，商铺成行，步行街、国医馆、药膳馆、陶艺馆、茶道馆、蒸盆馆……古风古韵，特色纷呈。

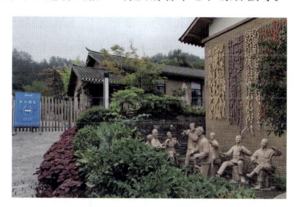

竹溪夯土寒舍及街旁的休闲民歌泥塑

2020 年 4 月 27 日，夯土寒舍盛大开业。

油磨坊博物馆　为夯土小镇主要项目之一，密云区争取协作资金 5000 万元建成，占地面积 12311 平方米，建筑面积 1500 平方米。主体建筑采用中国传统四合院的建筑格局，古朴大气。博物馆分为历史文化厅、观赏体验厅、成果分享厅、自由活动区，是集文化、科普、体验于一体的主题展馆，既是竹溪首家油磨坊主题科普馆，也是农耕文化教育基地。

2020 年 5 月 1 日，竹溪夯土小镇油磨坊博物馆免费隆重开放。

密云区积极支持当地打造油料之乡，以向家汇村为油料种植中心，大面积种植油菜、油茶、芝麻等油料作物，作为夯土小镇外围花海景观，促进文旅农融合发展。

红色记忆博物馆　2018 年 12 月，密云区引进北京老爷车博物馆到竹溪县，竹溪县与其签订投资协议，重点打造竹溪县红色记忆博物馆。

　　红色记忆博物馆位于竹溪县水坪镇桃花岛夯土小镇，总投资 6 亿余元，占地面积 2 万平方米，建筑面积 6900 平方米。该博物馆建筑 2 层，博物馆功能区主要分为展示区、爱国主义教育厅、青少年实践基地和办公接待区等四个部分。此外，博物馆下方还辐射有 6 个窑洞展示建筑，与红色革命展示建筑，上呼下应。展示区内主展内容分为辉煌的文明、百年的屈辱、武装夺取胜利、中华人民共和国成立、共筑中国梦等五个篇章，共展出文物 100 件，象征百年党建。整个博物馆分为红旗厅、农耕文化厅、军事国防教育厅、百年老爷车文化厅等四个展厅。该馆将当地第二汽车厂发展历史和中国共产党建党史以及竹溪红色革命资源进行形象展示，是目前唯一一个将汽车文化和中国共产党红色历史相结合的博物馆。

　　2020 年，竹溪夯土小镇直接就业 450 人，当年吸引游客超过 50 万人次，旅游综合收入 3 亿元，辐射带动周边 6 个村 5000 余人增收致富。

　　竹溪夯土小镇成为十堰市对口协作标杆工程。2022 年 9 月，在乡村振兴中，湖北省十堰市唯一一处竹溪县夯土小镇入选"全国非遗与旅游融合发展优选项目名录"。

北京来的专家

2015 年的 9 月刚刚来临，这天我正在病房里查房，突然接到医院办公室打来的电话，说到会议室开会，来了几位北京专家同时要接一位骨科专家到科室。以前也多次碰到类似的事情，但大多数都是走走形式，抱着应付的心态，我到会议室参加欢迎会。会议各项议程走完，最后分配各专家由科室主任领到各自科室熟悉环境。这时大家才注意到站在面前的这位中等身材、皮肤黝黑的中年人——张笑教授，他给人的感觉没有高高在上的神态，而是非常地平易近人。相互寒暄后，大家很快就聊到了一起。当天中午医院在食堂举办欢迎宴会。

中午吃过午饭后，大家送张笑到住处休息。9 月的天气还很热，说好让他下午休息，晚上再出来转转。可下午我刚到科室就发现张笑教授早到了，我问他这几天旅途劳累，天气又热，怎么不多休息一下，他笑笑说平时在家习惯了。他当天下午就投入到科室工作，详细了解科室各种基本情况。从那天以后他每天都和大家一起正常地上下班、加班、处理病人或者是做手术。有时晚上有比较复杂的急诊，只要他知道准会到场，查看病人、研究病情或者是亲自参加手术。同事曾经开玩笑说："张教授就像科室的老总一样，想得周全，干在前面。"

通过一段时间的接触与了解情况后，张笑教授发现科室在业务上存在两个最大方面的问题：一是骨科手术基本都是开大刀，没有微创，当时这个地区甚至湖北三甲医院也基本如此；二是科室的运动医学还未起步。对于第一个问题可能很不容易解决，因为这除了要有技术支撑外还得要有相关的设备，连一台牵引床都没有，唯一的一台老式的 X 线透视机已经用

了很多年，几近淘汰。第二个问题运动医学的开展还稍好点，有一台比较老旧的关节镜器材勉强能用。张笑教授就主动与北京带队的吴瑞森院长一起商量解决办法，并说干就干。确定微创手术开展先从股骨

主治医师张笑（右二）在竹溪县人民医院
骨科研讨病例

粗隆间骨折开始，因为这类病人在竹溪地区比较多，而且手术对比变化最大，病人受益最多。没牵引床，他们用两张木桌子拼起来。运动医学先从膝关节镜开始做起，门诊医生若发现类似的病人在完善检查后就由张笑教授把关，他在给病人作详细评估后制定手术方案并亲自手术带教。

微创手术的第一次实施。几天后，大家迎来了一位股骨粗隆间骨折的老年病人，在病人各项检查结果出来后，大家在一起查看病人及检查报告，确定病人手术指征明确，手术方案确定后就开始在张笑教授的指导下紧锣密鼓地进行微创术前准备。虽然平时在网上或者是书上也看到过类似手术的各种讲解，但毕竟没有亲自见过做过，加之相关设备也不齐，条件太简陋，几个当地医生对这手术成功几乎不抱什么希望，大家想实在不行就再转开大刀。一切准备就绪后，手术如期进行。张教授从给病人摆体位开始每一步都亲自操作，哪个地方稍有一点小小的问题，他都及时地予以纠正。从牵引复位到做小切口置钉，再置入螺旋刀片远端锁定，直到最后安装尾帽，整个手术过程一气呵成。几个非常小的切口，出血量不到50毫升，手术时间从开始复位到结束约两个小时左右。整个手术过程看得大家眼花缭乱，原来这个手术竟然可以这样做，而且远比开大刀更加简单。术后病人情况良好，第二天病人就可以在床上做下肢的各种运动了。张教授介绍说："如

果病人骨质情况再好一点，年龄再小一点，甚至可以挂拐下床活动，因为这种固定方法是髓内固定，相对于做的钢板内固定，其固定效果会更加可靠。"因为病人恢复良好，术后不到一周就康复出院。初步计算了一下，从病人入院到出院，无论是住院时间、手术时间、术中出血量，还是住院费用等都要比以前开大刀好很多，同时固定效果更好，术后失败的几率也要比钢板固定低得多。当即决定转变观念，调整手术思路，同时请张教授给全科室进行相关知识的传授；手术相关配套的器材则向医院申请立即进行购置。通过近一个月的理论知识学习，张教授手把手的传授，很快就掌握了这个手术方法的基本操作。也是从那一天起，骨科开始向微创手术时代迈进。到现在，对于四肢骨折用微创手术开展，已能稳妥地进行了，并且走在湖北省同级医院的前列。张教授不仅带来了全新的微创技术，更是让大家理念发生了根本转变，是他让竹溪人民医院骨科发展提前了好几年的时间。

在运动医学方面，张笑教授也是亲力亲为。他对每一个病人都是认真地询问病史，详细地查体，并组织参加手术医生进行集体阅片，制定周密的手术方案，再进行手把手地教带。对于专科查体及阅片他更是穷尽自己所学，多次组织科内及全院范围医师学习，但关节镜的学习曲线比较长，加之他在这边呆的时间也很有限，三个月转眼间就到了。临走时见关节镜技术还不够成熟，他就把自己平时学习的关节镜方面书籍留下，以便于大家更好地学习。同时他又请家人从北京邮寄过来几本能用得上的专业书籍送给大家，甚至于平时他在北京做手

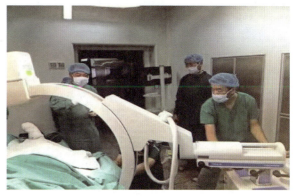

主任医师张笑在竹溪人民医院手术中

术的很多珍贵手绘图片、资料、体会等，还有凡是他的电脑上有的都毫无保留地拷贝给了大家，这些都是无价之宝。

在科室短短三个月的时间，张笑教授不仅教医学技术，更给竹溪留下了无比宝贵的精神财富——他的做人处事，敬业精神，对病人的无私奉献等都值得大家学习，并留下了深刻的印象。在工作中，他从不摆架子，很快便与科室的医护人员打成一片。工作中大家有事在一起讨论，工作之余大家在一起聊天、吃饭、喝茶，一起跑步。年轻的医务人员偶尔小聚喝个小酒都要叫上张笑教授。大家觉得与他在一起开心、热闹、谈得来。开心的时间总是觉得很短暂。他说为了感谢在这边三个月来大家对他的照顾，特地请人从北京带过来近半车密云本地产的梨子送给大家，礼轻情义重，更何况他带来的又岂是用金钱或者是别的什么东西所能衡量的。这就是他——大家深爱的北京专家张笑。

2015 年对于竹溪县人民医院，尤其是对于骨科全体同仁来说，都是最让人难以忘怀的一年。因为这一年是骨科的医疗业务快速发展的一年，也是各项业务技术提升拓展的一年，更是骨科业务向微创时代迈入的一年。深深感谢北京市密云区人民医院对竹溪的对口协作支援，尤其是密云医院骨科专家——张笑的无私奉献。

（注：本文是竹溪县人民医院骨科主任陈逵口述，编者整理）

在奉献中留住自己

密云对口协作竹溪，从 2014 年开始已经派驻 7 名挂职干部，每人任职一到两年，先后有郝红旭、彭连兴、纪海明、李国志、王征、何园、王贺福。前三任任职 2014—2017 年为对口协作初期，经过他们的艰辛努力，为脱贫攻坚和乡村振兴打下了良好基础。这些选派的挂职干部用热血与汗水，践行着初心与理想，殚精竭虑地作出无私的奉献。

在水一方，竹溪印记

2016 年 11 月，纪海明受密云区委派到竹溪县开展对口协作，任竹溪县副县长。

纪海明一到竹溪就深入田间地头、大街小巷，了解县情，倾听民情。看着一些贫困户生活的艰辛，解困无奈的眼神，倍感扎心。意识到脱贫攻坚需要建立起切实可行、成效快捷、覆盖面更广的民生保障体系。

纪海明要做的工作就是进一步深化完善对口协作内容，拓宽双方合作领域，在教育设施建设、招商引资方面着重发力。

竹溪县 90% 是山区地貌，山区孩子上学难是一个不容忽视的问题。经协调宝城公交集团，迅速向竹溪援赠 8 辆校车。1000 多千米的距离，经过与沿途各省份的积极协调，将 8 辆校车完好运送到了竹溪，并立刻投入使用，直到现在仍在竹溪的山间街头穿梭不停，装载着一批批求知上进的未来之星。

要长远解决上学难问题还得建学校。建学校的第一难就是选校址。经

过多次实地勘察，最终确定了合理选址，保障了建设工作的顺利推进。

他将主要精力用在了将竹溪资源优势，真正转化为产业优势上。竹溪水利资源丰富，他积极为竹溪引入适合当地的华彬矿泉水企业，解决了劳动力就业，并为竹溪县每年带来1亿元的税收。

虽然挂职的时间只有2年，却是一场丰富而深刻的人生旅途，让他感受很多很多……

为竹溪发展寻找"爆点"

李国志，挂职竹溪县副县长。下车伊始，李国志就进入了角色。根据竹溪实际需求，确定了自己的工作重点。

培训、筹资、捐车 组织竹溪30多名干部赴密云开展派遣培训，32名企业管理者赴北京大学进行企业经营管理培训。为建学校筹资300万元，扶贫资金100万元，工会协作资金20万元；密云其他各界也踊跃捐资助学，捐资助困。助力竹溪，密云又捐赠16辆公交车。

推动竹溪农产品进北京 在特色农产品、蜜蜂养殖等产业方面开展两地合作。北京奥金达公司在竹溪县建立了蜜蜂养殖基地，北京天实众品公司在密云建立了竹溪农特产品直销店，竹溪农特产品进入了北京美廉美、物美等超市，总销售额超过千万元。

推动企业合作 北京国泰百货、鑫海韵通百货分公司与竹溪天翔蚕丝、云洁药业建立合作关系。北京今麦郎饮品等28家知名企业到竹溪考察，确立合作意向。

推动产业升级 建设工业园区，引进北京吉佰度服装服饰、北京法源新能源风力发电等项目落户。围绕精准扶贫抓协作，大力发展高山蔬菜、油茶、花椒等特色产业。引进北京旅游学院教育专家和投资企业为竹溪发展，出力献计；引进北京山里寒舍旅游投资管理公司等在竹溪建设旅游项目，提升竹溪文旅产业的发展。

李国志为竹溪的发展寻找到一个个"爆点"。

因水结缘到竹溪

2019 年 3 月，组织选派王征到竹溪工作，挂任竹溪县副县长。到了竹溪他就爱上了这片与北京密云有着水缘的地方。

王征思考着每一项分管工作的突破口，考虑成熟一个就积极推进一个。先后引导竹溪县 3 家企业入驻北京"双创中心"，有 7 家入驻北京的农业合作社。分批组织 50 人参加为期一周的致富带头人培训；30 多名竹溪旅游人才赴京参加旅游人才培训。

用好自己的人脉资源与北京旅游学院联系，请他们考察竹溪旅游资源，并为竹溪作旅游规划。

2019 年，通过努力，让竹溪在北京世博会上亮相，举办"竹溪日"，向世界展示了竹溪的旅游资源、竹溪的非遗项目。

2020 年 3 月，王征同竹溪县领导带领相关部门赴北京密云区，围绕有机农业、康养旅居招商引资等加强对口协作工作。6 月至 7 月，密云区委书记、文旅局局长、民政局局长先后到竹溪进行了协作交流。密云与竹溪乡镇的结对合作，由原来的 3 个，增加至 7 个。

2020 年积极推动援建金铜岭工业园基础设施建设遗留的项目全面启动，密云大道正式投入使用。龙湖国家湿地生态保护与修复项目和精准扶贫示范村基本完成。竹溪密云小学建设项目主体架构封顶；扶贫车间建设项目已完成。

依托对口协作项目，在前任工作的基础上，大力发展高山蔬菜、油茶、茶叶、花椒等扶贫产业，3 个对口协作扶贫车间建成投产，实现了"非贫困户创业、贫困户就业"的双赢格局，带贫减贫成效明显。积极和国家烟

草专卖局、中国烟草总公司挂职干部一起推动国烟采购竹溪农特产品，全年采购 2000 万元。

起步就是冲刺

2020 年 7 月初，何园赴竹溪挂职，任竹溪县政府党组成员、副县长，主抓对口协作工作，分管商贸流通、电商，协管文旅、教育、卫生、扶贫工作，联系群团部门和供销、石油、电信企业。

可谓起步就是冲刺。7 月的竹溪已是雨季来临，湖北的疫情严重，工作繁忙。恰逢雨季来临，建设中的"密云竹溪小学"还未完工，雨季战洪工程叫急，40 天就要开学了，广场没铺设，教室未装修，给排水没到位，学校门前路还没有开建，污水池还因为一户未拆迁而无法施工等，竹溪县上下都担心不能如期开学。抢抓工程进度是当务之急，积极争取安排对口协作资金 1000 万元，确保建材供应和工程进度。何园就夜以继日，加速推进工程进度。他连续召开三次现场办公协调会，现场督导，现场办公，确保如期完工，按时开学。2021 年 9 月 1 日，23 个班级的 1198 名孩子的上学问题解决了。高标准的建筑外观设计，漂亮的学校，得到了学生和家长们的称赞，成为北京对口协作援建工程的标杆形象。

积极联系沟通密竹两地党政主要领导互访事宜，密云区党政代表团到竹溪对口协作工作 2 次。两地各乡镇、部门互访考察对接 9 次，签订合作协议 6 个，接受各类产业扶贫发展资金 1000 余万元。

认真履职加强全域对接，竹溪卫生、教育、文旅、农业等部门赴密云开展交流对接。达成两地 15 个乡镇和 15 个村结对。密云区太师屯、河南寨、檀营等三个镇（地区）到竹溪结对互访交流，初步达成水坪养殖、龙坝旅游、县河中药材等 3 个产业项目合作意向。

抢抓对口协作契机，引进北京企业在竹溪县投资落地，注册竹溪县正源农牧开发有限公司，项目总投资 5000 万元，带动就业 100 余人，间接带动贫困户 5000 余人。

引进北京文化部门和有关人士到竹溪考察，达成了 9 大项合作内容，为发展竹溪文旅结合开路。

密云区挂职竹溪县副县长何园（前排右二）陪同密云区农委考察组调研指导丰溪镇界梁村香菇扶贫车间

乡村振兴，竹溪有我

王贺福到竹溪任竹溪县政府副县长，是最繁忙的一任。一是挂职任务转段升级，由脱贫致富升级为乡村振兴；二是接续的项目、任务跟踪推进督办任务重，所以就有了一连串的称呼"项目县长、招商县长、推介县长……"，忙得不亦乐乎。

他的每周工作日志中，每天的工作排得满满，大都要处理三件事项以上，根本没有周末。

他就这样一个七日接着一个七日。

除了作为副县长的具体分管工作，王贺福还要做好对口援建的项目规划和服务管理。

协助竹溪县发展改革局谋划"十四五"规划及 2022 年对口协作项目。安排对口协作资金 1900 万元，用于竹溪河水环境综合治理工程；为助推生漆产业发展，2022年密云区捐赠资金455万元用于东方大漆产业园建设。

竹溪密云小学建设项目投入使用后，有项尾工一直未完成，王贺福副县长多次到项目实地调研督办，2022年7月底，拖拉很久的尾工项目全部完工。

2021年，完成密云与竹溪两地15个乡镇百分百对接。确定对口协作资金项目15个。农委、水务、文旅、教育、经信、民政、卫健委、国资委等部门均开展了对口协作工作，两年来密云区共捐赠对口协作资金1380万元。

积极联系对接密农人家农业科技有限公司、密云檀州农业生鲜超市、冯家峪镇政府、檀营街道办事处等对口协作单位，坚持线上线下同步销售竹溪农副产品。并促成竹溪县顺达专业

密云区挂职竹溪县副县长王贺福（中）
在密云小学调研督办

合作社与北京（密云）消费扶贫产业双创中心签订产品销售协议。2021年实现扶贫产品销售额700余万元，带动贫困人口5500余人。

深入到包联的村、企开展"下基层、察民情、解民忧、暖民心"实践活动。走访6个乡镇、21个村（社区）、145户；协调资金65万元，帮助所联系的村、社区解决农产品包装车间、"党建＋邻里中心"等建设中急需资金等问题；帮助所包企业争取银行贷款60万元，并协调相关职能部门解决企业扩规征地事宜。

有人问："你这样干累不？"王贺福不直接回答，他总会笑着说："乡村振兴，竹溪有我！"

竹溪人的密云情结

"我住长江头，君住长江尾，日日思君不见君，共饮长江水。"早在900多年前，北宋词人李之仪在诗句中所述情景内容用于今天的北京密云与湖北竹溪非常贴切。密云和竹溪两个地界上毫不相干的城市因"南水北调"这一伟大工程，因水相连而结缘。竹溪是南水北调中线的源头，密云是南水北调中线的终点。2014年10月，两地从精准扶贫到脱贫攻坚再到乡村振兴结下了深厚友谊。竹溪人都知道"北京密云"。

密云大道与密竹小径

密云大道　位于竹溪县金铜岭工业园区，为该工业园区交通主干道。2019年8月8日，金铜岭工业园区密云大道建成，全线贯通。密云大道为市政综合工程，总投资2485.33万元，道路总长4.85千米，为沥青砼路。大道宽24米，为双向四车道，其两侧设有非机动车道，路肩设有绿化带和人行步道。因金铜岭工业园区基础工程主要为密云区投资兴建，所以竹溪县民政局根据《竹溪县地名管理办法》，

金铜岭工业园区的密云大道

依法定程序将这条工业园区主干道命名为"密云大道"。密云大道建成，有力地保证了金铜岭工业园的顺畅通行，也成为金铜岭工业园区地标工程，更是密竹两地同心聚力脱贫攻坚的一座丰碑。

密竹小径　竹溪县实验中学有一条校园小路，小路两旁四季常青，长有茂盛竹林和名贵楠木等，还植有桂花、紫薇、樱花、四季桂、金弹子等各种花草。2014 年 12 月 2 日，密云教育代表团到竹溪县开展对口协作工作，经校园这一条小路到教学区进行调研。北方交通大学附属中学密云分

竹溪实验中学的密竹小径

校与竹溪县实验中学签订对口协作协议后，在场大家一致赞同将校园中的小路命名为 "密竹小径"，寓意密云和竹溪友谊如这里的翠竹一样心连心、根连根，密不可分。对口协作期间，密云先后有百余名教师走上密竹小径来实验中学进行教育教学交流，其中 9 名教师直接登堂讲课。

竹溪实验中学先后有 6 名教师从密竹小径走出，到北交大附中密云分校等跟岗学习。

如今，竹溪实验中学的密竹小径，两旁花草丰茂，花开并蒂，竹枝连理。这条小路见证了密云与竹溪教育系统开展对口协作的点点滴滴……

密云小学与密云路

密云小学　2016 年 5 月，得知竹溪县教育发展难题后，密云区决定为竹溪县援建一所"密云·竹溪希望小学"。

2018 年 6 月 4 日，密云·竹溪希望小学建设项目招标公告在竹溪县人民政府门户网、十堰市公共资源交易中心竹溪分中心网站同时发布。2018 年 12 月，密云·竹溪希望小学动工。2020 年 8 月 20 日，密云·竹溪希望小学建成，并投入使用。竹溪县民政局根据《竹溪县地名管理办法》，依法定程序将这所小学命名为"密云小学"。竹溪县时任县长讲道："密云小学是密云帮扶竹溪的一项民心工程、惠民工程，是广大竹溪百姓看得见、摸得着的实惠和便利。"

密云小学《密云赋》碑

密云小学不仅是竹溪县城地标建筑，更是当地最漂亮的现代化学校和竹溪百姓都知道都喜欢的学校。竹溪百姓为表达心声，在密云小学落成时，由名家题写了"密云赋"，并在密云小学大门口正中立碑，用金字楷书书写其上。

密云路　位于竹溪县密云小学北门外，2019 年 6 月建，道路长 554.2 米，红线宽 15 米，设有双向行车道、人行道，为沥青砼路，总投资 442.52 万元，是竹溪县城东郊通往密云小学的主干道路。2021 年 8 月 9 日，竹溪县民政局发布城关镇街巷道路命名方案公告："……东郊社区密云路：起自密云学校，终点为守金店村小学，命名为密云路。"每天这里人来人往，上学放学时密云路更是人声鼎沸，熙熙攘攘。

赠画与心里话

赠画　2020 年 10 月，密云区教委代表团一行来到密云小学，实地考察了学校投入使用情况，就学校建设、教育教学管理、特色办学、人才培养等进行交流探讨，代表团一行还考察了古筝、手工、双师、音乐、计算机、心理健康、图书阅览、科学实验等专用教室。在手工社团活动室，学生代表向密云代表团赠送了超轻黏土画《竹溪蒸盆》。

2021年5月，密云区委书记率党政代表团赴竹溪县开展乡村振兴对接工作，并到密云小学考察调研。在手工社团活动室，代表团一行欣赏了学生们灵巧精致的手工制品。小学生们怀着一颗感恩的心，向密云区领导赠送了师生共同绘制完成的盘子画《密云小学》，表达了竹溪县密云小学全体师生对密云区领导和人民的感激之情。

心里话　2016年5月20日，国家发展改革委网站发表了竹溪县发展改革委信息，介绍了密云与竹溪对口协作工作交流情况，其中写有竹溪县代表的话："密云和竹溪是两个富有诗情画意的名字。两地自然资源、自然基础十分相似。密云对竹溪的对口协作帮扶，除了资金支持、项目建设，更多的是在发展理念上给予帮助，对密云的帮扶，竹溪人民铭记在心，衷心感谢！"

竹溪随处可见的密云标记已经见证了两地"上下同心、尽锐出战、精准务实、开拓创新、攻坚克难、不负人民"的脱贫攻坚奋斗史，见证了两地携手乡村振兴的新历程。清清的竹溪河与潮白河两条河水交汇相融，缓缓地流淌，在向人们诉说着两地对口协作的那些过往……

附表：密云区助力受援地区脱贫攻坚和乡村振兴的外派遣人员名录

具体参见表1～表6所示。

表1：2017年至今对口帮扶内蒙古库伦旗派遣人员信息一览表

姓名	级别或职称	起止时间	姓名	级别或职称	起止时间
张维海	副处	2017.11—2019.05	程　伟	副书记、高级教师	2022.07—2025.07
戴渊龙	副科	2018.07—2021.05	孙海生	副校长、高级教师	2022.07—2025.07
胡　璞	副科	2018.10—2019.04	王凤国	高级教师	2023.08—2024.08
孙庆谷	副处	2019.04—2021.04	赵　平	高级教师	2023.08—2024.08
宗靖宇	正科	2019.11—2021.05	韩玉伶	一级教师	2023.08—2024.08
马守新	正处	2021.05—2023.05	钱小东	高级教师	2023.08—2024.08
白淑英	副处	2021.05—2023.05	王志然	一级教师	2023.07—2024.08
卢子寅	正科	2021.05—2023.05	聂艳春	一级教师	2023.08—2024.08
张　波	正科	2021.05—2023.05	李仕春	高级教师	2023.08—2023.12
马海宾	副处	2023.06—	郑春仓	二级教师	2023.07—2024.08
欧富文	八级职员	2023.06—	赵力果	二级教师	2023.08—2024.08
陈伟杰	副科	2023.06—	吴小菊	一级教师	2023.09—2024.01
张云岭	高级教师	2018.08—2018.09	张国翠	二级教师	2023.08—2024.08
李国珍	高级教师	2018.08—2018.09	李　攀	主治医师	2019.06—2020.07
朱　新	二级教师	2018.08—2018.09	赵玉凤	副主任医师	2019.05—2019.06 2019.12—2020.01
赵九义	一级教师	2018.09—2019.08			
许　丹	二级教师	2019.08—2019.09	霍赏月	护师	2019.05—2019.06 2019.12—2020.01
王秀凤	高级教师	2019.08—2020.02			
宋振兰	一级教师	2019.08—2020.08	王醒红	主治医师	2019.05—2019.06 2019.12—2020.01
金晓燕	高级教师	2019.08—1019.11			
贺广宏	中学一级	2019.08—2019.11	袁禄宏	主管药师	2019.05—2019.06 2019.12—2020.01
霍绍东	高级教师	2019.08—2019.09			
蓝宇佳	二级教师	2019.10—2019.11	芮小晶	主管护师	2019.11—2020.06
李欣伟	一级教师	2018.11—2019.06	娄艳丰	主治医师	2019.11—2020.06
王桂芬	一级教师	2020.09—2021.11	彭帅杰	复科技师	2018.09—2019.09
郭东梅	高级教师	2020.09—2020.11	郭建飞	主治医师	2020.09—2020.10
周红梅	一级教师	2020.09—2020.11	张荣华	主治医师	2020.10—2020.12

（续表）

姓名	级别或职称	起止时间	姓名	级别或职称	起止时间
吴樊	二级教师	2020.09－2021.04	万桂芹	主治医师	2020.10－2020.12
贺广宏	一级教师	2020.09－2021.04	王哲	主治医师	2020.05－2021.01
宋振兰	一级教师	2020.01－2020.09	赵林英	副主任医师	2020.05－2021.01
许爱民	中学一级	2020.09－2021.10	马军文	主治医师	2020.01－2020.11
王龙	高级教师	2021.09－2021.11	简梦园	护师	2020.05－2021.06
郭金玲	二级教师	2021.09－2021.11	陶礼荣	主治医师	2020.05－2021.06
李国文	一级教师	2021.09－2021.11	尹兆雷	副主任医师	2021.08－2021.10
李瑞良	一级教师	2021.09－2021.11	万相如	主治医师	2021.08－2021.10
田英宝	高级教师	2021.09－2021.11	许金奎	副主任医师	2021.08－2021.10
焦玉明	高级教师	2021.09－2021.11	金连香	主治医师	2021.09－2021.11
许爱民	一级教师	2021.09－2022.03	刘鸿雁	主管护师	2021.08－2021.10
彭兴海	二级教师	2021－09－2022.07	刘秀环	主管护师	2021.09－2021.11
王凤国	高级教师	2021－09－2022.07	刘鑫蕾	护士	2021.08－2022.04
赵力果	二级教师	2021.09－2022.10	田艳荣	主治医师	2021.08－2022.04
齐贺刚	高级教师	2021.09－2022.10	于金平	主管护师	2021.08－2022.04
王英	高级教师	2022.09－2023.09	冯立芹	中药师	2021.08－2022.09
刘研	高级教师	2022.09－2023.09	王鸿涛	康复师	2021.08－2022.09
丁忠凤	一级教师	2022.09－2023.09	蔡瑞祥	主治医师	2022.07－2022.12
李怡	二级教师	2022.09－2023.09	马丘琳	主治医师	2022.07－2022.12
冯静怡	二级教师	2022.09－2023.09	李瑞莲	副主任医师	2022.07－2022.12
陈欣萌	一级教师	2022.09－2023.09	杨波	副主任医师	2022.07－2022.12
单桂娟	一级教师	2022.09－2023.09	王大圣	主治医师	2022.07－2022.12
齐贺刚	高级教师	2022.09－2023.09	郭籽恒	执业助理医师	2022.07－2022.12
李羽	高级教师	2022.09－2023.09	李忆军	主治医师	2022.07－2023.03
李密龙	主任、正高级教师	2022.07－2024.07	郭金霞	副主任医师	2022.07－2023.03
侯妹仿	高级教师	2022.07－2024.07	刘雪静	主管护师	2022.07－2023.03
刘岩	高级教师	2022.07－2024.07	李慧慧	主治医师	2022.07－2023.08
王瑞富	高级教师	2022.07－2024.07	孙玉	护士	2022.07－2023.08
肖晓玲	高级教师	2022.07－2024.07	绳友德	助理兽医师	2020.08－2020.08
刘长清	高级教师	2022.07－2024.07	门硕	兽医师	2020.08－2020.08

表2：2010年至今对口帮扶内蒙古巴林右旗派遣人员信息一览表

姓名	级别或职称	起止时间	姓名	级别或职称	起止时间
王　雨	正科	2010.12－2012.12	侯莹煊	二级教师	2020.09－2020.11
胡章权	副处	2010.12－2013.03	王东岳	二级教师	2020.09－2020.11
陈永立	副处	2013.02－2015.02	李于洋	二级教师	2020.09－2020.11
谢陨石	正科	2013.02－2015.02	焦玉明	高级教师	2020.09－2021.04
许　春	副处	2015.01－2017.01	郭建国	一级教师	2020.09－2021.10
壬永福	副处	2017.03－2019.03	耿亚明	二级教师	2020.09－2021.10
王启华	副处	2017.03－2019.03	梁考文	主任医师	2019.03－2019.05
李　磊	正科	2018.07－2021.05	王　彬	副主任医师	2019.04－2019.06
高　勇	副科	2018.10－2019.06	蔡利萍	副主任医师	2019.05－2019.07
高兴旺	副处	2019.04－2021.04	张天虎	主治医师	2019.06－2019.08
高　虎	正科	2019.11－2021.05	于冬海	主治医师	2019.07－2019.09
王建民	二级教师	2018.09－2019.08	孙金艳	主治医师	2019.09－2020.09
李大文	高级教师	2018.08－2018.09	郭金霞	主治医师	2018.09－2019.09
刘彦平	一级教师	2018.08－2018.09	李　静	主治医师	2019.08－2019.10
吴倩楠	二级教师	2018.08－2018.09	金　丹	主治医师	2019.09－2020.09
魏　芳	高级教师	2019.09－2019.10	田艳峰	主治医师	2020.06－2020.07
单敬辉	一级教师	2019.09－2019.10	王建军	主治医师	2020.06－2020.07
张书学	一级教师	2019.09－2019.10	董　鑫	主治医师	2020.07－2020.09
蔡江波	一级教师	2019.09－2019.12	齐小玲	副主任医师	2020.06－2020.08
贾红艳	一级教师	2019.09－2019.12	马祥东	副主任医师	2020.06－2020.08
张春英	一级教师	2020.09－2020.04	曹尚利	初级兽医师	2020.07－2020.09
赵　伟	二级教师	2019.09－2020.10	付程雄	高级兽医师	2020.07－2020.09
孙双琪	二级教师	2020.09－2020.11			

表3：2018年至今对口帮扶河北蔚县派遣人员信息一览表

姓名	级别或职称	起止时间	姓名	级别或职称	起止时间
王晓勇	副处	2018.04－2021.05	张立伟	护师	2018.09－2019.09
李 毅	副科	2018.04－2021.05	王晓娟	主治医师	2018.11－2019.06
李 辉	正科	2018.10－2019.03	杨凤兰	主管护师	2018.11－2019.07
马国凯	副科	2019.11－2021.05	王凤忠	主管检验师	2019.06－2019.07 2019.12－2020.01
贺广宏	一级教师	2018.09－2019.08	李浩林	副主任医师	2019.06－2019.07 2019.12－2020.01
季明友	高级教师	2018.09－2019.08			
林建红	高级教师	2019.09－2019.10	王建宇	主治医师	2019.07－2020.03
陈 洁	二级教师	2019.09－2019.10	孙田池	信息技术员	2019.07－2020.03
曾 进	一级教师	2019.09－2019.10	吴 丹	护师	2019.08－2020.09
焦玉明	高级教师	2019.11－2020.06	杨 晨	主治医师	2019.08－2020.09
王海燕	高级教师	2019.11－2020.06	尹雪英	主治医师	2019.10－2020.05
赵力果	二级教师	2019.11－2020.06	郑月军	主治医师	2019.11－2020.06
朱光明	高级教师	2019.09－2019.10	徐 博	主治医师	2020.03－2020.11
姜苹苹	一级教师	2019.09－2019.10	袁禄宏	主管药师	2020.05－2021.01
王申华	一级教师	2019.09－2019.10	席志媛	病案管理编码员	2020.05－2021.01
张秋会	高级教师	2019.09－2019.12	王佳佳	主治医师	2020.05－2021.06
汤戴代	二级教师	2019.09－2020.10	张 博	护师	2020.05－2021.06
孙燕霞	一级教师	2019.09－2020.10	王晓芳	主治医师	2020.07－2020.09
李嘉政	二级教师	2020.09－2020.11	高 斌	主治医师	2020.07－2020.09
韦 薇	一级教师	2020.09－2020.11	肖长涛	高级农艺师	2020.07－2020.09
王凤国	高级教师	2020.01－2020.03	苏 铁	农艺师	2020.07－2020.09
郭成刚	二级教师	2020.09－2021.10	宋益多	初级（农业）	2020.07－2020.09
杜 燕	一级教师	2020.09－2021.10	冯心怡	初级（农业）	2020.07－2020.09
席占东	主治医师	2018.09－2019.09			

表 4：2015 年至今对口帮扶河北滦平县派遣人员信息一览表

姓名	级别或职称	起止时间	姓名	级别或职称	起止时间
窦法荣	副处	2015.07–2016.07	马保青	一级教师	2020.09–2021.10
陈奎春	副处	2015.07–2016.07	李秀玲	高级教师	2020.09–2021.10
马保军	副处	2016.09–2017.09	朱明玉	二级教师	2020.09–2021.10
李占云	正科	2017.04–2019.10	梁浩然	二级教师	2020.09–2021.10
李　昕	副科	2017.04–2019.10	郑燕山	主治医师	2018.09–2019.08
王江波	副处	2017.12–2019.12	任小贺	主管药师	2018.09–2019.08
李铁玉	副处	2018.04–2021.05	孙振锋	主治医师	2018.11–2019.06
王彦明	正科	2018.10–2019.04	杨海峰	主治医师	2019.06–2019.12
王　雨	副处	2020.01–2021.05	温利波	主治医师	2019.06–2019.12
王新会	二级主任科员	2020.01–2021.05	林博臣	约帅	2019.09–2019.10
师　瑞	四级主任科员	2020.01–2021.05	李　杰	主治医师	2019.09–2020.09
付晓军	高级教师	2018.09–2019.08	刘红雷	主治医师	2019.09–2020.09
郑云山	一级教师	2018.09–2019.08	杨绍辉	四级检验师	2019.09–2020.02
王雪莲	高级教师	2019.08–2019.09	高秋生	主治医师	2019.09–2019.10
赵金满	高级教师	2019.08–2019.09	张　林	主治医师	2019.11–2020.06
郑秀苹	高级教师	2019.08–2019.09	杜敬跃	执业医师	2019.11–2020.06
宋德宏	高级教师	2019.08–2019.09	霍树瑛	主治医师	2019.11–2020.06
王立新	高级教师	2019.08–2019.09	王项征	助理医师	2020.05–2020.07
王爱平	高级教师	2019.08–2019.09	唐永辉	主治医师	2020.06–2021.06
李明军	一级教师	2019.08–2019.09	何友龙	主治医师	2020.06–2021.06
朱焕福	一级教师	2019.08–2019.11	解建茹	主治医师	2020.09–2021.04
张景环	一级教师	2019.08–2020.03	陈　利	主治医师	2020.09–2021.04
蒋小刚	一级教师	2019.08–2020.09	左　超	主治医师	2020.09–2021.04
齐建军	一级教师	2019.08–2020.03	吕　建	农艺师	2020.07–2020.09
王宝玲	一级教师	2019.09–2020.10	王秋悦	初级（农业）	2020.07–2020.09
李银辉	一级教师	2019.09–2020.07	李明博	初级（农业）	2020.07–2020.09
冷维良	高级教师	2019.09–2020.11	朱　岳	初级（农业）	2020.07–2020.09
朱鸿杰	一级教师	2019.09–2019.11			

表5：2016年至今对口支援青海玉树市派遣人员信息一览表

姓名	级别或职称	起止时间	姓名	级别或职称	起止时间
冯波	副处	2016.06－2019.06	周恒	二级教师	2023.08－2024.08
王荣启	正科	2016.06－2019.06	郑小英	主治医师	2019.08－2019.09 2019.12－2020.01
张磊	副处	2019.07－2022.07			
薛云波	副处	2019.07－2022.07	王兴慧	主治医师	2019.08－2019.09 2019.12－2020.01
朱应延	副处	2019.07－			
王新会	正科	2022.07－	李明通	主治医师	2019.08－2019.09 2019.12－2020.01
张永	高级教师	2018.09－2018.10			
孙晓国	高级教师	2018.09－2018.10	吴玉玲	主治医师	2019.08－2019.09 2019.12－2020.02
杜京华	一级教师	2019.10－2019.11			
魏春生	高级教师	2019.10－2019.11	贾增芹	主治医师	2020.07－2020.09
安顺全	高级教师	2019.10－2019.11	刘通	主治医师	2020.07－2020.09
谭立娜	二级教师	2020.09－2020.10	李海红	主治医师	2021.07－2021.09
白春艳	高级教师	2020.09－2020.10	刘秀华	主治医师	2021.07－2021.09
赵平	高级教师	2021.10－2021.12	闫晓杰	主治医师	2022.07－2023.07
魏强	一级教师	2021.10－2021.12	刘秀华	主治医师	2022.07－2023.07
徐春生	副校长、高级教师	2022.07－2025.07	赵瑞洲	主治医师	2022.07－2023.07
李长军	主任、高级教师	2022.07－2023.07	李新平	主治医师	2022.07－2023.07
吕炯炯	二级教师	2023.08－2024.08	敖日格勒	副主任医师	2022.07－2025.07

表6：2014年至今对口协作湖北竹溪县派遣人员信息一览表

姓名	级别或职称	起止时间	姓名	级别或职称	起止时间
郝红旭	副处	2014.08－2015.08	张鹏举	副主任医师	2017.09－2017.10
彭连兴	副处	2015.09－2016.09	杨玉洁	主治医师	2019.08－2019.09
纪海明	副处	2016.11－2017.11	王　冰	主治医师	2019.08－2019.09
李国志	副处	2017.12－2018.12	伍腾飞	主治医师	2018.11－2018.12
王　征	副处	2019.03－2020.03	刘红雷	主治医师	2018.11－2018.12
何　园	副处	2020.07－2021.08	孙继峰	副主任医师	2017.09－2017.09
王贺福	副处	2021.08－2022.08	张建国	副主任医师	2023.07－2023.08
杨利军	副处	2022.11－2023.11	刘　颖	主治医师	2023.07－2023.08
付海江	副处	2023.12－	索　鑫	主管护师	2023.07－2023.08
张　笑	副主任医师	2015.08－2015.10	宋丽俐	药师	2016.07－2016.08
张进明	主治医师	2015.08－2015.10	卢敬东	主治医师	2016.07－2016.08
田瑞生	副主任医师	2016.09－2016.11	刘　波	主治医师	2016.07－2016.08
蔡景奎	副主任医师	2016.09－2016.11	任绍兰	副主任医生	2017.09－2017.10

大 事 记

2012 年

3 月 19 日，国务院公布国家级贫困县 832 个，其中，有湖北省竹溪县，青海省玉树市，内蒙古自治区库伦旗、巴林右旗，河北省蔚县、滦平县。

2013 年

5 月，按北京市政府安排，密云县对口协作十堰市竹溪县。

2014 年

10 月，密云县与竹溪县签订对口协作协议，确定"1+4"对口协作模式。

2015 年

11 月 29 日，《中共中央国务院关于打赢脱贫攻坚战的决定》发布。

2016 年

10 月 11 日，密云区与竹溪县建立脱贫攻坚对口协作关系。

12 月，密云区与蔚县、滦平县分别签订《脱贫攻坚携手奔小康协议》。

同月，密云区与库伦旗、巴林右旗分别签订《脱贫攻坚对口帮扶协议》。

2017 年

5 月 18 日，密云区与玉树市建立对口支援关系。

12 月 12 日，密云区区长潘临珠率队赴巴林右旗召开对口帮扶座淡会。

2018 年

2 月 7 日，密云区通过《关于开展携手奔小康行动加强东西部扶贫协作和对口支援工作方案》，成立领导小组，办公室设在区发展改革委。

3 月，密云区人民政府分别与滦平县、蔚县、巴林右旗、库伦旗、玉树市签订《对口帮扶合作框架协议》。

5 月 18 日，密云区区长潘临珠率队赴蔚县考察。并捐资 50 万元。

5 月 25 日，密云区委书记夏林茂率队赴库伦旗考察，并捐资 100 万元。

6 月 14 日，密云区区长潘临珠率队赴竹溪县考察调研，并参加密云区引进投资的华彬高端矿泉水项目投产仪式。

9 月 9 日，密云区委书记夏林茂率队赴玉树市调研，并捐资 100 万元。

9 月 12 日，密云区区长潘临珠率队赴巴林右旗调研，并捐资 100 万元。

12 月，北京市消费扶贫双创中心密云分中心分别建成开业。

2019 年

4 月 2 日，内蒙古自治区人民政府公告：巴林右旗退出贫困旗。

4 月 15 日，密云区委书记潘临珠率队赴滦平县考察，并捐资 200 万元。

5 月 5 日，河北省政府公告：滦平县退出贫困县。

6 月 5 日，密云区委书记潘临珠率队赴蔚县考察，并捐资 200 万元。

6 月 28 日，密云区区长龚宗元率队赴库伦旗考察，并捐资 200 万元。

7 月 3 日，密云区委书记潘临珠率队赴竹溪县考察，并捐资 200 万元。

2020 年

2 月 29 日，河北省政府公告：蔚县退出贫困县。

3 月 4 日，内蒙古自治区政府公告：库伦旗退出贫困旗。

4 月 21 日，湖北省政府公告：竹溪县脱贫摘帽。

同日，青海省政府公告：玉树市退出贫困县。

6月4日，密云区区长龚宗元率队赴蔚县调研对接，并捐资260万元。

6月10日，密云区委书记潘临珠率队赴巴林右旗对接并捐资260万元。

8月20日，密云区委书记潘临珠率队赴滦平县对接并捐资260万元。

9月17日，密云区委书记潘临珠率队赴库伦旗调研并捐资260万元。

10月12日，密云区区长龚宗元率队赴竹溪县对接并捐资360万元。

12月，密云区对口协作、支援、帮扶的竹溪县、玉树市、库伦旗、巴林右旗、蔚县、滦平县全部通过国家脱贫攻坚考核验收。

2021 年

2月25日，密云区鼓楼社区卫生服务中心和区应急管理局挂职巴林右旗扶贫办副主任李磊分获全国先进集体和先进个人称号。

3月15日，密云区经济和信息化局等5个集体和区农业服务中心挂职承德市扶贫办副主任李铁玉等13人分获北京市先进集体和先进个人称号。

5月6日，密云区与库伦旗、玉树市、竹溪县开展乡村振兴结对帮扶。

5月11日，密云区区长马新明率队到库伦旗对接工作，并捐资500万元。

5月26日，密云区委书记潘临珠率队赴竹溪县对口协作并捐资500万元。

6月7日，密云区区长马新明率队到玉树市对接工作并捐资500万元。

7月1日，庆祝中国共产党成立100周年大会宣告"在中华大地上全面建成了小康社会"。

2022 年

7月18日，密云区委书记余卫国率队赴库伦旗对接并捐资500万元。

7月24日，密云区区长马新明率队赴玉树市对接并捐资500万元。

11月，密云重点帮扶项目——库伦旗荞麦产业扶贫模式、双创双带社会扶贫模式、蒙医药健康扶贫模式先后获全球减贫最佳案例。

后　记

为大力弘扬"上下同心、尽锐出战、精准务实、开拓创新、攻坚克难、不负人民"的脱贫攻坚精神，深入实施乡村振兴战略，记录与支援合作地区党员干部群众同心脱贫致富的奋斗历程，密云区发展改革委组织编写《春风化雨阳光路》一书，历时三年，终于成稿。

本书以图文并茂形式，生动记述 2018 年以来密云社会各界精准助力 4 省份 6 县（旗、市）决胜脱贫攻坚、推进乡村振兴所取得的扎实成效，深刻展现了密云区坚持"首善标准、首都担当"，见证了广大干部群众的真情投入、倾力奉献，更见证了支援合作地区的山乡新变、群众欢颜。

新形势提出新要求，新征程展现新作为，密云区聚焦产业兴旺、富民增收，注重发挥多方优势，积极推动产业融合，着力提升群众生活水平，以务实作风、有力举措，继续携手支援合作地区巩固脱贫攻坚成果，推动乡村振兴工作取得更大成效。

在实地采访过程中，采编团队跋山涉水、精心撰稿，当地政府以及帮扶干部、各界人士给予了热心支持、周到安排，在出版之际特此表示衷心感谢。希望本书可以启发务实精准、开拓创新的工作思路，带来无惧困难、奋斗不息的温暖与感动。

由于本书涉及面广、内容信息量大，不足之处请广大读者批评指正。

2024 年 7 月